3ª Edição

Cartas dos Mestres de Sabedoria

Cartas dos Mestres de Sabedoria

Primeira e Segunda Séries

Transcritas e compiladas por

C. Jinarajadasa

Tradução
Marly Winkler

Revisão Técnica
Carlos Cardoso Aveline

EDITORA TEOSÓFICA
Brasília-DF

Título do original em inglês
Letters from the Masters of the Wisdom
The Theosophical Publishing House
Adyar, Madras 600 020, Índia

Edições em inglês
Primeira Série
Primeira edição 1919
6ª edição, 1988

Segunda Série
1ª edição, 1925

Edições em português
1ª edição, 1996
2ª edição, 2010
3ª edição, 2019

EDITORA TEOSÓFICA
Sig Sul Qd. 06 Lt. 1.235
70.610-460 – Brasília-DF – Brasil
Tel.: (61) 3322-7843
E-mail: editorateosofica@editorateosofica.com.br
Site: www.editorateosofica.com.br

J61 C., Jinarajadasa

Cartas dos Mestres de Sabedoria – Brasília: Editora Teosófica, 3ª ed., 2019. 296 p.

Título original: Letters from the Masters of the Wisdom

ISBN 978-85-85961-04-6

1. Teosofia 2. Ocultismo I. Título

CDU 141.332

Revisão: Zeneida Cereja da Silva
Diagramação: Reginaldo Mesquita - Fone (61) 3341-3272
Capa: Fernando Lopes
Impressão: Grafika Papel e Cores fone (61) 3344-3101
E-mail: comercial@papelecores.com.br

SUMÁRIO

*LISTA DE ILUSTRAÇÕES**

Primeira Série

Segunda Série

---

* Grande parte das ilustrações foi extraída da edição original em inglês deste livro. Em outros casos, a fonte está indicada em cada ilustração. (N. ed. bras.)

NOTA DA EDIÇÃO BRASILEIRA

Segundo testemunhos pessoais de dezenas de pioneiros do movimento teosófico no século 19, a fundação da Sociedade Teosófica — em 1875 — contou com a orientação direta de alguns seres que ultrapassaram, há muito, o estágio atual de evolução da nossa humanidade. Durante os seus primeiros anos, a S.T. recebeu uma influência especialmente forte — embora raramente ostensiva — destes que são chamados de *Adeptos, Mahatmas* ou *Mestres de Sabedoria* por discípulos e estudiosos de Ocultismo. A influência destes seres na S.T. — perceptível até hoje para muitos — era especialmente forte nas instituições teosóficas da Europa, Índia e América do Norte.

O termo *Adepto* vem do latim — *adeptus* — e significa "aquele que obteve". Em Ocultismo, explica Helena Blavatsky, o Adepto é um ser plenamente iniciado, que zela pela humanidade e dirige o seu progresso, orientando-a no sentido do bem. *Mahatma* (literalmente, *grande alma*) é um termo sânscrito que designa um Adepto de elevado nível e que completou o ciclo da evolução humana. A expressão *Mestre de Sabedoria*, por sua vez, designa um Adepto que aceita discípulos e colaboradores em seu trabalho altruísta pela humanidade.*

Esta Edição

O presente volume reúne duas Séries de Cartas mandadas por Mestres de Sabedoria a membros do movimento teosófico da época, e que foram compiladas e comentadas por C. Jinarajadasa. Mais de um século depois, estas Cartas ainda são documentos de valor incalculável, e continuarão a sê-lo por muito tempo, porque o caminho do auto-aperfeiçoamento e a possibilidade do discipulado não são fenômenos passageiros na história da humanidade.

A Primeira Série de Cartas dos Mestres foi publicada pela primeira vez em 1919, com prefácio de Annie Besant. A Segunda Série foi

---

* Mais informações sobre a existência dos Adeptos podem ser encontradas na vasta literatura teosófica. Veja, por exemplo, *A Chave para a Teosofia*, de H. P. Blavatsky (Ed. Teosófica) ou *Os Mestres e a Senda*, de C.W. Leadbeater (Ed. Teosófica).

apresentada ao público em 1925 em um volume separado. Na presente edição conjunta estamos evitando a repetição de três textos de Cartas que figuravam em ambas as Séries. As notas da edição brasileira estão anunciadas ao longo deste volume por asteriscos, e aparecem ao pé de cada página, sempre identificadas entre parênteses: "(N. ed. bras.)". Todas as notas de pé de página sem origem expressa são do compilador e editor, C. Jinarajadasa. Elas aparecem numeradas ao final de cada Carta.

Na Primeira Série, os valiosos comentários e informações adicionais de C. Jinarajadasa sobre as Cartas estão reunidos quase ao final de todos os textos, em uma seção à parte. Na Segunda Série, os comentários vêm antes de cada Carta ou pequeno grupo de cartas. Estamos incluindo a reprodução de originais de diversas Cartas. No caso da Primeira Série, não reproduzimos a sexta e última edição de 1988, que apresenta algumas inovações editoriais, mas sim a quinta edição, conforme o trabalho preparado pessoalmente por C. Jinarajadasa.

Brasília, outubro de 1995.

Os Editores

PRIMEIRA SÉRIE

PREFÁCIO DA PRIMEIRA EDIÇÃO

Tenho o privilégio de apresentar ao mundo este inestimável livro com Cartas dos Irmãos mais Velhos – que foram os verdadeiros fundadores da Sociedade Teosófica. Muitos peregrinos da Senda Probatória encontrarão nele grande auxílio e inspiração. Ele servirá para aprofundar o sentimento de realidade a respeito dos nossos instrutores, algumas vezes enevoado nas mentes dos neófitos pela agitação do mundo exterior, assim como as notas musicais de uma vina* ficam abafadas se tocadas dentro de uma ruidosa casa de máquinas. Que este livro possa falar àqueles que têm ouvidos para ouvir.

Annie Besant

Adyar, 1919.

* Vina: instrumento musical tradicional na Índia, do tipo da cítara, geralmente com sete cordas. (N. ed. bras.)

PREFÁCIO DA TERCEIRA EDIÇÃO

Desde que transcrevi estas *Cartas dos Mestres* para a primeira edição, aprendi muito a respeito dos temas que elas abordam, e estou agora mais familiarizado com seus textos. Daí, as várias correções. Descobri agora que este agrupamento das Cartas não é o melhor, mas me abstenho de reordená-las a fim de manter a seqüência numerada de acordo com as duas edições anteriores, de modo a facilitar referências a elas. Fiz adendos a várias notas — em alguns casos longos — para que possa ser melhor compreendido aquilo a que se refere qualquer das Cartas. Não obstante as Cartas conterem instruções belas e inspiradoras, lidas na forma em que estão, cada uma possui, também, um *background* psicológico bastante esclarecedor. Foi isso que tentei colocar nas "Notas".

Desejo chamar especial atenção para a Carta 46 do Mestre K.H., recebida pela Dra. Annie Besant em 1900, nove anos após a morte da Sra. H.P. Blavatsky. A acusação da Sociedade para Pesquisa Psíquica, de que ela própria havia escrito as Cartas ou, em outras palavras, engendrado todos os ensinamentos provenientes dos *Mahatmas*, bem como inventado os *Mahatmas*, cai por terra quando a letra manuscrita de K.H., que aparece em mais de uma centena de Cartas recebidas entre 1870 e 1888, é encontrada em uma Carta escrita nove anos após sua morte.

Desejo expressar meu cordial agradecimento a dois de meus colaboradores. Primeiro, à Sra. D.R.Dinshaw, durante muitos anos Editora Assistente de *The Theosophist* e que não apenas corrigiu as provas, mas apontou-me erros e omissões; em segundo lugar, ao Sr. P. Pavri, (autor de *Theosophy Explained in Questions and Answers — Teosofia Explicada em Perguntas e Respostas)* e do *First Book of Theosophy* (*Primeiro Livro de Teosofia*), que dedicou três meses de trabalho árduo para complementar esta edição.

C. Jinarajadasa

Adyar, 1945.

PREFÁCIO DA QUARTA EDIÇÃO

Gostaria de chamar a atenção dos interessados nesta *Primeira Série das Cartas dos Mestres de Sabedoria*, para a *Segunda Série das Cartas*, por mim publicadas em 1925. Este segundo trabalho, com anotações detalhadas, possui um valor especial para os que se interessam pelos primórdios do movimento teosófico, pois na *Segunda Série* incluí as Cartas recebidas pelo Coronel H.S.Olcott de um Adepto que se identificou como "Serapis". A Carta de 1875 foi a primeira recebida dos Mestres, exceto no que se refere a uma breve nota com a letra de K.H., recebida em 1870 pela Sra. Nadéjda Fadéeff, tia de H.P. Blavatsky.*

Estou incluindo nesta quarta edição algumas Cartas novas de dois Mestres, recebidas por L.C.H. (Sra. Holloway), H.P.B. e Coronel Olcott. Fico particularmente feliz em incluí-las (explico na respectiva introdução como as encontrei), por serem das mais iluminadoras para aqueles que almejam "trilhar a Senda".

C. Jinarajadasa

Adyar, setembro 1948.

---

* Incluída na Segunda Série, ver p. 165 e seguintes deste volume. (N. ed. bras.)

1

A Sociedade Teosófica e seu Trabalho

CARTA 1

DO MAHA-CHOHAN[1]

Para A.P. Sinnett[*]

Uma versão resumida da visão do *Chohan* sobre a S.T., a partir de suas próprias palavras, conforme transmitidas na noite passada. Minha própria carta, em resposta à sua, seguirá em breve.

K.H.

A doutrina que promulgamos, por ser a única verdadeira, deve, apoiada em provas como as que estamos por oferecer, triunfar, afinal, como qualquer outra verdade. Contudo, é absolutamente necessário incuti-la gradualmente, colocando em prática suas teorias, fatos inquestionáveis para aqueles que sabem, com inferências diretas deduzidas das — e corroboradas pelas — evidências fornecidas pelas modernas Ciências Exatas. Esta é a razão pela qual o Coronel H.S.O., que trabalha apenas para reviver o Budismo, pode ser visto como alguém que se esforça na verdadeira senda da teosofia, muito mais do que qualquer outra pessoa que escolha como meta a gratificação de suas próprias e ardentes aspirações ao conhecimento oculto. Despojado de suas superstições, o Budismo é verdade eterna, e aquele que se esforça por encontrar esta última está buscando a *Theo-Sophia*, Sabedoria Divina, que é um sinônimo da verdade.

Para que nossas doutrinas ajam de forma prática sobre o assim chamado código moral, ou as idéias de retidão, pureza, auto-esquecimento, caridade, etc., temos de popularizar o conhecimento de Teosofia. O que caracteriza o verdadeiro teosofista não é o objetivo individual e determinado de obter para si mesmo o Nirvana (culminação de todo conhecimento e sabedoria absoluta) — o que, afinal, é apenas um sublime e glorioso *egoísmo* — mas a dedicação à busca com auto-sacrifício do

[*] Os comentários sobre esta Carta estão na p. 113 e seguintes. (N. ed. bras.)

melhor meio para levar nosso próximo ao caminho correto, beneficiando o maior número possível de nossos semelhantes.

Os setores intelectualizados da humanidade parecem estar-se dividindo rapidamente em dois grupos. Um prepara-se inconscientemente para longos períodos de aniquilação temporária, ou estados de não-consciência, devido ao abandono deliberado de seu intelecto, e aprisionamento nas estreitas trilhas do fanatismo religioso e da superstição, processo que inevitavelmente conduz à total deformação do princípio intelectual; o outro entrega-se desenfreadamente a seus impulsos animais, com a intenção deliberada de *submeter-se* à aniquilação pura e simples em caso de fracasso, e a milênios de degradação após a dissolução física. Essas "classes intelectuais", agindo sobre as massas ignorantes que elas atraem, e que as vêem como nobres e dignos exemplos a seguir, rebaixam e degradam moralmente aqueles que deveriam proteger e orientar. Entre a superstição degradante e o ainda mais degradante e brutal materialismo, a pomba branca da verdade dificilmente encontra um lugar onde possa descansar seus pés desprezados e exaustos.

Já é tempo de a teosofia entrar na arena; os filhos dos teosofistas serão mais provavelmente teosofistas, em seu tempo, do que qualquer outra coisa. Nenhum mensageiro da verdade, nenhum profeta jamais conquistou, durante seu tempo de vida, um completo triunfo, nem mesmo Buda. A Sociedade Teosófica foi escolhida como a pedra fundamental, o alicerce das religiões futuras da humanidade. Para alcançar o objetivo proposto, foi determinado que houvesse uma convivência maior, mais sábia, e especialmente mais benevolente, do superior com o inferior, do Alfa e do Ômega da sociedade. A raça branca deve ser a primeira a estender a mão da fraternidade aos povos de cor escura e a chamar de irmão o pobre "negro" desprezado. Esta perspectiva pode não agradar a todos, mas não é teosofista aquele que se opõe a este princípio.

Em vista do sempre crescente triunfo e, ao mesmo tempo, mau uso do livre-pensamento e da *liberdade* (o reino universal de Satã, como o chamaria Eliphas Levi), como poderia o instinto combativo natural do homem ser impedido de infligir crueldades e atrocidades, tirania, injustiça, etc., até hoje inimagináveis, se não através da tranqüilizadora influência de uma fraternidade e da aplicação prática das doutrinas esotéricas de Buda?

Pois, como todos sabem, a libertação total da autoridade do poder único ou lei que a tudo impregna, chamada de Deus pelos sacerdotes — Buda, Sabedoria Divina e iluminação ou Teosofia pelos filósofos de todas as épocas — significa também a emancipação, no mesmo sentido, da lei humana. As doutrinas fundamentais de todas as religiões se comprovarão idênticas em seu significado esotérico, uma vez que sejam desagrilhoadas e libertadas do peso morto representado pelas interpretações dogmáticas, dos nomes pessoais, das concepções antropomórficas e dos sacerdotes assalariados. Osiris, Krishna, Buda e Cristo serão apresentados como nomes diferentes de uma mesma estrada real para a bem-aventurança final, o Nirvana.

O Cristianismo místico, isto é, aquele Cristianismo que ensina a autolibertação através do nosso próprio sétimo princípio — o *Para-Atma (Augoeides)* libertado, chamado por alguns de Cristo, por outros, de Buda, e equivalente à regeneração ou renascimento em espírito — será visto como exatamente a mesma verdade do Nirvana do Budismo. Todos nós temos de nos livrar de nosso próprio Ego, o ser ilusório e aparente, a fim de reconhecer nosso verdadeiro ser em uma vida divina transcendental. Mas, se não formos egoístas, devemos esforçar-nos e fazer com que outras pessoas vejam essa verdade, e reconheçam a realidade desse ser transcendental, o Buda, Cristo ou Deus de cada pregador. Esta é a razão por que mesmo o Budismo exotérico é o caminho mais seguro para conduzir os homens em direção à única verdade esotérica.

Do modo como se encontra o mundo agora, seja cristão, muçulmano ou pagão, a justiça é desconsiderada, enquanto a honra e a piedade são atiradas ao vento. Numa palavra, vendo que os objetivos principais da S.T. são mal interpretados por aqueles mais interessados em nos ajudar pessoalmente, como iremos lidar com o restante da humanidade, em meio à maldição conhecida como "luta pela vida", que é a real e mais prolífica causa da maioria das desgraças e tristezas e de todos os crimes? Por que esta luta teve que tornar-se o esquema quase universal do universo? Nós respondemos: porque nenhuma religião, com exceção do Budismo, ensinou até agora um desapego prático por essa vida mundana, enquanto cada uma delas — sempre com aquela única e solitária exceção — através de seus infernos e danações, inculcou o maior pavor em relação à morte. Por isso nós encontramos, de fato, esta luta pela vida imperando mais violentamente nos países cristãos, prevalecendo especialmente na Europa e na América. Ela é mais fraca nas terras pagãs e praticamente desconhecida entre as populações budistas. (Na China, durante um período de fome, onde as massas são mais ignorantes em relação a sua própria religião ou a qualquer outra, foi notável o fato de que aquelas mães que devoraram seus filhos pertencessem às localidades onde se encontrava a maior quantidade de missionários cristãos; onde não havia nenhum deles e apenas os bonzos possuíam a terra, a população morria com o máximo de indiferença). Ensine-se ao povo a ver que a vida nesta Terra, mesmo a mais feliz, é apenas um fardo e uma ilusão, que apenas o nosso próprio *karma*, a causa que produz um efeito, é nosso próprio juiz, — nosso salvador em vidas futuras — e a grande luta pela vida em breve perderá sua intensidade. Não há penitenciárias nas terras budistas, e o crime é praticamente desconhecido entre os budistas no Tibete. (O que foi dito acima não é dirigido a você, ou seja, A.P.S., e nada tem a ver com o trabalho da Sociedade Eclética de Simla. Pretende apenas dar uma resposta à impressão equivocada do Sr. Hume a respeito do "trabalho do Ceilão" como não sendo Teosofia).

O mundo em geral, e especialmente a cristandade, abandonado por dois mil anos ao regime de um Deus pessoal, bem como a seus sistemas políticos e sociais baseados nessa idéia, provou agora ser um fracasso. Se os teosofistas dizem: "Nada temos com tudo isso; as classes mais baixas e as raças inferiores (aquelas da Índia, por exemplo, na concepção dos britânicos) não são motivo de preocupação para nós e devem arranjar-se como podem" — o que acontece com nossas belas declarações sobre benevolência, filantropia, reforma etc.? Serão tais declarações falsas? E se forem falsas, poderá a nossa senda ser a verdadeira? Não deveríamos nos dedicar a ensinar a alguns poucos europeus, que vivem na abundância — muitos deles carregados com as dádivas de uma fortuna imerecida — a explicação racional dos fenômenos de campainhas soando no ar, da materialização de xícaras, do telefone espiritual e da formação do corpo astral, e deixar os numerosos milhões de ignorantes, de pobres e desprezados, humildes e oprimidos, tomar conta de si mesmos e de sua vida futura da melhor forma possível que puderem? Nunca! Antes pereça a S.T., com os seus dois infelizes fundadores, do que permitirmos que ela se transforme em mera academia de magia, um centro de ocultismo. Que nós, os devotados seguidores daquele espírito encarnado do absoluto auto-sacrifício, da filantropia, da divina benevolência, assim como de todas as mais elevadas virtudes que se pode alcançar nesta terra de tristeza — o homem dos homens, Gautama Buda — permitíssemos, em algum momento, à S.T. representar a *corporificação do egoísmo,* o refúgio dos poucos que jamais pensam nos muitos, é uma estranha idéia, meus irmãos.

Entre os poucos vislumbres obtidos pelos europeus acerca do Tibete e de sua hierarquia mística de "Lamas perfeitos", há um que foi corretamente compreendido e descrito. "A encarnação do *Bodhisattva, Padma Pani,* ou *Avalokitesvara* e *Tsong-ka-pa* e a de *Amitabha,* que renunciavam, na sua morte, à obtenção do Budado — ou seja, o *summum bonum* da bem-aventurança e da felicidade pessoal individual — de forma a nascerem mais e mais vezes em benefício da humanidade". (R.D.) Em outras palavras, que deveriam ser submetidos reiteradamente à miséria, ao aprisionamento da carne e a todas as tristezas da vida, para que, através deste auto-sacrifício, repetido através de longos e monótonos séculos, pudessem tornar-se os meios de assegurar a salvação e a bem-aventurança futura para um punhado de homens escolhidos entre uma das muitas raças da humanidade. E é de nós, os humildes discípulos destes Lamas perfeitos, que se espera aprovação para que a S.T. abandone seu nobre título de Fraternidade da humanidade e torne-se uma simples escola de Psicologia. Não, não, bons irmãos, vocês já estão equivocados há demasiado tempo. Vamos entender-nos bem. Aquele que não se sente competente o bastante para compreender suficientemente a nobre idéia, para trabalhar por ela, não necessita assumir uma tarefa que é muito pesada para ele. Mas dificilmente haverá um teosofista em toda a Sociedade, que não possa auxiliá-la eficientemente através da correção das impressões errôneas dos de fora, quando não ajudar realmente através da propagação dessa idéia. Ah, o homem nobre e altruísta que nos auxiliar *efetivamente*, na Índia, nesta divina tarefa! Todo nosso conhecimento, passado e presente, não seria suficiente para recompensá-lo.

Tendo explicado nossos pontos de vista e aspirações, tenho apenas mais umas poucas palavras a acrescentar. Para serem verdadeiras, a religião e a filosofia têm de oferecer a solução de todos os problemas. Que o mundo esteja moralmente em tão má condição é uma evidência conclusiva de que nenhuma de suas religiões e filosofias, aquelas das raças *civilizadas* menos do que qualquer outra, jamais possuíram a *verdade*. As explanações corretas e lógicas sobre os problemas dos grandes princípios duais — certo e errado, bem e mal, liberdade e despotismo, dor e prazer, egoísmo e altruísmo — são tão impossíveis para elas agora como eram há 1881 anos atrás. Elas estão tão longe da solução quanto sempre estiveram; mas deve haver, em algum lugar, uma solução consistente para estes problemas e, se nossas doutrinas provarem sua competência em oferecê-la, então o mundo será o primeiro a confessar que esta deve ser a verdadeira filosofia, a verdadeira religião, a verdadeira luz, a qual dá a verdade e nada mais que a verdade.

---

(1) Na seção "Notas", ao final desta Primeira Série (ver p. 113 e seguintes), o leitor encontrará referências e, quando possível, explicações relativas à natureza de cada Carta.

(2) Rhys Davids.

CARTA 2

Aos Membros Presentes na Convenção Teosófica,
Adyar, 1883

Saudações aos delegados hindus, parses, budistas, ingleses e outros e aos membros aqui presentes.

Lembrem-se de que, embora pertençam a várias nacionalidades e religiões é como se todos fossem filhos de uma única mãe — a Índia. Lembrem-se e ajam de acordo. Devem fazer da celebração da cerimônia de aniversário um grande sucesso. Devem provar àqueles que desejam seu mal e a seus inimigos que sua causa, por ser forte e tendo sido estabelecida sobre a rocha da verdade, de fato não pode nunca ser interrompida em seu progresso por qualquer oposição, ainda que poderosa, se forem todos unidos e agirem coordenadamente. Sejam verdadeiros, leais a suas promessas, ao seu dever sagrado, ao seu país e a suas próprias consciências. Sejam tolerantes com os demais, respeitem os pontos de vista religiosos dos outros, se desejam que os seus próprios sejam respeitados. Filhos da Índia, da antiga Aryavarta — sejam filhos adotivos ou filhos de sangue — lembrem-se de que são teosofistas e que Teosofia ou *Brahma Vidya* é a mãe de cada religião antiga, mesmo que possa estar abandonada e repudiada agora pela maioria de seus filhos ingratos. Lembrem-se disso, ajam de acordo, e o restante ocorrerá no devido tempo.

Com nossas sinceras bênçãos,

K.H.

Que nenhum *Karma* adicional seja atribuído àqueles que pecaram no ano que passou, em pensamento bem como em ação. Pessoalmente estão perdoados. Que um novo ano e novas esperanças iniciem para eles.

K.H.

CARTA 3

Para H.P.B.

Faça com que o "Círculo Interno"[1] saiba o que se segue, mostrando-lhes, e deixando com eles esta carta. Se encontrarem dificuldade em ler minha letra, então passe a limpo o texto.

I. Se fossem encontrados meios de prosseguir com os Ensinamentos Esotéricos interrompidos no ano passado, e se *Mahatma* Kuthumi considerasse possível retomar sua correspondência, ela poderia passar apenas através das mãos do Sr. Sinnett, como até aqui. Ele foi o correspondente escolhido desde o início; ressuscitou a Loja de Londres e trabalhou pela Causa da Sociedade Teosófica; nada mais justo que ele possa colher os frutos do *Karma*. O *Mahatma*,[2] seu correspondente, não poderia transferir com qualquer grau de justiça ensinamentos em série a nenhum outro.

II. Isto posto, permanece a questão sobre que meios existem para se manter correspondência, mesmo com o Sr. Sinnett? H.P.B. não se encarregará de enviar e transmitir as cartas; ela já demonstrou suficientemente sua disposição ao sacrifício de si mesma nesse sentido e, a menos que ela o faça a partir de sua própria e livre vontade e sem minha referência à questão, mesmo eu, seu guru por muitos anos, não tenho o direito de obrigá-la. Damodar K.M.[3] possui a mesma ou até maior resistência à idéia. Uma vez que a ação pertence ao *karma*, K.H. não pode e não o compelirá, já que não deve interferir com o *karma*. Resta Mohini *babu*.[4] Ele não atingiu aquele estágio de desenvolvimento fisiológico que capacita um chela a enviar e receber cartas. Sua evolução tem sido maior no plano intelectual, e, justamente agora inicia uma maior atividade nos limites entre este e o espiritual, e suas declarações estarão, como até agora, amplamente inspiradas por seu Mestre. A cada dia ele melhorará. Se seus amigos de visão curta não o estragarem através de seus tolos elogios e ele não se entregar às sedutoras influências que convergem em sua direção, há um futuro para ele — mas ele não está pronto para transferência física. Além disso, quando e se ele cair um dia sob o encantamento da vida mundana, suas inspirações cessarão e seu nome será escrito no "rol" como um fracasso. Ele corre perigo. Seu Mestre o percebe e — hesita. Há ainda outra pessoa, mas esta, se lhe forem concedidos tais poderes, irá ocultar isso até o fim. Ninguém está preparado para buscar e aceitar o martírio, que bem pode resultar naquela grande calamidade, a interrupção de seus estudos e de seu desenvolvimento.

III. Seja quem for que possa ser encontrado — se é que se encontrará alguém — para transmitir ao Sr. S. as Cartas de K.H., nem o "Círculo Interno" nem mesmo a L.L.[5] como um todo estão em condições, neste momento, de tirar proveito ou mesmo receber calmamente as instruções desejadas. Um grupo de estudantes das Doutrinas Esot. que queira obter qualquer proveito espiritual deve estar em perfeita harmonia e unidade de pensamento. Cada um, individual e coletivamente, deve ser, no mínimo, *totalmente altruísta*, gentil e pleno de boa vontade em relação a cada um dos outros — deixando a humanidade fora de questão; não deve haver espírito de facção em meio ao grupo, nem maledicência, má-vontade, inveja ou ciúmes, desprezo ou cólera. O que fere um deve ferir o outro — aquilo que alegra "A" deve encher "B" de prazer. Está a L.L., ou mesmo seu *Círculo Interno* em tal estado — que é absolutamente requerido por nossas Regras e Leis? É apenas devido à grande bondade de K.H. que, apesar do estado deplorável em que a L.L. se encontrava por cerca de dois anos e de lhe faltarem os requisitos indicados, ele ainda se correspondia ocasionalmente com o Sr. Sinnett. A recente sucessão de problemas internos poderia ter sido resolvida rapidamente, e a maioria deles evitados, se houvesse aquela autêntica unidade fraternal que leva um amplo conjunto de homens a agir como um só homem, e como se fossem dotados de um único coração e alma. Sou forçado a dizer que somente uma mudança radical nos sentimentos da L.L. pode revelar a sua utilidade potencial à grande causa que abraçamos. Em seu estado atual, a encontramos tendendo para a direção oposta. A L.L. é apenas uma brilhante — muito provavelmente a mais brilhante — orbe no céu teosófico, mas para a Soc. Matriz é apenas algo que excedeu-se em crescimento aristocrático, um Império dentro de um Império, o qual, ao gravitar em direção de seu próprio centro de hábitos fixos, preconceitos e superficialidade, lança confusão sobre todo o Corpo, quando poderia com igual facilidade tornar-se a rocha de salvação, o porto mais seguro para seus milhares de membros.

Ela terá que mudar sua política, até aqui exclusivista e egoísta, se quiser sobreviver. Terá que se tornar parte inseparável da "Fraternidade Universal", se quiser ser um corpo *teosófico*. Deve atuar em total harmonia com a organização matriz e promover a observação da regra de perfeita solidariedade e unidade de pensamento através da Sociedade como um todo. Não se deve permitir fofocas, nem difamações, nem demonstrar predileções pessoais ou favoritismo, se quiserem a nós como instrutores. O *Mahatma* Kut-humi pode, naturalmente, como um Adepto independente, contando com sua própria capacidade privada, escrever a quem ele escolher — se encontrar os meios de fazê-lo sem infringir a boa Lei Secreta. Mas ele nunca consentirá em divergir desta Lei, nem para satisfazer aqueles que lhe têm sido mais devotados. Que a L.L. e especialmente o Círculo Interno separem o grão do refugo, pois não teremos nada a ver com este último. Que eles ouçam este conselho fraternal.

Vejam que desempenho completamente estéril foi feito até o regresso do Sr. Sinnett da Índia — e tirem proveito da lição, vocês que dizem conhecer o *karma*. É inútil mencionar os vários escândalos na

Sede, em Bombaim e em Madras para disfarçar seus descuidos do passado: não é desculpa. Os dirigentes da S.M.[6] cometeram e cometerão muitos erros, precisamente porque estão sós e foram deixados sem auxílio e proteção, pois poderiam ter evitado tais intimidades perigosas e não têm ninguém para responsabilizar, a não ser a si próprios, pelo fato de sua confiança haver sido traída: o mesmo vale para alguns da L.L. que pecaram devido a imprudência e entusiasmo. A natureza humana é exatamente tão frágil em Adyar quanto em Chancery Lane[7] ou em Paris. É realmente uma árdua tarefa combinar material tão pobre e fazer com ele uma organização forte e perfeita — contudo, o futuro do movimento teosófico depende dos membros do *Círculo Interno*; se ele não for organizado como deve, devem culpar apenas a si próprios.

M.·.

---

(1) Veja Carta 5.
(2) O Mestre K.H.
(3) Damodar K. Mavalankar.
(4) Mohini M. Chatterjee.
(5) Loja de Londres.
(6) Sociedade Matriz.
(7) Onde a Loja de Londres reunia-se, naquela época, no escritório de advocacia de G.B.Finch.

CARTA 4

Para Francesca Arundale,
Tesoureira da Loja de Londres

O dia da separação está próximo e gostaria de dizer-lhe algumas palavras. Você é uma dirigente da L.L., e como tal tem um dever e uma oportunidade especiais. Não é suficiente que possa dar o exemplo de uma vida pura e virtuosa e de um espírito tolerante; isto é apenas virtude negativa e para o chelado nunca será o bastante. Você deveria, mesmo como simples membro, e muito mais como dirigente, aprender que pode ensinar, adquirir conhecimento espiritual e força de tal forma que o fraco possa apoiar-se em você e as tristes vítimas da ignorância possam aprender de você a causa das suas dores e a solução para elas. Se quiser, pode tornar sua casa[1] um dos centros de influência espiritual mais importantes em todo o mundo. O "poder" agora está concentrado ali, e permanecerá — se você não enfraquecê-lo nem repeli-lo: permanecerá para sua bênção e vantagem. Você fará bem em encorajar visitas de seus companheiros da S.T. e de pesquisadores através da realização de encontros com os que tiverem mais afinidade, para estudo e instrução. Você deveria incentivar outros, em outros setores, a fazer o mesmo. Deveria refletir constantemente com seus associados no Conselho, sobre como tornar os encontros gerais da Loja interessantes. Os novos membros deveriam ser atendidos, desde o início, pelos mais antigos — especialmente selecionados e indicados para a tarefa em cada caso e completamente instruídos naquilo que vocês já estudaram anteriormente — de tal forma que possam ser capazes de participar inteligentemente no trabalho dos encontros regulares. Há uma forte tendência a criticar a cerimônia de "iniciação" de um modo que pode impossibilitar uma impressão séria sobre o candidato. O método da Sociedade Matriz pode ser inadequado aos preconceitos britânicos, contudo, cair no extremo oposto da pressa sem dignidade é muito pior. Seus métodos de *iniciação* são um permanente insulto a qualquer chela regular e provocaram o descontentamento de seus "Mestres". É uma coisa sagrada para nós; por que deveria ser de outra maneira para vocês? Se cada membro tomasse como seu lema as sábias palavras de um rapaz jovem, mas que é um teosofista fervoroso, e repetisse com Bertram K.[2], "Antes de ser inglês, sou teosofista", nenhum inimigo jamais poderia perturbar sua Sociedade. Contudo, deve-se dizer aos candidatos, e os membros antigos devem lembrar sempre, que a Sociedade está engajada em um assunto sério; e que eles deveriam iniciar seu trabalho da mesma forma, com seriedade, tornando teosóficas suas próprias vidas. A "Revista" está bem iniciada e deveria continuar. Deveria ser o complemento natural daquela da S.P.P.[3], que é um saco de nozes não quebradas.

Sua Loja deveria manter correspondência com todos as outras da Europa; a Alemanha[4] pode ajudá-la — os outros necessitam seu auxílio. Lembre-se: este é um movimento para toda a Europa — não para Londres apenas. Os membros americanos estão com grandes desvantagens e não tiveram até agora, desde que os fundadores partiram, líderes competentes; sua Loja pode e deveria auxiliá-los, pois são seus próximos e a Sede já tem muito o que fazer em outros lugares. Um chela será designado para responder as questões gerais se a Loja merecer ajuda. Mas lembre-se: não somos escribas públicos ou escreventes com tempo para estar continuamente redigindo notas e respostas a correspondentes individuais sobre qualquer assunto pessoal insignificante que deveriam responder para si mesmos. Nem permitiremos que tais notas privadas circulem tão livremente como até agora. Haverá tempo suficiente para *discutir* os termos do chelado, quando o aspirante tiver assimilado aquilo que já lhe foi dado, e houver dominado seus vícios e fraquezas mais palpáveis. Isso você pode mostrar ou dizer a todos. A presente é para a Loja, endereçada a você como sua dirigente.

Você aceitou um serviço importante — a função financeira — e o tem desempenhado sabiamente. Tal auxílio era muito necessário. Se os membros na Europa querem o bem da Sociedade Matriz, devem auxiliar a fazer circular as suas publicações e a traduzi-las para outras línguas, quando valer a pena. Você pode dizer aos seus companheiros da Loja que intenções e palavras amáveis contam pouco para nós. Ações são o que queremos e exigimos. L.C.H. [5] — pobre criança — fez mais nesta direção durante dois meses, do que os melhores de seus membros nestes cinco anos.

Os membros da Loja de L. têm uma oportunidade que raramente aparece. Está sob sua custódia um movimento concebido para beneficiar todo o mundo de fala inglesa. Se eles cumprirem com todo seu dever, o avanço do materialismo, o aumento de uma perigosa auto-indulgência e a tendência em direção ao suicídio espiritual poderão ser detidos. A teoria da redenção intermediada produziu uma inevitável reação: apenas o conhecimento do *karma* pode contrabalançá-la. O pêndulo avança do extremo da fé cega para o extremo do ceticismo materialista, e nada pode pará-lo a não ser a Teosofia. Não vale a pena trabalhar em função desta meta — de salvar aquelas nações do destino adverso que sua ignorância lhes está preparando?

Vocês pensam que a verdade lhes foi mostrada apenas para seu próprio benefício? Que quebramos o silêncio de séculos para proveito de apenas um punhado de sonhadores? As linhas convergentes de seus *karmas* conduziram a cada um e todos para esta Sociedade como para um foco comum, de modo que cada um pudesse auxiliar a produzir os resultados interrompidos na encarnação anterior. Nenhum de vocês pode ser tão cego a ponto de supor que este é o seu primeiro contato com a

Teosofia. Devem compreender, certamente, que isto seria o mesmo que dizer que efeitos são gerados sem causas. Saibam, portanto, que agora depende de cada um de vocês se daqui para a frente deverão lutar sós em busca da sabedoria espiritual, através desta e da próxima encarnação, ou em companhia de seus atuais associados, e grandemente auxiliados pela simpatia e aspiração mútuas. Bênçãos a todos — que as merecerem.

K.H.

(1) 77 Elgin Crescent, Notting Hill, Londres, W., onde H.P.B. era hóspede da Sra. Arundale e da Srta. Arundale.
(2) Bertram Keightley.
(3) Sociedade para Pesquisa Psíquica.
(4) Sociedade Teosófica Germânica, cujos líderes eram a família Gebhard e o Dr. Hübbe Schleiden.
(5) Sra. Laura C. Holloway.

CARTA 5

*Aos Membros do Grupo Interno da Loja de Londres**

Em vista da recente renúncia do Sr. Massey e da razão que foi dada para tal, isto é, suspeita em relação aos *Mahatmas* e a tendência demonstrada por alguns outros membros da Loja de Londres de desacreditar dos ensinamentos orientais e desconfiar de seus Instrutores, nós, os abaixo assinados membros da Loja de Londres, estando convencidos de que não é possível educação espiritual alguma sem a união absoluta e solidária entre os colegas estudantes, desejamos formar um grupo interno.

Tomando a palavra "religião" em seu sentido amplo e deixando cada membro do referido grupo livre para seguir seu sistema teológico ou crença — COMO OCORREU ATÉ AGORA EM TODAS AS SOCIEDADES TEOSÓFICAS — desejamos, não obstante, estabelecer

* Os Mestres fizeram apenas algumas inscrições, materializadas ao final deste documento — que era dirigido a Eles, e assinado por vários membros da Loja de Londres. As frases escritas pelos Mestres estão em letras maiúsculas, informando sobre a aprovação do pedido. (N. ed. bras.)

um laço de autêntica união fraternal de uma natureza tal que se possam realizar aquelas condições que estamos convencidos serem inalcançáveis na Loja de Londres tal como ela está constituída.

Para este Grupo Interno — o Ádito* da Loja de Londres — é que humildemente solicitamos o reconhecimento extra-regulamentar dos *Mahatmas*, nossos Bem-amados Instrutores: pedindo a eles, além disso, que nos concedam a especial permissão de fazer nosso próprio regulamento e escolher nosso próprio conselho; e, embora permanecendo individualmente sujeitos às regras e estatutos da Loja de Londres, o grupo como tal, deve ser independente da Loja de Londres em seu trabalho especial.

O princípio fundamental do novo Grupo é de confiar implicitamente nos *Mahatmas* e em seus ensinamentos e obedecer firmemente a seus desejos em todos os assuntos relacionados com o progresso espiritual.

N.B.** Se, no entanto houver uma sincera convicção por parte de qualquer membro de que ele ou ela não pode em plena consciência prometer esta firme obediência em todos os assuntos relacionados com o progresso espiritual, este membro pode retirar-se do círculo interno, com a certeza e o conhecimento de que não será acusado de conduta desonrosa.

H.P. Blavatsky.

CONTANTO QUE ELE, OU ELA, NÃO TORNE PÚBLICA QUALQUER PARTE DOS ENSINAMENTOS, ORALMENTE OU POR ESCRITO, SEM PERMISSÃO ESPECIAL DO ABAIXO ASSINADO.

K.H.

Finalmente, ao submeter este pedido aos nossos venerados Mestres, nós sinceramente lhes pedimos, se esta receber sua aprovação, que a confirmem com suas assinaturas e consintam em continuar seus ensinamentos como até aqui, enquanto houver um membro sincero nesse grupo.

---

* *Ádito*: Câmara secreta dos templos antigos; santuário onde só os sacerdotes podiam entrar. (N. ed. bras.)

** N.B. — Abreviatura de *Nota Bene,* do latim. (N. ed. bras.)

APROVADO. O ACORDO É MÚTUO. PERMANECERÁ EM VIGOR ENQUANTO AS AÇÕES DOS QUE ASSINAM ABAIXO ESTIVEREM DE ACORDO COM AS PROMESSAS IMPLÍCITAS NO "PRINCÍPIO FUNDAMENTAL DO GRUPO" — E ACEITAS POR ELES.

K.H.

APROVADO. M∴

Mary Anne Arundale, Francesca Arundale, Alfred J. Cooper-Oakley, H. Isabel Cooper-Oakley, Archibald Keightley, Bertram Keightley, Isabel de Steiger, Laura E. Falkiner, Edmond W. Wade, R. Palmer Thomas, John Varley, Isabella Varley, Toni Schmiechen, Mary C. D. Hamilton, Gerard B. Finch, Louisa S. Cook, Mabel Collins (Sra. Keningale Cook), Catherine Galindo, Patience Sinnett, A.P. Sinnett, Jane Wade.

2

A Senda do Discipulado

CARTA 6

Para Pandit *Pran Nath*

As seguintes questões foram perguntadas ao Mestre:

1. Estou trilhando a senda correta?
2. Meu modo de vida atual conduz ao progresso espiritual?
3. Sou capaz de influenciar em grande medida meu próximo nascimento através da geração de bons karmas *nesta vida, seguindo ardorosamente as tendências de meu coração, tal como ocorre hoje?*
4. O que deveria fazer para ter a honra de prostrar-me a seus pés sagrados?

O processo de autopurificação não é trabalho de um momento, nem de poucos meses, mas de anos — podendo estender-se por uma série de vidas. Quanto mais tarde um homem começa a viver uma vida mais elevada, mais longo precisa ser seu período de provação, pois ele deve desfazer os efeitos de uma longa série de anos gastos em objetivos diametralmente opostos à verdadeira meta. Quanto maior o esforço de alguém e quanto mais brilhante o resultado de seu trabalho, mais próximo ele estará do limiar. Se sua aspiração é autêntica — uma convicção estabelecida e não um *flash* sentimental momentâneo — ele transfere de um corpo para outro a determinação que finalmente o conduzirá à realização de seu desejo. Bh. Sh.[1] viu-me em meu próprio corpo físico e pode mostrar o caminho para outros. Ele tem trabalhado altruisticamente pelos seres humanos através da Sociedade Teosófica, e tem tido sua recompensa, embora nem sempre o perceba.

K.H.

(1) Bhawani Shankar.

CARTA 7

Para C.W. Leadbeater

Na última primavera — no dia 3 de março — você me escreveu uma carta e a confiou a "Ernest". Embora o papel em si nunca tenha chegado as minhas mãos — e é provável que jamais chegasse, considerando a natureza do mensageiro — seu conteúdo chegou. Não a respondi na época, mas enviei-lhe um conselho através de *Upasika.* [1]

Naquela mensagem sua estava escrito que, desde que leu *Esot. Bud.* e *Ísis*, seu "único grande desejo tem sido colocar-se *sob minha direção como meu chela, de modo que pudesse aprender mais a respeito da verdade*". "Entendo a partir do que afirma o Sr. S."[2], você continuou, "que seria quase impossível tornar-me um chela sem ir à Índia". Você esperava ser capaz de fazer isto dentro de poucos anos, uma vez que no presente laços de gratidão o forçam a permanecer neste país, etc.

Respondo agora as questões acima e outras levantadas por você.

(1) *Não* é necessário que alguém esteja na Índia durante os sete anos de provação. Um chela pode passá-los em qualquer lugar.

(2) A aceitação de qualquer homem como um chela não depende de minha vontade pessoal. Isto pode apenas ser o resultado do próprio mérito e esforços de alguém naquela direção. *Force* qualquer um dos "Mestres" que você possa ter escolhido; faça bons trabalhos em seu nome e pelo amor à humanidade; seja puro e resoluto no caminho da retidão (como descrito em *nossas* regras); seja honesto e altruísta; esqueça você mesmo e lembre-se apenas do bem de outras pessoas — e você terá *forçado* aquele "Mestre" a aceitá-lo.

O dito acima se aplica a candidatos durante os períodos de progresso sereno de sua Sociedade. Há algo mais a ser feito, contudo, quando a teosofia, a Causa da Verdade, está, como no presente, numa situação de vida ou morte diante do tribunal da opinião pública — o mais levianamente cruel, preconceituoso e injusto dos tribunais. Há também o *karma* coletivo da *casta a que você pertence* a ser considerado. É inegável que a causa que você traz no coração está sofrendo agora devido a obscuras intrigas e à torpe conspiração do clero cristão e dos missionários contra a Sociedade. Eles não se deterão diante de nada para arruinar a reputação dos Fundadores. Você está disposto a responder pelos pecados *deles*? Então vá para Adyar por alguns poucos meses. "Os laços de gratidão" não serão rompidos, nem ficarão mais frágeis pela ausência de alguns meses, se a decisão for explicada de modo plausível a seu parente. Aquele que quiser abreviar os anos de provação deve fazer sacrifícios pela teosofia. Empurrada por mãos malévolas para o próprio limiar do precipício, a Sociedade necessita de cada homem e mulher forte na causa da verdade. É *fazendo* ações nobres, e não apenas determinando que sejam feitas, que os frutos da ação meritória são colhidos. Assim como o "homem verdadeiro" de Carlyle, que não é seduzido pelo que é fácil, a "dificuldade, abnegação, martírio e morte são os *encantamentos* que atuam", durante as horas de provação, no coração do verdadeiro chela.

Você me pergunta; "Quais são as regras que devo observar durante este período de provação e quando posso atrever-me esperar que ele inicie?" Respondo: você tem a construção do seu próprio futuro em suas próprias mãos, como mostrado acima, e a cada dia pode estar formando sua textura. Se eu fosse *exigir-lhe* que fizesse alguma coisa ou outra, ao invés de simplesmente aconselhá-lo, seria responsável por todo efeito que pudesse fluir daquele fato, e você teria apenas um mérito secundário. Pense e verá que isso é verdade. Portanto, lance sua sorte nos braços da Justiça, esperando apenas que sua resposta seja a verdade absoluta. O chelado é um estágio educacional, bem como probatório, e somente o chela pode determinar se acabará no adeptado ou em um fracasso. Devido a uma idéia equivocada do nosso sistema, os chelas com demasiada freqüência buscam ou esperam por ordens, perdendo tempo precioso que poderia ser aproveitado com esforços pessoais. Nossa causa precisa de missionários, devotos, agentes e até mesmo mártires, talvez. Mas ela não pode exigir de homem algum que se torne um deles. Portanto, agora escolha e assuma seu próprio destino — e que a memória de nosso Senhor *Tathagata* possa auxiliá-lo a decidir pelo melhor.

K.H.

---

(1) H.P.B.
(2) A.P.Sinnett.

Reprodução da Carta nº 7
[Extraída do Livro *The "K. H." Letters to C.W. Leadbeater,* com comentários de C. Jinarajadasa, T.P.H. — Adyar, Índia].

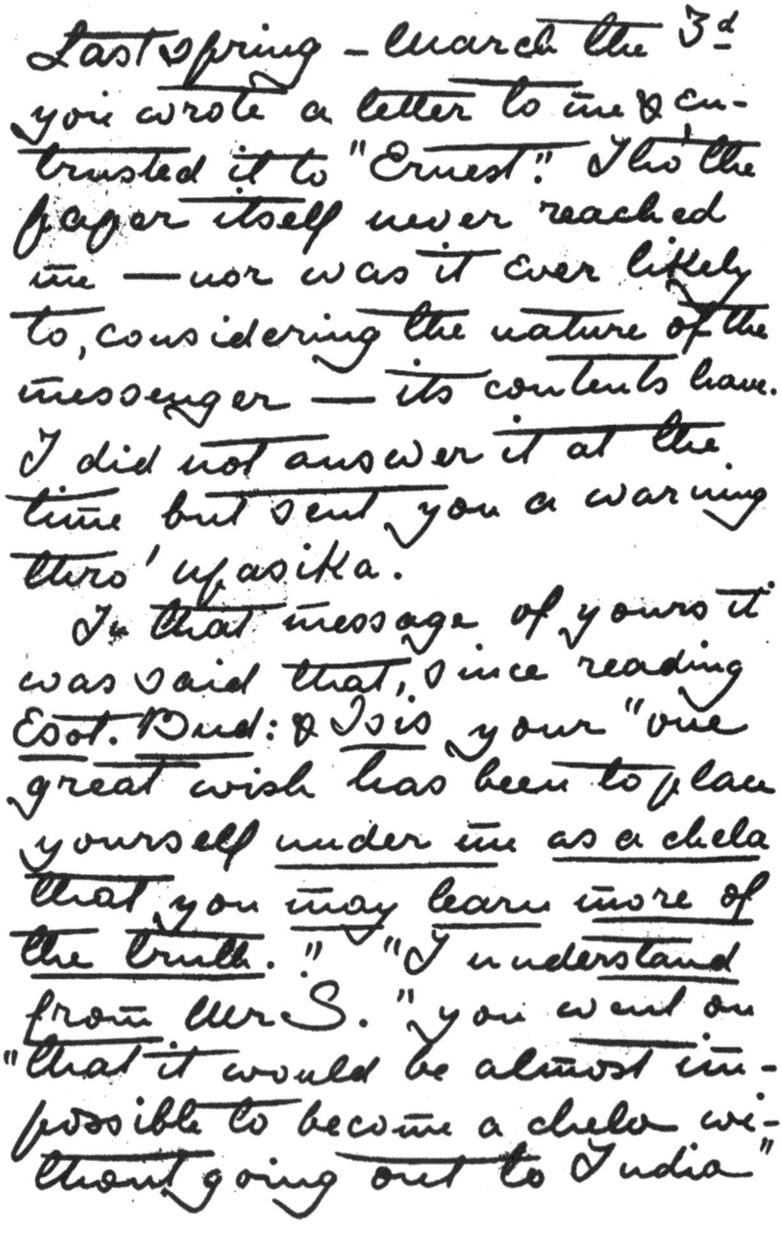

Last spring — March the 3rd
you wrote a letter to me & entrusted it to "Ernest." Tho' the paper itself never reached me — nor was it ever likely to, considering the nature of the messenger — its contents have. I did not answer it at the time but sent you a warning thro' Upasika.

In that message of yours it was said that, since reading Esot. Bud: & Isis your "one great wish has been to place yourself under me as a chela that you may learn more of the truth." "I understand from Mr S." you went on "that it would be almost impossible to become a chela without going out to India"

You hoped to be able to do that in a few years, tho' for the present ties of gratitude bind you to remain in this country. Etc.

I now answer the above & your other questions.

[1] It is not necessary that one should be in India during the seven years of probation. A chela can pass them anywhere.

[2] To accept any man as a chela does not depend on my personal will. It can be only the result of one's personal merit and exertions in that direction. Force any one of the "masters" you may happen to choose; do good works in his name & for the love of mankind; be pure & resolute in the path of righteousness [as laid out in our rules]; be honest & unselfish; forget your Self but to remember the

good of other people — and you will have forced that "master" to accept you.

So much for candidates during the periods of the undisturbed progress of your Society. There is something more to be done, however, when theosophy — the Cause of Truth, is, as at the present moment on its stand for life or death before the tribunal of Public Opinion — that most flippantly cruel, prejudiced & unjust of all tribunals. There is also the collective Karma of the caste you belong to — to be considered. It is undeniable that the Cause you have at heart is now suffering owing to the dark intrigues, the base conspiracy of the Christian clergy and missionaries against the Society. They will

Stop before nothing to ruin the reputation of the Founders. Are you willing to atone for their sins? Then go to Adyar for a few months. "The ties of gratitude" will not be severed, nor even become weakened for an absence of a few months if the step be explained plausibly to your relative. He who would shorten the years of probation has to make sacrifices for theosophy. Pushed by malevolent hands to the very edge of a precipice, the Society needs every man and woman strong in the cause of truth. It is by doing noble actions & not by only determining that they shall be done that the fruits of the meritorious actions are reaped. Like the "true man" of Carlyle who is not to be seduced by Ease

(2

—"difficulty, abnegation, martyrdom, death are the allurements that act" during the hours of trial on the heart of a true chela.

You ask me —"what rules I must observe during this time of probation & how soon I might venture to hope that I could begin". I answer: You have the making of your own future, in your own hands as shown above, and every day you may be weaving its woof. If I were to demand that you should do one thing or the other, instead of simply advising, I would be responsible for every effect that might flow from the step & you acquire but a secondary merit. Think, & you will see that this is true. So cast the lot yourself into the lap of Justice, never

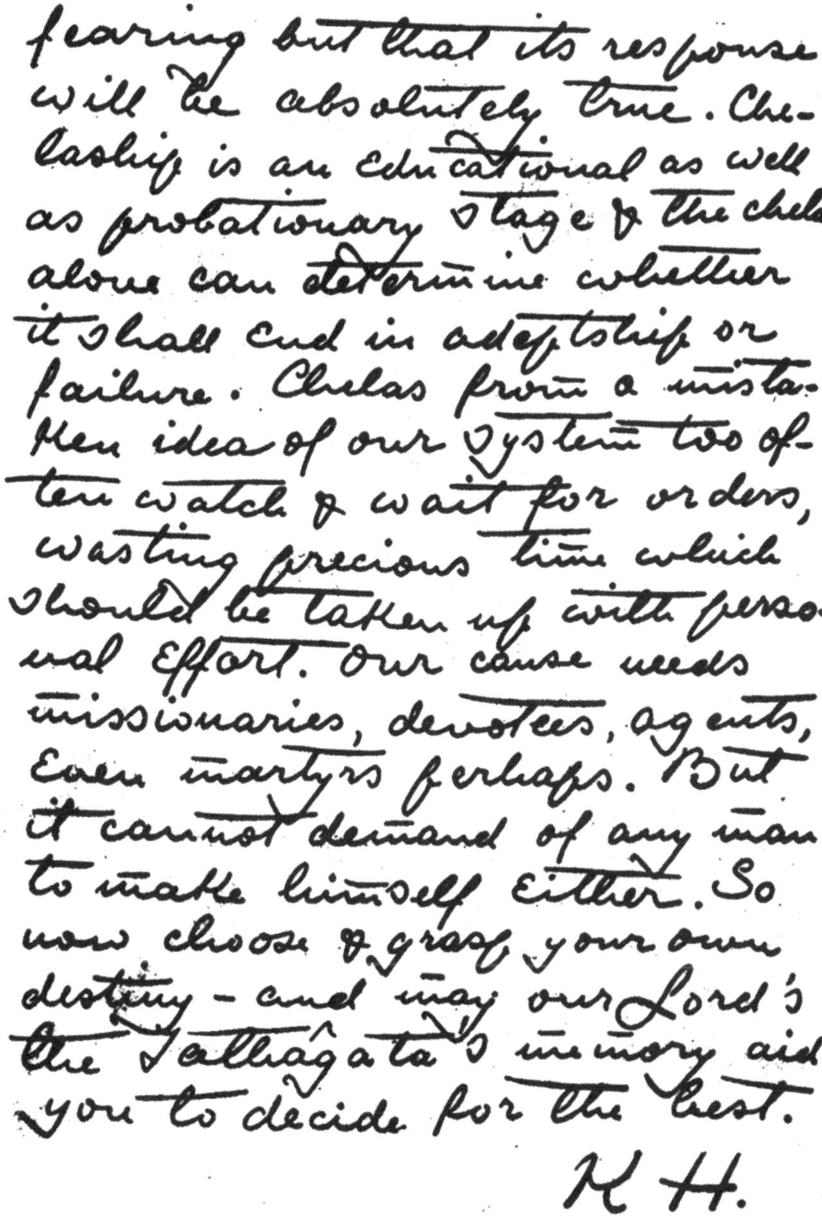

fearing but that its response will be absolutely true. Chelaship is an educational as well as probationary stage & the chela alone can determine whether it shall end in adeptship or failure. Chelas from a mistaken idea of our system too often watch & wait for orders, wasting precious time which should be taken up with personal Effort. Our cause needs missionaries, devotees, agents, Even martyrs perhaps. But it cannot demand of any man to make himself Either. So now choose & grasp your own destiny – and may our Lord's the Tathâgata's memory aid you to decide for the best.

K.H.

Reprodução do final da Carta nº 7

CARTA 8

Para C.W. Leadbeater, recebida na noite do mesmo dia.

Já que sua intuição o conduziu na direção certa e o fez compreender que era *meu desejo* que fosse *imediatamente* para Adyar, eu posso dizer mais. Quanto mais cedo você for para Adyar, melhor será. Não perca nenhum dia mais que o necessário. Tome o navio do dia 5, se possível. Una-se a *Upasika*, em Alexandria. Não deixe ninguém saber que está indo, e que a bênção de nosso Senhor e minha pobre bênção possam protegê-lo de todo mal em sua nova vida.

Saudações a você, *meu novo* chela.

K.H.

Não mostre minhas notas a ninguém.

Reproducão da Carta nº 8
[Extraída do Livro *The "K. H." Letters to C. W Leadbeater*, com comentários de C. Jinarajadasa, T.P.H. — Adyar — Índia]

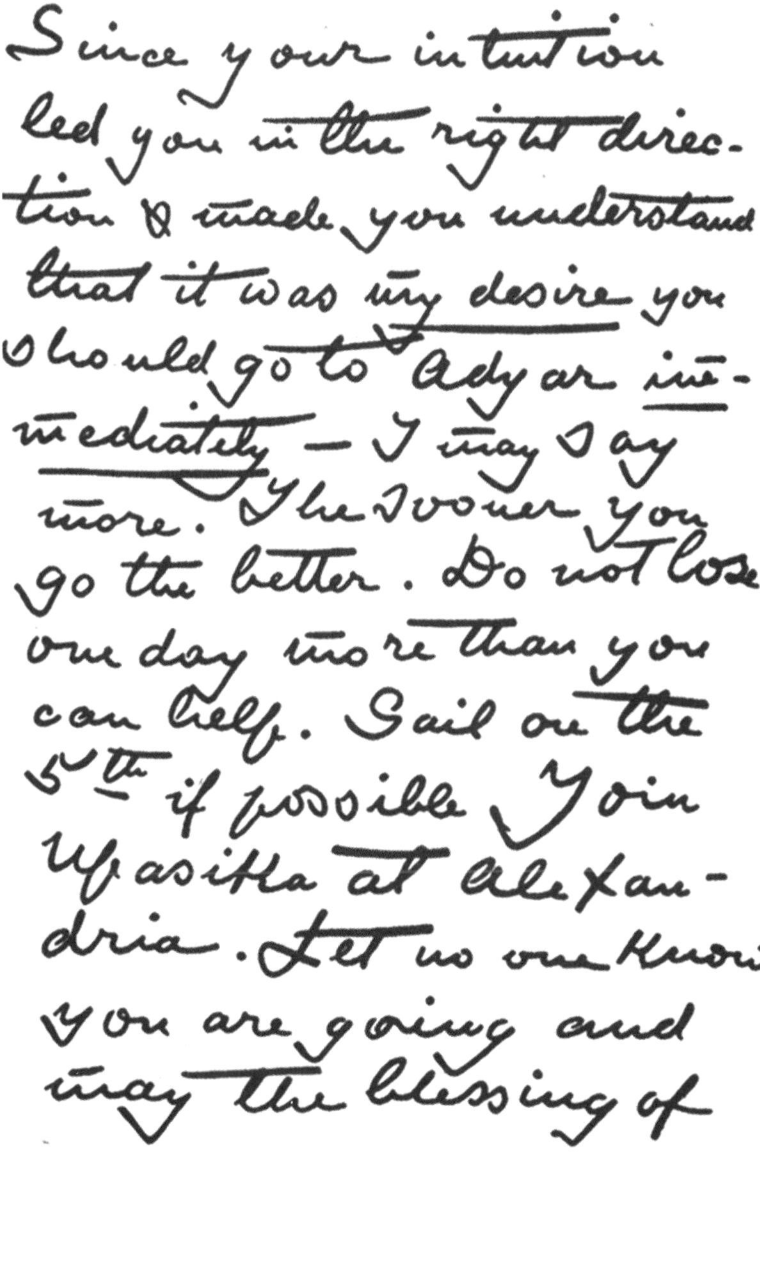

Since your intuition
led you in the right direc-
tion & made you understand
that it was my desire you
should go to Adyar im-
mediately — I may say
more. The sooner you
go the better. Do not lose
one day more than you
can help. Sail on the
5th if possible. Join
Upasika at Alexan-
dria. Let no one know
you are going and
may the blessing of

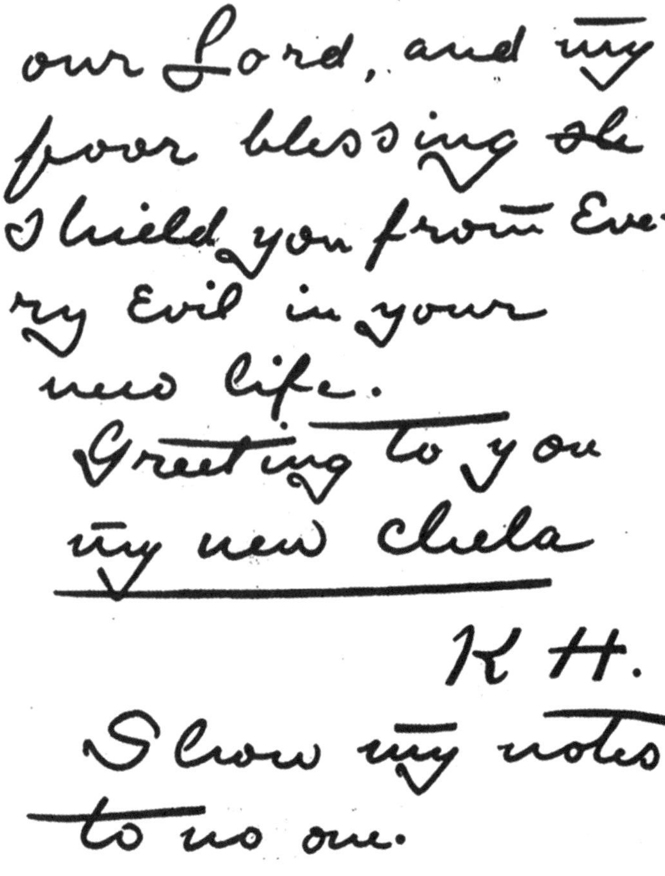

our Lord, and my
poor blessing sh
shield you from Eve-
ry Evil in your
new life.
Greeting to you
my new chela

K H.

Show my notes
to no one.

Reprodução do final da Carta nº 8

CARTA 9

A um Membro

Não anseie pelo chelado; não procure aquilo cujos perigos e adversidades são desconhecidos para você.

São realmente muitos os chelas que têm se oferecido a nós, e os que falharam este ano são tantos quantos foram aceitos em provação. O *chelado tira os véus do homem interior* e faz vir à tona as virtudes e os vícios adormecidos. O vício latente gera pecados ativos e é seguido, freqüentemente, pela insanidade. De 5 chelas leigos escolhidos pela sociedade, e aceitos sob protesto, por nós, 3 tornaram-se criminosos e 2 insanos. Dê uma olhada em volta, faça uma pesquisa em Bareilly e Cawnpore, e julgue por si mesmo.

Seja puro, virtuoso e leve uma vida devotada, e estará protegido. Mas lembre-se, aquele que não é puro como uma criancinha deve deixar em paz o chelado. Proibi que me enviem quaisquer cartas da sede.

K.H.

P.S. O processo de autopurificação não é trabalho de um momento, nem de poucos meses, mas de anos — podendo estender-se por uma série de vidas* . Quanto mais tarde um homem inicia a viver uma vida superior, tanto mais longo deve ser o período de provação, pois ele deve desfazer os efeitos de uma longa série de anos gastos em objetivos diametralmente opostos à verdadeira meta.

* Este trecho é idêntico ao texto do primeiro parágrafo da Carta 6 — Primeira Série. (N. ed. bras.)

CARTA 10

Para Mohini M. Chatterjee

Aquele que sacrifica sua própria estima e a conveniência dos códigos correntes e reconhecidos de honra a fim de salvar uma causa justa pode, algum dia, descobrir que alcançou assim suas aspirações mais elevadas. O egoísmo e a falta de auto-sacrifício são os maiores impedimentos na senda do adeptado.

K.H.

CARTA 11

Para Mohini M. Chatterjee

[O texto desta Carta
faz parte da Carta 58
da Segunda Série* . Ver p. 234]

* O texto publicado como Carta 11 na Primeira Série de Cartas — edição de Adyar — é, na verdade, o parágrafo que corresponde ao item número 4 da Carta 58 da Segunda Série. Por isso não o publicamos aqui, mantendo, no entanto, a numeração original das Cartas para facilitar o trabalho de pesquisadores. (N. ed. bras.)

3

A Índia e o Movimento Teosófico

CARTA 12

A Um Membro

Não degrade a verdade impondo-a a mentes que não a desejam. Não procure obter auxílio daqueles cujos corações não são suficientemente patrióticos para um trabalho altruísta que vise o bem de seus concidadãos. "Que podemos fazer de bom?" perguntam. "Que benefício podemos prestar à humanidade ou mesmo ao nosso próprio país?" São realmente patriotas sem fibra. Diante da destruição de seu país em sua identidade nacional, por falta de vitalidade e da infusão de novas forças, o *patriota* agarra-se a qualquer oportunidade. Mas existe *algum verdadeiro patriota* em Bengala? Se fossem muitos, nós teríamos enviado você para cá antes de agora; dificilmente teríamos permitido que você permanecesse três anos na Índia sem visitar Calcutá, cidade de grandes intelectos e — nenhum coração. Pode ler isto a eles.

K.H.

CARTA 13

Para Mohini M. Chatterjee

Seu comportamento em relação a *Upasika* é tão *infantil* que é de fato calculado para criar uma impressão pior até mesmo do que a própria atitude irreverente dela quando deixada inteiramente por si mesma. Não esqueça de que todos os bons frutos que estão reservados à nossa Índia, e mesmo a consideração que você está recebendo agora das mãos daqueles que, até aqui, mostravam por você o mais aberto desprezo, devem-se aos esforços individuais dela. Dificilmente você poderá demonstrar-lhe suficiente respeito e gratidão, ou mais do que ela merece. É melhor deixar que os ingleses saibam de todo o bem que ela está alcançando moralmente do que estar sempre divertindo-os com histórias que apenas podem mostrá-la sob uma luz infantil, excêntrica, e fazendo-os rir ou até mesmo sorrir às custas dela. Você mostra-se indiscreto e imprudente deste modo. Eu *espero* que mude sua atitude — especialmente quando os amigos dela chegarem da Rússia. Você terá que impressioná-los cuidadosamente com uma percepção da elevada posição que ela deveria ocupar — se é que não ocupa — entre aqueles hindus que permaneceram fiéis ao Passado, não se preocupam com o Presente, e trabalham apenas para o Futuro, que será grande e glorioso, bastando para isto que ela seja apoiada e auxiliada por eles. Digo-lhe, menino, pare de mostrar um comportamento tão infantil. Você é um representante da Índia que deve ser *regenerada*. Deve, portanto, mostrar a postura de um filósofo, se quiser ser um chela e não a postura de um jovem risonho. Deve mostrar sua gratidão àqueles poucos que não temeram tornar-se os defensores de uma Esperança quase perdida.

Espero que se lembre de minhas instruções — e coloque-as em prática. Quando estiver de volta à casa, pode ser menos cuidadoso; *aqui*, o cuidado é absolutamente necessário. Quero que seu amigo o siga até Enghien, mas preparando-o antes para *aquilo que ela realmente é*. Vá até lá, por algumas horas e retorne com ela.

K.H.

CARTA 14

Para Mohini M. Chatterjee

Sinal dos tempos: o Sr. Sinnett foi notificado por seu empregador para deixar o cargo de Editor daqui a 12 meses — *por apoiar os nativos* e ser teosofista. A menos que surja um capitalista nativo para iniciar um jornal rival — que possa esmagar o Pioneer — com o Sr. Sinnett como seu editor, vou realmente desistir de ter esperanças na Índia. O escrito acima é confiado *secretamente* à sua honra. Mas escreverei para Norendro N.S.[1] e conversarei com ele sobre o assunto. Até lá — nenhuma palavra.

K.H.

(1) Norendro Nath Sen.

CARTA 15

Para Mohini M. Chatterjee

Se você está tão ansioso para saber do Sr. Hume de que modo ele "ficou convencido da ligação dos Irmãos com nossa Sociedade" (peça a ele) também para dizer *que bem que os Irmãos fizeram,* seja a ele (Sr. Hume), seja a qualquer outro. Aconselho-o, Irmão Mohini Mohun, a ler com atenção o artigo "Índia Indo-Britânica", escrito no *Pioneer* [1] de 7 de agosto. Você pensa que o *Editor* o teria escrito algum dia se dependesse apenas das relações e sentimentos *fraternais* dos hindus — compatriotas seus e *meus*? E você pensa que uma série de artigos, desse teor, num jornal (até aqui) tão *conservador*, escrito por um homem tão orgulhoso, embora ao mesmo tempo tão nobre e justo, não faria bem *algum* a ninguém? Este é o primeiro fruto político da Sociedade à qual você tem a honra de pertencer. E, ao invés de duvidar de que ainda existem uns poucos "Irmãos" remanescentes na Índia para cuidar dos interesses dela e protegê-la em suas horas de perigo, agradeça aos céus, caso você tenha um coração patriota batendo em seu peito; uma vez que nenhum de seus filhos parece lembrar, de forma alguma, em seu egoísmo que cresce a cada hora, que têm uma Mãe — degradada, prostrada e espezinhada sob os pés de todos, dos conquistadores e dos conquistados — ainda assim, uma MÃE.

Tome cuidado, Mohini Mohun Chatterjee: a dúvida é um câncer perigoso. Começa-se duvidando de um *pavão* e termina-se duvidando de —

Koot Hoomi.

(1) Seu editor era A.P.Sinnett.

4

Cartas de Orientação Pessoal

CARTA 16

Para H.S.Olcott

Desde o início de seu período probatório na América, você teve muito contato comigo, ainda que seu desenvolvimento imperfeito muitas vezes o tenha feito confundir-me com Atrya* e, freqüentemente, fantasiar que era sua própria mente que agia, quando era a minha que estava tentando influenciar e falar com a sua. Naturalmente, pelos seus próprios critérios de evidências, você não foi até agora uma testemunha totalmente qualificada, uma vez que nunca nos encontramos anteriormente — que seja de seu conhecimento — em carne e osso. Mas, finalmente, agora você o é, e nosso objetivo ao fazer a viagem do *Ashrum* a Lahore era dar-lhe esta última prova substancial. Você não apenas me viu e conversou comigo, mas me tocou, minhas mãos pressionaram as suas e o K.H. de fantasia tornou-se o K ◬ de fato. Seu comportamento cético, freqüentemente caindo em extremo conservadorismo — talvez a última característica que os desatentos teriam atribuído a você — impedia séria e constantemente seu desenvolvimento interior. Ele o fez suspeitar, às vezes cruelmente, de *Upasika,* de Borg, de Djual-K. e até mesmo de Damodar e D.Nath, a quem você ama como filhos. Este nosso encontro deverá mudar radicalmente o estado de sua mente. Caso contrário, tanto pior para seu futuro; a verdade nunca chega, como um ladrão, através de janelas e portas gradeadas com ferro.

Vim visitá-lo não apenas por minha própria vontade e decisão, mas também por ordem do *Maha-Chohan,* diante de cuja percepção o futuro estende-se como uma página aberta. Em Nova Iorque você solicitou a M. uma prova objetiva de que sua visita não era *maya* — e ele a deu; sem que você me peça, dou-lhe esta: ainda que me afaste de sua vista, esta nota é para que se lembre de nossa conversa. Vou agora até o jovem Sr. Brown para testar a intuição dele. Amanhã à noite, quando o acampamento estiver calmo e o pior das emanações de sua audiência tiver passado, poderei visitar você novamente para uma conversa mais

* Um Adepto. (N. ed. bras.)

longa, uma vez que deve ser advertido contra certas coisas no futuro. Não tema e não duvide, como você temeu e duvidou no jantar da noite passada: o primeiro mês do próximo ano de sua era recém terá despontado quando mais dois dos "inimigos" terão falecido. Seja sempre vigilante, cuidadoso e ponderado; lembre-se de que a utilidade da Sociedade Teosófica depende muito de seus esforços, e de que nossas bênçãos acompanham seus sofridos "Fundadores" e todos aqueles que os ajudam em seu trabalho.

K.H.

CARTA 17

Para H.S.Olcott

Fique atento ao sinal: prepare-se para seguir o mensageiro que irá procurá-lo.

K.H.

CARTA 18

Para H.S. Olcott

Além de pedir-lhe que diga ao Sr. Sinnett que recebi todas as suas cartas (inclusive a de 15 de fevereiro), mas não tive nem mesmo um momento de tempo para dedicar a ele, nada tenho com as características de uma "missão" para você executar em Londres. Aquele, naturalmente, é o território de M∴; e ele, sob ordens do *Maha-Chohan*, deu a você toda liberdade de ação, com o pleno conhecimento de que você defenderá a política da Sociedade.

Se recordar nossa conversa da *segunda* noite, em Lahore, verá que tudo em Londres aconteceu como previsto. Sempre houve naquele lugar potencialidades latentes de natureza destrutiva e construtiva, e os melhores interesses de nosso movimento tornaram necessário que tudo fosse trazido à superfície. Como diriam seus encantadores novos amigos de Nice que freqüentam Monte Carlo e os *cercles* das casas de jogo, os jogadores têm agora — *cartes sur table*. Aqueles que estiveram tão perplexos e confusos sobre nossa política em relação à Loja de Londres entenderão melhor a necessidade dela quando conhecerem melhor a arte bastante oculta de trazer à tona as capacidades e tendências latentes dos iniciantes no estudo oculto.

Não se surpreenda com nada que possa ouvir de Adyar. Nem se desencoraje. É possível — embora tentaremos impedi-lo dentro dos limites do *Karma* — que vocês tenham que passar por grandes aborrecimentos domésticos. Vocês abrigaram um traidor e um inimigo sob seu teto durante anos, e o grupo missionário está mais do que disposto a lançar mão de qualquer auxílio que ela possa ser induzida a dar. Toda uma conspiração está em curso. Ela está furiosa com o aparecimento do Sr. Lane Fox e pelos poderes que você conferiu ao Conselho de Controle. Estivemos produzindo alguns fenômenos em Adyar, desde que H.P.B. deixou a Índia, para proteger *Upasika* dos conspiradores.

E agora aja com discrição, seguindo suas instruções, confiando mais em suas notas do que em sua memória.

K.H.

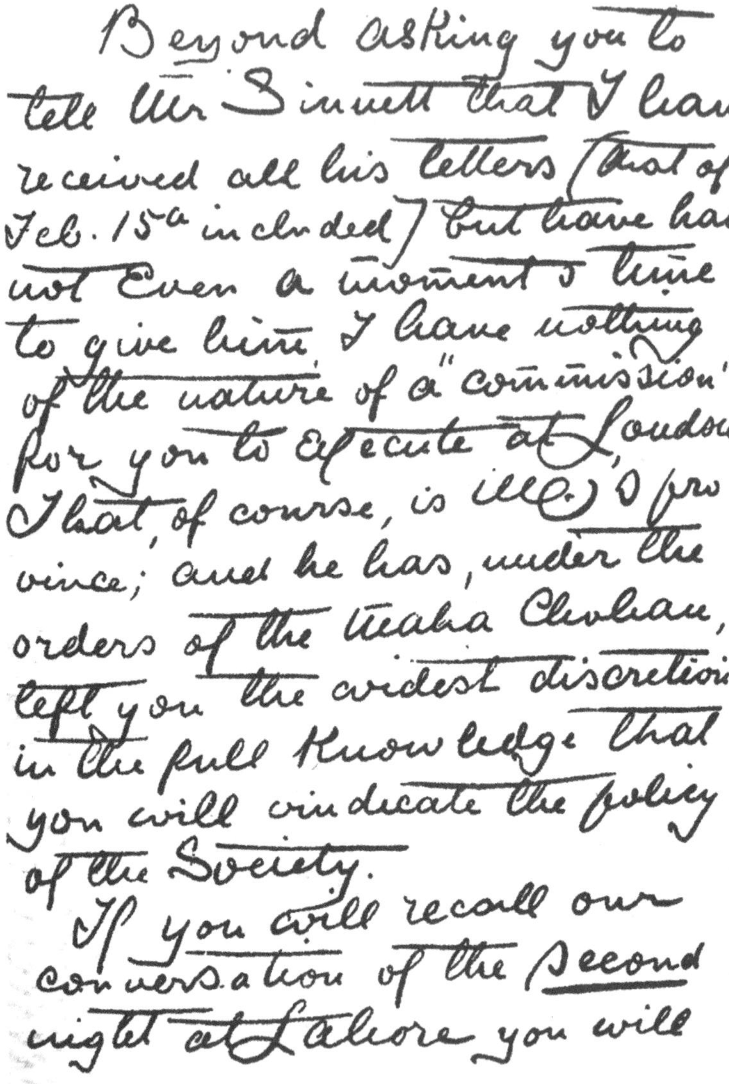

Beyond asking you to tell Mr Sinnett that I have received all his letters [that of Feb. 15th included] but have had not even a moment's time to give him, I have nothing of the nature of a "commission" for you to execute at London. That, of course, is M.'s province; and he has, under the orders of the Maha Chohan, left you the widest discretion in the full knowledge that you will vindicate the policy of the Society.

If you will recall our conversation of the second night at Lahore you will

Reprodução do 1º parágrafo da Carta 18
[Extraída do livro *Hammer on the Mountain — The Life of Henry Steel Olcott,* de Howard Murphey, T.P.H. — Wheaton, U.S.A.]

CARTA 19

Para H.S. Olcott

Novamente, já que você está se aproximando de Londres, tenho uma ou duas palavras a dizer-lhe. Sua capacidade de receber impressões é tão mutável que não posso confiar totalmente nela neste momento crítico. Naturalmente você sabe que as coisas chegaram a um ponto tal que esta viagem tornou-se necessária, e também a inspiração para realizá-la e permitir que os Conselheiros *de fora* participem dela. Controle seus sentimentos, de forma que possa fazer a coisa certa neste imbróglio ocidental. Observe suas primeiras impressões. Os erros que comete surgem do fato de não fazer isto. Não deixe que suas predileções pessoais, afetos, suspeitas ou antipatias afetem sua ação.

Cresceram os mal-entendidos entre os membros, em Paris como em Londres, o que põe em risco os interesses do movimento. Dirão a você que a principal causadora da maioria, se não de todas estas perturbações, é H.P.B. Isto não é verdade, embora sua presença na Inglaterra tenha, naturalmente, parte nisso. Mas a maior parte deve-se aos outros, cuja serena inconsciência de seus próprios defeitos é muito marcante e não pode ser ignorada. Um dos mais valiosos efeitos da missão de *Upasika* é que ela conduz os homens ao auto-estudo, e destrói neles o servilismo cego a pessoas. Observe seu próprio caso, por exemplo. Mas sua revolta, bom amigo, contra sua infalibilidade — como você certa vez pensou — já foi longe demais e você tem sido injusto com ela, pelo que, sinto dizer, terá que sofrer daqui para a frente juntamente com os demais. Exatamente agora, no convés, seus pensamentos a respeito dela eram negros e pecaminosos e, por isso, vejo que é o momento apropriado para colocá-lo em guarda.

Tente remover as más interpretações *que você encontrará*, através da persuasão amável e do apelo aos sentimentos de lealdade à Causa da verdade, se não a nós. Faça com que *todos* estes homens percebam que não temos favoritos, nem afeições pessoais, o que nos interessa são apenas suas boas ações e a humanidade como um todo. Mas nós empregamos agentes — os melhores disponíveis. Destes, nos últimos trinta anos, o principal foi uma personalidade conhecida como H.P.B. pelo mundo (mas de outra maneira para nós). Imperfeita e muito problemática, sem dúvida, ela provou a alguns, no entanto, não haver possibilidade de encontrarmos alguém melhor nos anos vindouros — e os seus teosofistas devem ser levados a compreender isso. Desde 1885, não escrevi nem fiz com que nada fosse escrito a não ser com a ajuda dela, direta ou indireta; nenhuma carta, ou uma linha, a ninguém na Europa ou na América, nem comuniquei-me oralmente *com* ou *através* de nenhuma outra pessoa. Os teosofistas deveriam saber disto. Você compreenderá mais tarde a importância desta declaração — portanto não a esqueça. Como a fidelidade dela ao nosso trabalho é constante, e como os seus sofrimentos têm ocorrido devido a isto, nem eu, nem qualquer dos meus Irmãos associados iremos abandoná-la ou substituí-la. Como já destaquei anteriormente, a *ingratidão* não está entre nossos vícios.

Com você nossas relações são diretas e com as raras exceções que você conhece, como agora, têm sido no plano físico, e assim continuarão por força das circunstâncias. Que os contatos tenham sido tão raros é por sua própria culpa, como lhe disse da última vez.

Para auxiliá-lo em sua atual perplexidade: H.P.B. não tem quase nenhum interesse em detalhes administrativos e deve ser mantida à parte deles, na medida em que sua forte natureza puder ser controlada. Mas *você deve falar a todos o seguinte: em relação a assuntos ocultos, ela tem tudo a ver*. Nós *não* a abandonamos. Ela *não* está "entregue aos chelas". Ela é *nossa agente direta*. Advirto-o para que não permita que suas suspeitas e ressentimentos contra "suas muitas tolices" perturbem sua lealdade intuitiva para com ela. Na condução deste assunto europeu, terá duas coisas a considerar — a externa e administrativa; e a interna e psíquica. Mantenha a primeira sob controle seu e dos seus associados mais prudentes, em conjunto; *deixe a última para ela*. Pode planejar os detalhes práticos com sua costumeira habilidade. Apenas seja cuidadoso, insisto, para discernir, quando alguma interferência dela sobre assuntos práticos lhe for solicitada, entre aquilo que é meramente exotérico em sua origem e efeitos e o que, iniciando-se no nível prático, tende a produzir conseqüências no plano espiritual. No primeiro caso você é o melhor juiz, no segundo caso, é ela.

Percebi também seus pensamentos com relação à *Doutrina Secreta*. Esteja certo de que aquilo que ela não *comentou* a partir de trabalhos científicos e outros, nós passamos ou *sugerimos a ela*. Cada erro ou noção equivocada corrigido e explicado por ela a partir dos trabalhos de outros teosofistas, *foi corrigido por mim, ou sob minhas instruções*. É um trabalho mais valioso do que seu precedente, por ser um compêndio de verdades ocultas que o tornarão uma fonte de informação e instrução para o estudante sério, pelos longos anos que virão.

P. Sreenivasrow encontra-se mais uma vez em grande sofrimento mental devido a meu longo silêncio, não tendo desenvolvido uma intuição clara (como poderia, com a vida que tem levado?). Ele teme ter sido abandonado; no entanto, não foi perdido de vista nem por um momento. A cada dia ele está construindo seu próprio registro no "Ashrum", a cada noite tem recebido instruções adequadas as suas habilidades espirituais. Ele tem cometido erros ocasionais; por exemplo, recentemente, ao ajudar a afastar da Sede alguém que merecia um tratamento mais caridoso, cujo erro era resultado de ignorância e fragilidade psíquica, e não tanto de pecado, e que se tornou vítima de um homem forte. Exponha-lhe, quando você voltar, a lição que lhe foi passada por ⚠ em Bombaim, e diga a meu devotado, embora equivocado "filho", que seria muito teosófico dar proteção a ela, e extremamente não-teosófico e egoísta afastá-la.

Gostaria que você assegurasse a outros, T.T., R.A.M., N.N.S., N.D.C., G.N.C., U.U.B., T.V.C., P.V.S., N.B.C., C.S., C.W.L., D.N.G., D.H., S.N.C., etc., entre outros, não esquecendo os outros verdadeiros trabalhadores na Ásia, que o curso do *karma* está sempre fluindo e que nós, assim como eles, devemos abrir nosso caminho para a Libertação. Houve provações doloridas no passado, outras esperam por você no futuro. Que a fé e a coragem que o sustentaram até aqui possam resistir até o final.

É melhor que não mencione esta carta a ninguém no momento — nem mesmo a H.P.B., a menos que ela se refira à mesma. Haverá tempo suficiente para que você veja uma boa ocasião surgir. Ela está sendo dada apenas a você, como uma advertência e uma orientação; aos outros, como uma advertência apenas, porque você pode usá-la com discrição, se for necessário.

K.H.

Prepare-se, contudo, para ter a autenticidade da presente negada em certos setores.

CARTA 20

Para Francesca Arundale

Tenho observado seus muitos pensamentos. Tenho observado sua evolução silenciosa e os anseios de sua alma interior; e, uma vez que o compromisso pessoal assumido por você me permite fazê-lo, tendo algumas poucas coisas para dizer-lhe, em relação a você mesma e àqueles que ama — aproveito a oportunidade, uma das últimas, para escrever-lhe diretamente e dizer umas poucas palavras. Certamente você sabe que quando a aura de H.P.B. em sua casa estiver exaurida, você não poderá mais receber cartas minhas.

Quero que você esteja informada sobre a situação tal como ela está agora. Sua lealdade à Causa a faz merecedora disso.

Primeiro, em relação a sua amiga — Sra. H.[1] Pobre criança! Ao colocar tão constantemente sua personalidade sobre e acima de seu Eu mais interno e melhor — embora ela não saiba disso —, fez tudo que pôde, na semana passada, para afastar-se de nós para sempre. Ainda assim, ela é tão pura e sincera que estou pronto a deixar uma fresta na porta que ela fecha, inconscientemente, diante de si mesma, e esperar pelo despertar completo desta natureza honesta, seja quando for que a hora chegar. Ela não tem malícia ou artifício, é inteiramente confiável e sincera, embora, às vezes, bastante falsa para si mesma. Como ela diz, seus métodos não são *nossos* métodos, nem ela pode compreendê-los. Com sua personalidade tão presa a suas idéias sobre o que é ou não adequado, ela certamente não pode compreender nossos atos no nosso plano da vida. Diga a ela com toda delicadeza, que se H.P.B. (por exemplo) estava errada na noite anterior — como sempre está, do ponto de vista do Ocidente, com seus eternos impulsos naturais, aparentemente tão rudes e indelicados — *ela o fez acima de tudo sob a ordem direta de seu Mestre*. Ela nunca pára um momento para avaliar se as coisas são adequadas quando se trata de obedecer tais ordens. Aos olhos de vocês, da parcela civilizada e culta da sociedade, é um pecado imperdoável; ao nosso olhar — isto é, de asiáticos incultos — é a maior das virtudes; pois, antes que se tornasse um hábito nela, costumava sofrer em *sua* natureza ocidental, e realizá-lo como um auto-sacrifício de sua reputação pessoal. Mas, se ela estava errada, a Sra. H. também não estava certa. Ela permitiu que seu orgulho feminino e sua personalidade — que estava totalmente fora de questão, ao menos fora dos pensamentos de H.P.B. — se misturassem e interferissem numa questão apenas de regras e disciplina. Padshah e Mohini são mais culpados do que qualquer uma das duas. Você deve lembrar-se de que ambos afastaram-se voluntariamente da sociedade mundana ocidental e oriental com um objetivo específico; e nada quero dizer sobre a decência ou indecência relativa de qualquer costume social de qualquer país, mas há regras de conduta controlando os chelas que não podem ser nem minimamente desobedecidas. Eu peço que você use sua influência sobre ela, se quiser o seu bem, a fim de ter o livro dela publicado antes de 1885. Diga-lhe também que já que ela se distanciou de mim ela terá, no devido tempo, ajuda do adepto que escreve histórias com H.P.B. Contudo, já que *novelas* a interessam mais do que metafísica, ela não necessita atualmente auxílio de Mohini. Ele certamente é necessário para outras tarefas em Londres.

Peço-lhe que coloque esta questão, em sua primeira *reunião,* para discussão do Conselho. Ele deve permanecer na Inglaterra apenas se a maioria, ou pelo menos, o Círculo Interno, expressar o desejo de contar com seus serviços. Alguns arranjos devem ser feitos em relação a ele. Ele abandonou sua profissão para servir à Causa e agora é dependente da Instituição Matriz, que é muito pobre, como você sabe, para mantê-lo em Londres. Contudo, seu guardião temporário é H.S.O., a quem só pode ser permitido colocar todos os prós e contras diante dele, e então, deixá-lo tomar sua própria decisão e enfrentar seu próprio *karma*. O Conselho deverá dirigir-se ao Cel. Olcott.

Tendo percebido por acaso sua conversa com H.P.B. na noite de sua chegada, devo dizer que você está certa. Você deve ter grande gratidão por sua idosa mãe, que trilhou junto com você, desde sua infância, muitos caminhos acidentados de crenças e experiências. Não se trata de uma obediência cega e injusta, cujas conseqüências podem ser muito prejudiciais tanto para ela quanto para você; mas uma respeitosa atenção e auxílio amoroso no sentido de desenvolver as intuições espirituais dela e prepará-la para o futuro. Muitas tribulações e desgostos domésticos deixaram cicatrizes que ainda sangram em seu coração. Ela está fazendo mal a si mesma inconscientemente — um grande mal, por não controlar seu temperamento. Ela atrai más influências "astrais" e cria uma corrente tão antagônica à nossa que com freqüência somos dolorosamente forçados a afastar-nos. Ela e você obtiveram boas recompensas por sua benevolência para com nossos mensageiros, e o *karma* não as esquecerá. Mas *olhe para o futuro*; cuide para que o contínuo cumprimento do dever, sob a orientação de uma Intuição bem desenvolvida, possa manter sempre o equilíbrio. Ah! se seus olhos estivessem abertos, vocês poderiam ter tamanha visão das bênçãos potenciais para *vocês mesmos* e para a humanidade, que repousam no germe do esforço de agora, que teriam suas almas incendiadas pela alegria e pelo entusiasmo! Esforcem-se em direção à Luz, todos vocês, bravos guerreiros da Verdade, mas não deixem que o egoísmo penetre em seu meio, pois só o altruísmo abre todas as portas e janelas do Tabernáculo interior e as conserva abertas.

A você, pessoalmente, criança, que luta através da escuridão em direção à Luz, devo dizer que a Senda *nunca* é fechada; mas a dificuldade de encontrá-la e trilhá-la é proporcional aos erros anteriores de alguém. Aos olhos dos "Mestres" ninguém está "totalmente condenado" para sempre. Assim como a jóia perdida pode ser recuperada das profundezas da lama do tanque, assim também o mais abandonado pode arrancar a si mesmo do atoleiro do pecado, bastando para isto que a preciosa Gema das Gemas, o Germe cintilante do *Atma* seja desenvolvido. Cada um de nós deve fazer *isto* por si mesmo, e cada um *pode*, se pelo menos desejar e perseverar. Boas resoluções são imagens criadas pela mente a partir de boas *ações*: fantasias, sonhos, sussurros de *Buddhi* a *Manas*. Se os encorajarmos, não desaparecerão como uma miragem que se dissolve no deserto de Shamo, mas crescerão, ficando mais e mais fortes até que toda a vida torne-se uma expressão e prova externa da motivação divina interior. Suas ações no passado foram o fruto natural de um ideal religioso indigno de você, resultado de concepções erradas e baseado na ignorância. Elas não podem ser apagadas, porque estão indelevelmente impressas no registro do *karma*, e nem lágrimas nem arrependimento podem borrar a página. Mas você tem o poder de redimi-las e contrabalançá-las amplamente através de ações futuras. À sua volta estão familiares, amigos e associados — dentro e fora da S.T. — que cometeram os mesmos erros e até faltas mais graves, através do mesmo tipo de ignorância. Mostre-lhes as terríveis conseqüências disso, apontelhes a *Luz*, conduza-os à Senda, ensine-os, seja uma missionária do amor e da caridade. Assim, ao auxiliar os outros conquistará sua própria salvação. Existem inúmeras páginas do registro da sua vida por escrever; estão ainda limpas e em branco. Filha de sua raça e do seu tempo, apodere-se da caneta de diamante e escreva nas páginas de sua vida uma história de ações nobres, de dias vividos corretamente, de anos de esforço devotado. Assim você abrirá seu caminho sempre para cima, para os planos superiores da consciência espiritual. Não tema, não desanime, seja fiel ao ideal que agora só pode ver vagamente. Você tem muito a desaprender. Os preconceitos estreitos de seu povo limitam-na mais do que pensa. Eles a tornam intolerante, como na noite passada, em relação às pequenas ofensas de outros contra seu padrão artificial de adequação das coisas, e a fazem perder de vista o essencial. Você ainda não é capaz de perceber a diferença entre a pureza interior e a "*cultura* exterior". Se os "Mestres" fossem julgá-la pelos seus próprios critérios sociais, onde você ficaria colocada? A própria sociedade cujas regras hipócritas de boas maneiras você defende tão veementemente é uma massa podre de brutalidade dentro de uma concha externa de decência. É a partir da ignorância e intolerância malevolente desta sociedade que você apela para nós, porque sua intuição lhe diz que eles não lhe farão justiça. Aprenda, então, a olhar os homens por baixo da superfície, e a não condenar, nem confiar nas aparências. Tente, filha, tenha ESPERANÇA, e aceite as minhas bênçãos.

K.H.

---

(1) Sra. Laura C. Holloway.

CARTA 21

Para W.T. Brown

Tenho o prazer de atender, pelo menos em parte, o seu pedido. Bem-vindo ao território de nosso Príncipe de Cachemira. Na verdade, minha terra natal não é tão distante que eu não possa assumir a qualidade de anfitrião.

Você não está agora na fronteira apenas do Tibete, mas também de toda a sabedoria que ele contém. Cabe a você decidir até que ponto avançará penetrando ambos, algum dia. Que você possa merecer as bênçãos dos nossos *Chohans*.

K.H.

CARTA 22

Para W.T. Brown

Eu lhe disse através de D.[1] para ter paciência com relação ao cumprimento de seu desejo. A partir disto, deve compreender que ele não pode ser realizado por várias razões. Em primeiro lugar seria uma grande injustiça para com o Sr. S. que, após três anos de serviço devotado à Sociedade, de lealdade a mim e à causa, implorou por uma entrevista pessoal e teve seu pedido recusado. Além disso, deixei Mysore uma semana atrás e até onde estou você não pode vir, uma vez que estou viajando e atravessarei, no final de minhas viagens, para a China* e de lá

---

* No original em inglês: *Cross over... to China.* (N. ed. bras.)

para casa. Em sua última viagem foram-lhe dadas oportunidades tão numerosas por várias razões — não fazemos tanto (ou tão pouco, se preferir) nem mesmo por nossos Chelas, até que eles tenham alcançado certo estágio de desenvolvimento, de forma que não necessitemos mais usar e abusar de poderes para comunicar-nos com eles. Se um oriental, especialmente um hindu, tivesse tido até mesmo a metade de um vislumbre, uma só vez, do que você já teve, iria considerar-se abençoado *pelo resto da vida*.

Seu pedido atual apóia-se *principalmente* sobre a alegação de que *não está capacitado a escrever de todo coração* — embora você mesmo esteja perfeitamente convencido — de forma a não deixar espaço para dúvidas nas mentes de *seus compatriotas*. Pergunto-lhe, você pode propor algum teste que venha a ser uma prova total e completa para todos? Sabe quais seriam os resultados se lhe fosse permitido ver-me da maneira sugerida por você e você narrasse o evento à imprensa inglesa? Acredite-me, seriam desastrosos para *você*. Todos os maus efeitos e maus sentimentos que este ato causaria iriam voltar-se contra você e retardariam seu próprio *progresso* por um tempo considerável, e nenhum bem resultaria disto. Se *tudo aquilo que viu* foi imperfeito *em si mesmo*, isto deveu-se a causas anteriores. Você me viu e reconheceu duas vezes à distância, sabia que era eu e não outro; o que mais deseja? Se, quando após ter visitado o Cel. Olcott, passei para o seu quarto e minha voz e as palavras pronunciadas — "Agora me vê diante de você em carne e osso, olhe e assegure-se de que sou eu" — não foram suficientes para *impressioná-lo* e, quando a carta colocada em sua mão finalmente o despertou, mas novamente não o fez olhar para mim, porque seu nervosismo o paralisou por um momento, a culpa é certamente sua, não minha. Eu não tinha direito de agir sobre você fenomenicamente nem influenciá-lo psicologicamente. *Você não está pronto*, eis tudo. Se for sincero em suas aspirações, se tiver uma mínima fagulha de intuição dentro de si, se a sua formação como advogado for suficientemente completa para capacitá-lo a colocar os fatos em sua seqüência própria e a apresentar seu ponto de vista com tanta força quanto você acredita que haja no fundo de seu coração, então você tem material suficiente para mostrar a qualquer intelecto capaz de perceber o fio condutor debaixo do conjunto dos seus fatos. Você tem que escrever em benefício apenas destas pessoas, e não daqueles que não querem abandonar seus preconceitos para alcançar a verdade, vinda de qualquer fonte. Não é nosso desejo convencer estes últimos, pois nenhum fato ou explicação pode fazer um homem cego ver. Além disso, nossa existência iria tornar-se extremamente intolerável, se não impossível, se todas as pessoas fossem indiscriminadamente *convencidas*. Se você não pode fazer nem sequer isto a partir do que *sabe*, então nenhuma quantidade de evidências o capacitará a fazê-lo. Pode dizer sinceramente e como um homem honrado: "Eu vi e reconheci meu Mestre, ele aproximou-se de mim e até mesmo tocou-me". O que mais poderia querer? Qualquer coisa mais é impossível no momento.

Jovem amigo, estude, prepare-se, e especialmente *domine seu nervosismo*. Aquele que se torna escravo de qualquer fraqueza física nunca se torna mestre nem mesmo dos poderes inferiores da natureza. Seja paciente, contente-se com pouco e — *nunca peça por mais* se quiser conseguir isso algum dia. Minha influência estará com você, e deve torná-lo calmo e decidido.

K.H

(1) Damodar K. Mavalankar.

CARTA 23

Para Mohini M. Chatterjee

Babu Mohini, M.S.T. Persevere e, estando ou não "no caminho certo", se for sincero, terá sucesso, pois eu o auxiliarei. Seu país precisa de ajuda e você possui esta *força* mental que é um elemento de grandeza, e que deve mostrar-se em você como uma inflexível resolução com a qual pode seguir adiante até sua meta, através de todos os obstáculos, dominando toda oposição. Tente e terá sucesso. Eu nunca digo nada a H.P.B. sobre meus assuntos. Ela recebeu a carta escrita por você para ela, mas não encontrou a minha.

K.H.

CARTA 24

A Um Chela

Então você realmente imaginou que — quando lhe fosse permitido considerar-se meu chela — as negras recordações de seus erros passados estariam também ocultas de meu conhecimento, ou que eu *sabia* e mesmo assim *perdoava*? Você imaginou que eu era conivente com eles? Tolo...! três vezes tolo! Foi para ajudar a salvá-lo de seu Eu mais vil, despertar-lhe melhores aspirações; fazer com que a voz de sua "alma" desrespeitada fosse ouvida; para dar-lhe um estímulo para fazer *alguma* reparação... por estes motivos, *somente*, seu pedido para se tornar meu chela foi atendido. Somos os agentes da Justiça, não os lictores* sem sentimentos de um deus cruel. Mesmo indigno como você tem sido, colocando fora de modo vil seus talentos... cego como tem sido em relação aos clamores de gratidão, virtude e eqüidade, ainda assim você possui as qualidades de um homem bom — (*adormecidas*, na verdade, até agora!) e de um chela útil. Mas até quando continuarão suas relações conosco — isto depende somente de você. Você pode esforçar-se para sair do lodo, ou deslizar de volta até profundezas de vício e miséria agora inconcebíveis para sua imaginação... Lembre-se... de que você está diante de seu *Atma*, o qual é seu juiz, e que nem sorrisos, nem falsidades, nem sofismas podem enganar. Até aqui você recebeu apenas pequenos *bilhetes* de mim e — *não me conhecia*; agora me conhece melhor, pois sou eu que o acuso diante de sua consciência alertada. Você não precisa fazer promessas da boca para fora a *Ele*** ou a mim, nem confissões pela metade. Ainda que... você derrame oceanos de lágrimas e rasteje na poeira, isso não alterará em nada a balança da Justiça. Se quiser recuperar o terreno perdido, faça duas coisas: promova a mais ampla, mais completa reparação... e dedique suas energias ao bem da humanidade... Tente preencher cada dia com pensamentos puros, palavras sábias, ações amáveis. Não darei ordens, nem irei mesmerizar você, nem o influenciarei. Mas sem que perceba e quando talvez você vier — como tantos

---

* *Lictor*: Oficial da antiga Roma que acompanhava os magistrados com um molho de varas e uma machadinha para as execuções de sentença. (N. ed. bras.)

** *Ele*: No original, *It*: refere-se ao *Atma*. (N. ed. bras.)

outros — a desacreditar de minha existência, estarei observando sua trajetória e simpatizando com suas lutas. Se você sair vitorioso no final de sua provação, serei o primeiro a dar-lhe parabéns. E, agora, há dois caminhos à sua frente, *escolha!* Quando tiver escolhido poderá consultar seu oficial superior visível — H.S. Olcott, e ele será instruído por mim, através de seu Guru, para guiar você e mandá-lo adiante...

Você aspira a ser um missionário da teosofia: seja um — se puder sê-lo *de fato*. Mas antes de sair pregando com um coração e uma vida prática que contradizem seu discurso — *bendiga o raio que cause a sua morte*, pois cada palavra irá acusá-lo no futuro. Vá e consulte o Cel. Olcott — confesse seus erros para *este bom homem* — e peça seu conselho.

K.H.

CARTA 25

Para o Príncipe Harisinghji Rupsinghji

De alguém que sempre zelará por ele e o protegerá, se seguir adiante no caminho do serviço a seu país e da retidão para com seus Irmãos.

K.H.

5

Cartas Sobre Damodar K. Mavalankar

CARTA 26

Para Damodar K. Mavalankar

Damodar,

Desejo que publique isto logo após as declarações de Subram. Pode tirar alguma outra coisa do *Suplemento*.

K.H.

CARTA 27

Para Damodar K. Mavalankar

Não se sinta tão desanimado, meu pobre rapaz, não há necessidade disso. Como o Sr. Sinnett acertadamente diz em seu *Budismo Esotérico*, o progresso espiritual superior deve ser acompanhado pelo desenvolvimento intelectual em uma linha paralela. Você tem agora as melhores oportunidades para fazer isto onde trabalha. Por sua devoção e trabalho altruísta você *está* recebendo ajuda, ainda que silenciosamente. Sua hora ainda não chegou. Quando chegar, ser-lhe-á comunicado. Até lá, faça o melhor proveito da atual oportunidade favorável para desenvolver-se intelectualmente enquanto desenvolve sua intuição. Lembre-se de que nenhum esforço jamais é perdido e que para um ocultista não há passado, presente ou futuro, mas sempre um Eterno Agora. Bênçãos.

K.H.

CARTA 28

Para Franz Hartmann

D.[1] possui sem dúvida muitas falhas e fraquezas, como outros. Mas é altruisticamente devotado a nós e à causa, e demonstrou ser extremamente útil a *Upasika*. Sua presença e assistência são indispensáveis na Sede. Seu eu interior não possui desejo algum de dominar, embora as ações exteriores, de vez em quando, tenham este colorido, devido ao zelo excessivo que ele coloca em prática indiscriminadamente em relação a todas as coisas, grandes ou pequenas. Deve-se lembrar, contudo, que os nossos "instrumentos" podem ser inadequados para cumprir completamente nossos objetivos, mas mesmo assim são os melhores disponíveis, já que são apenas resultado da evolução dos tempos. Seria muito desejável que houvesse melhores "meios" para agirmos através deles; e depende dos que desejam o bem da *Causa* teosófica, o quanto eles trabalharão de forma altruísta para ajudar neste elevado trabalho e, assim, apressar a chegada do dia decisivo. Bênçãos a todos os trabalhadores sinceros na Sede.

K.H.

(1) Damodar K. Mavalankar.

CARTA 29

Para H.S. Olcott

O pobre rapaz* teve sua *queda*. Antes que pudesse chegar à presença dos "Mestres", teve que passar pelas provas mais severas que algum neófito já enfrentou, para recuperar-se pelas muitas ações questionáveis nas quais tomou parte com excesso de zelo, lançando descrédito sobre a ciência sagrada e seus adeptos. O sofrimento mental e físico foi demasiado para sua frágil constituição física, que tem estado bastante prostrada, mas ele se recuperará no decorrer do tempo. Isto deve servir como uma advertência a todos. Vocês acreditaram "demais, mas sem sabedoria". Para abrir os portões do mistério é preciso não apenas levar uma vida da mais estrita integridade, mas aprender a discernir a verdade da falsidade. Você falou bastante sobre *karma*, mas pouco compreendeu do verdadeiro significado daquela doutrina. Está chegando a hora em que você deverá lançar as bases para esta conduta estrita — tanto no corpo individual como no coletivo — a qual, sempre alerta, protege tanto contra a ilusão consciente quanto contra a inconsciente.

K.H.

* Damodar K. Mavalankar. Damodar foi para o Tibete em 1885. (N. ed. bras.)

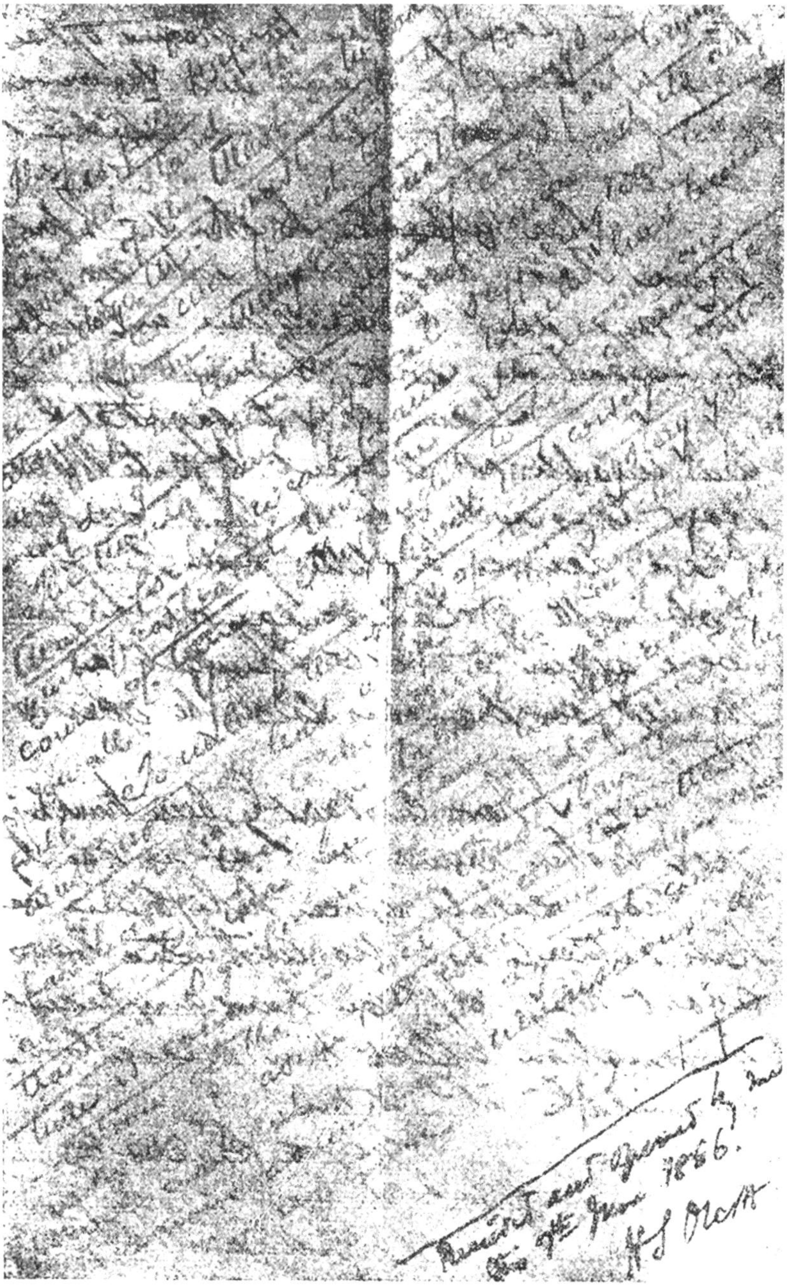

Reprodução da Carta 29 — sobre Damodar K. Mavalankar.

6

Temas Gerais

CARTA 30

Para A. O. Hume

Meu caro Irmão,

Devo desculpar-me pelo atraso em responder a suas várias cartas. Estava muito ocupado com trabalhos inteiramente alheios aos assuntos ocultos, e que tinham de ser resolvidos da maneira usual, árida e realista.

Além disso, eu não vejo muito o que responder em suas cartas. Na primeira, você me informa de suas intenções de estudar a filosofia *Advaita* com um "bom velho *Swami*". O homem, sem dúvida, é muito bom; mas daquilo que concluo por suas cartas, se ele lhe ensina qualquer uma das coisas que você me fala, isto é, qualquer coisa diferente de um Princípio impessoal, *não*-pensante e não-inteligente, que eles chamam *Parabrahm*, então não lhe estará ensinando o *verdadeiro espírito* daquela filosofia, pelo menos não em seu aspecto esotérico. Contudo, este não é um assunto meu. Você tem, naturalmente, liberdade para tentar e aprender *alguma coisa*, uma vez que parece que não lhe podemos ensinar *nada*. Mas, já que dois professores de duas escolas diferentes — tal como os dois proverbiais cozinheiros em matéria de colocar tempero — podem ter êxito apenas em tornar uma confusão ainda mais confusa, acredito que é melhor retirar-me completamente do campo de competição; pelo menos até você considerar que está em uma posição melhor para entender e avaliar nossos ensinamentos, como você amavelmente o expressa.

Somos considerados e descritos por algumas pessoas como nada melhor do que "*tantrikas* cultos" ou refinados? Bem, devemos sentir-nos agradecidos pelo adjetivo, uma vez que seria igualmente fácil para nossos possíveis biógrafos chamar-nos *tantrikas não-refinados*. Além disso, a maneira displicente com que nos informa a respeito da comparação feita, faz-me ter confiança no fato de que você conhece pouco ou nada a respeito dos instrutores desta seita; de outro modo, como um bom cavalheiro, dificilmente faria tal comparação em sua carta. Uma palavra mais será o bastante. Os "*tantrikas*" — pelo menos a seita moderna, com mais de 400 anos — observam rituais e cerimônias, dos quais uma descrição apropriada nunca será tentada por ninguém da *nossa* Fraternidade. Aos olhos dos europeus, o "caráter" para os adeptos e ascetas parece tão indispensável quanto o é para suas criadas. Sentimos não poder satisfazer, no momento, a curiosidade de nossos simpatizantes com relação ao nosso verdadeiro valor.

Não posso deixar de referir-me ao comentário de que sua falta de progresso tem ocorrido devido ao fato de que não lhe foi permitido vir até nós e ser ensinado pessoalmente. Ao Sr. Sinnett não foi concedido qualquer privilégio desse tipo. No entanto, ele parece entender perfeitamente bem qualquer coisa que lhe seja ensinada, e mesmo os poucos pontos nebulosos sobre temas de natureza extremamente abstrusa serão muito em breve esclarecidos para ele. Nunca houve "uma palavra desagradável" entre nós, nem mesmo entre ele e M∴, cuja franqueza ao expressar-se é com freqüência muito grande. E, já que você traz novamente a questão de nossa suposta identidade com a "V.S."[1] — uma questão dos dias de outrora — com sua permissão, tenho algumas palavras a dizer em relação a isto. Mesmo agora você confessa que *não* está seguro, que não pode dizer se eu não sou Djual-Khool ou um "Espírito do plano superior oriental" (sendo que o último é uma honra, de fato, depois da suspeita de eu ser um *tantrika*); conseqüentemente você pensa que eu "não posso honestamente admirar-me" de suas dúvidas. Não; não me admiro de nada, pois eu sabia de tudo isso há longo tempo. Algum dia, isto e muito mais lhe será demonstrado objetivamente — já que provas *subjetivas* não são provas de modo algum. Você suspeitou mais de uma vez de mim, de eu ter obtido meu conhecimento e impressões sobre você e outras pessoas e coisas do mundo exterior a partir das cabeças de Olcott e da "V.S."

Por favor, pense na seguinte lei, quando aludir que eu tenha obtido minhas idéias a seu respeito "da cabeça de Olcott ou da V. Senhora, ou de qualquer outra pessoa". É um ditado bem conhecido que um casal que combina bem "cresce junto", de tal forma a se tornar muito semelhante em feições, bem como em pensamentos. Mas você sabia que entre adepto e chela — mestre e discípulo — gradualmente se forma um laço mais estreito ainda, já que a troca psíquica é regulada cientificamente, enquanto que entre o marido e a esposa a natureza, sem ajuda, é deixada a si mesma? Assim como a água de um tanque cheio corre para um tanque vazio com o qual esteja conectado; e assim como o nível comum será obtido cedo ou tarde, de acordo com a capacidade do cano de conexão, da mesma forma o conhecimento do adepto flui para o chela, e o chela atinge o nível do adepto de acordo com sua capacidade receptiva. Ao mesmo tempo, como o chela é um indivíduo, uma evolução separada, inconscientemente divide com o mestre a qualidade de sua mentalidade acumulada. O mestre absorve o conhecimento dele; e se é uma questão de língua que não conhece, o mestre obterá a acumulação lingüística exatamente como ela é — expressões idiomáticas e tudo o mais — a menos que ele se dê ao trabalho de selecionar e remodelar as frases quando utilizá-las. A prova está em M∴, que não sabe inglês e tem que usar a linguagem de Olcott ou da V.S. Veja, portanto, que é bem possível para mim captar as idéias de H.P.B. ou de qualquer outro chela a seu respeito sem querer fazer qualquer injustiça contra você; pois sempre que encontramos tais idéias — a menos que sejam medíocres — nunca julgamos e chegamos a nossas conclusões com base apenas no testemunho de uma tal luz emprestada; mas sempre verificamos, independentemente e por nós mesmos, se as idéias assim refletidas em nós são certas ou erradas.

E, agora, algumas palavras em relação à sua carta do dia 5 último. Embora sejam grandes os serviços — quanto ao seu valor literário — prestados a nós pelo Sr. A.O. Hume, o Presidente da Sociedade Eclética mesmo assim não fez nada em favor da sua Loja. Você afastou isto desde o início de seus pensamentos — de todas as intenções e objetivos, meu querido Irmão. Todas suas energias foram devotadas à compreensão de nossa filosofia, e ao conhecimento e aquisição de nossas doutrinas secretas. Você fez bastante nessa direção e eu agradeço sinceramente. Contudo, nenhuma tentativa foi jamais feita para organizar sua Loja sobre uma base sólida, nem mesmo mantidas reuniões regulares; com a desculpa de que não lhe foi permitido conhecer *tudo*, você não deu *nada* a seus companheiros. E já que você diz que aprecia a sinceridade, então vou dizer mais. Muitos dos membros da Loja de Calcutá queixaram-se de que com exceção de apenas dois ingleses, homens de verdadeira educação e conhecimento, que tiveram uma participação ativa no trabalho da Sociedade, o Presidente da Sociedade Eclética, enquanto deixava sem resposta muitas cartas de *membros* leais e devotados à Causa, dando pouca atenção à sua própria Loja, mantinha uma correspondência muito amistosa com alguém que era pública e amplamente conhecido como o maior inimigo dos Fundadores, seu difamador e caluniador e um aberto oponente da Sociedade. Refiro-me, como você já sabe, a S.K. Chatterjee, um homem que fez mais por prejudicar a Sociedade e a causa do que todos os jornais de Calcutá juntos. Em uma de suas últimas cartas você me dá a honra de dizer que acredita firmemente que eu seja um "cavalheiro", incapaz de um gesto descortês. No ano passado, durante uma reunião do Conselho, em sua sala de jogos e na presença de diversos teosofistas, quando, através de H.P.B., aconselhei-o a sugerir a renúncia a Chatterjee, já que ele tinha uma opinião tão miserável sobre os Fundadores — você se sentiu muito indignado com a sugestão e declarou, de público, que eu *não era um cavalheiro*. Esta pequena contradição e mudança de opinião não deve impedir-me de dizer-lhe novamente que se houvesse naquele momento sido demonstrado a Chatterjee a necessidade de sua demissão de acordo com as regras 16 e 17, a Causa não teria sofrido como sofreu, e ele próprio não teria aparecido sob a desprezível luz de (a) um *traidor*, que perdeu o direito a sua *palavra de honra* como um teosofista; (b) um homem não sincero, que falseia os fatos deliberadamente; e (c) quando ele finalmente deixou a Sociedade, um difamador de pessoas inocentes.

O mal que ele causou e as falsidades que disse estão detalhadas na carta de Mohini a mim, que envio a você. Só o fato de ele ter acusado H.P.B — que o havia visto apenas uma vez em sua vida e muito depois de ele ter se tornado membro — de haver confessado que a Sociedade tinha um objetivo político, e de ter-lhe solicitado que redigisse um programa *político,* já é suficiente para mostrar o homem como um mentiroso. Se ele tem uma carta de H.P.B. nesse sentido, por que não a mostra? Você pode, se quiser, considerar-me mais uma vez como um não-cavalheiro, mas quando li a carta que ele lhe escreveu, na qual fala da desintegração da Sociedade em Calcutá e faz sugestões falsas, me admirei no fundo de meu coração de que um homem com a habilidade e o discernimento que você tem, que empreende a busca daquilo que um não-*iniciado* nunca penetrou, seja dominado deste modo por um homenzinho ambicioso e vaidoso, que conseguiu tocar a corda certa em seu coração e não cessou mais de fazê-lo! Sim; ele foi um dia um homem honesto e sincero; possui algumas boas qualidades que podem ser chamadas qualidades redentoras; apesar disso, demonstrou que, para alcançar um objetivo e obter vantagem sobre aqueles que ele odeia mais que aos fundadores, se isto é possível, ele poderia inclusive mentir e recorrer a ações desonrosas. Mas é o suficiente sobre ele — que é mencionado aqui simplesmente em relação à sua demissão como Presidente da Sociedade Eclética. Pois, quando o *Chohan* e M∴, após terem chamado repetidamente minha atenção para o fato de que as calúnias de Chatterjee causavam grande mal à Causa (e por ele vangloriar-se de que era apoiado pelo próprio Presidente da Sociedade Eclética, *ao qual ele forçaria a abandonar* aquela Sociedade de farsas e mitos), disseram-me que já era mais do que tempo de que alguma coisa fosse feita para acabar com tal estado de coisas, devo confessar que eles estavam certos e eu — errado. Fui eu, certamente, que sugeri ao Sr. S. a conveniência de tal mudança; e estou contente de que você tenha gostado da idéia. Você prefere, como me diz, ser "simplesmente um teosofista dedicado, mas independente, um simples membro da Sociedade, com cujos objetivos — embora imperfeito o sistema... você simpatiza do fundo de seu coração", e o Sr. Sinnett — que não tinha mais, e talvez tivesse menos certeza objetiva da nossa identidade do que você tem — está no entanto perfeitamente disposto a trabalhar conosco, sem nunca sentir sua lealdade vacilar ou alguma incapacidade para defender "o sistema e o programa de ação da nossa ordem". Portanto, cada um sente que está no seu lugar certo. Naturalmente, nenhum homem honesto pode associar-se a nós se tem uma "convicção" de que nosso sistema é "totalmente errado"; e alguém que, além disso, acredita, como você, que uma vez que mencionamos algumas teorias que você não aprova, não deve levar a sério nem mesmo aquela parte de nossa filosofia que é verdadeira. Se eu tivesse qualquer intenção de argumentar, poderia talvez comentar que este último é o método mais fácil de sufocar todas as ciências bem como todos os sistemas religiosos; pois não existe nenhum no qual *fatos falsos* e até mesmo as mais *absurdas* teorias não proliferem. Mas eu prefiro deixar a questão de lado.

Para concluir, devo confessar francamente que me alegro de que acredite que "como um membro independente da Sociedade eu (você) poderei, provavelmente, ser mais útil e estar mais apto a fazer o bem" do que até aqui. Eu me alegro, mas, — *não posso deixar de saber* que muitas mudanças ainda ocorrerão em você antes que se encontre finalmente firme em suas idéias. Perdoe-me querido Irmão; eu não gostaria de causar-lhe desgosto, mas tal é *minha* opinião — e eu respondo por ela.

Você me solicitou que impedisse a "V.S." de propor seu nome para o Conselho. Não acredito que haja o menor perigo de ela fazê-lo. Sei, de fato, que ela seria a última pessoa no mundo que proporia você *agora*. Certa ou errada, ela sente-se ofendida, no fundo do coração, por você; e sou obrigado a confessar que — sem dúvida, sem querer — ainda assim, você *de fato* feriu seus sentimentos muito profundamente em várias ocasiões.

Apesar de tudo, permita-me assinar como seu obediente servidor. Sempre que necessitar de mim e, quando tiver concluído seu estudo com o "*Swami*", então eu estarei outra vez à sua disposição.

Cordialmente,

K.H.

---

(1) Velha Senhora, ou seja, H.P.B.

CARTA 31

Pergunta: O povo de Guzarat (1) é simples; possui inclinação religiosa, mas tem sido enredado em religiões sectárias.

Isto não é peculiar a Guzerat* . Em quase todos os lugares é assim.

Pergunta: Posso trazê-los da religião exotérica para a esotérica?

Não é trabalho de um dia, nem de alguns anos. A Índia vem degenerando há milhares de anos. Ela deve levar um tempo igualmente longo para sua regeneração. O dever do filantropo é trabalhar conforme a maré e ajudar o impulso que leva adiante.

---

* Guzarat e Guzerat: duas grafias para o nome do mesmo local. (N. ed. bras.)

Pergunta: Desejo formar um clube... para discutir... "Sanatana Dharma" [2]*; posso ter sucesso?*

Nenhum esforço é perdido jamais, cada causa produz necessariamente seus efeitos. O resultado pode variar de acordo com as circunstâncias, que são parte da causa. Sempre é mais sábio trabalhar e forçar a corrente dos acontecimentos do que esperar pelo tempo — um hábito que desmoralizou os hindus e degenerou o país.

Pergunta: Se as pessoas pudessem presenciar fenômenos, escutariam... eu poderia contar com o auxílio de um chela adiantado... em caso de absoluta necessidade?

Aqueles que se deixam empolgar por fenômenos são geralmente os que, estando sob o domínio de *Maya*, são incapazes e incompetentes para estudar ou compreender a filosofia. A demonstração de fenômenos, em tais casos, não é apenas uma perda de tempo, mas é claramente prejudicial. Em alguns ela estimula a superstição, enquanto que em outros desperta o potencial latente da hostilidade em relação aos filantropos que recorram à realização de tais fenômenos. Ambos os extremos são prejudiciais ao verdadeiro progresso humano, que é a felicidade. Durante um período, milagres podem atrair multidões, mas isto não é um passo em direção à regeneração da humanidade. Como Subba Row[3] lhe explicou, a meta do filantropo deve ser a iluminação espiritual dos seus semelhantes, e seja quem for que trabalhe com altruísmo para este objetivo coloca-se necessariamente em comunicação magnética com nossos chelas e conosco. Subba Row é a melhor pessoa para aconselhá-lo, mas não é um correspondente muito bom. O que quer que deva ser aprendido dele, deve ser feito verbalmente.

K.H.

---

(1) Uma extensão de território, no norte, entre Bombaim e Kathiawar.

(2) Um termo sânscrito para os antigos e venerados ensinamentos do Hinduísmo ortodoxo.

(3) T. Subba Row.

CARTA 32

A Um Membro

Esferas de influência podem ser encontradas em toda parte. O primeiro objetivo da S.T. é a filantropia. O verdadeiro teosofista é um filantropo — “ele não vive para si mesmo, mas para o mundo”. Isto, e a filosofia, a correta compreensão da vida e seus mistérios, darão a “base necessária” e mostrarão o caminho correto a seguir. Contudo, a melhor “esfera de influência” para o candidato encontra-se agora em sua própria terra.

K.H.

CARTA 33

A Um Membro

Minha referência à “filantropia” foi feita em seu sentido mais amplo, e tinha o objetivo de chamar a atenção para a absoluta necessidade da “doutrina do coração” que se opõe àquela doutrina que é meramente “do olho”. E, antes disso, escrevi que nossa Sociedade não é uma mera escola intelectual de Ocultismo, e aqueles superiores a nós disseram que quem pensa que a tarefa de trabalhar para os outros é muito árdua não deve empreendê-la. Os sofrimentos morais e espirituais do mundo são mais importantes, e necessitam auxílio e cura mais do que a ciência necessita nosso auxílio em qualquer campo de descoberta. “Aquele que tiver ouvidos para ouvir, que ouça”.

K.H.

7

Cartas Marginais

CARTA 34

Para H.P.B.[*]

77 Elgin Crescent
Notting Hill
8 de setembro (1882)

Prezada Senhora,

Através desta solicito minha assinatura de *The Theosophist* para o próximo ano. Não preciso dizer-lhe o quanto valorizo sua revista, com a qual estou constantemente aprendendo alguma coisa.

Como membros (eu e minha mãe) da S.T.I.[1] aproveito a oportunidade para dizer que confio em que a opinião religiosa particular dos indivíduos não causará uma separação da sociedade matriz, pois só posso pensar que ao proceder assim estaríamos dando um passo para trás e distanciando-nos de qualquer possibilidade de obter mais esclarecimentos espirituais.

Lemos, naturalmente, a carta do Coronel Olcott dirigida aos membros da S.T.I., e concordamos com as opiniões nela expressas.

Por favor, aceite,
Prezada Senhora,
nossos sinceros votos de êxito em seu árduo trabalho.

Sinceramente sua,
Francesca Arundale[2]

(1) Sociedade Teosófica na Inglaterra.

(2) Tia materna e mãe adotiva de G.S. Arundale.

UMA BOA E *ESFORÇADA* TEOSOFISTA, UMA MÍSTICA CUJA COOPERAÇÃO DEVE SER GARANTIDA ATRAVÉS DE VOCÊ.

K.H.

[*] A mensagem do Mestre aparece ao final desta carta de Francesca Arundale para H.P.B., materializada em letras maiúsculas, seguidas das iniciais do Seu nome. (N. ed. bras.)

CARTA 35

Para G.Soobiah Chetty

Você deve ver. Expresse *meus agradecimentos* a seu pai. Ele fez o que pôde — e mais não poderia fazer.

K.H.

CARTA 36

Para H.P.B.

Os dias da sua cegueira retornarão novamente, ele se afastará outra vez da face brilhante da verdade.

M.

CARTA 37

Para C.W. Leadbeater

Tenha coragem. Estou satisfeito com você. Siga sua própria opinião e acredite em suas melhores intuições. O homenzinho *fracassou* e receberá a *recompensa*. Silêncio, por enquanto.

K.H.

CARTA 38

De 1870, sobre H.P.B.

[Publicada neste volume como Carta 1 da Segunda Série* . Veja a p. 168]

* O primeiro e segundo volumes das *Cartas dos Mestres* editadas por C.J. foram publicados com vários anos de diferença, e esta é uma das Cartas que constavam nas duas séries. Na presente edição em volume único, incluímos esta Carta apenas na Segunda Série, porém, para facilitar a pesquisa de estudantes, estamos mantendo a numeração original das Cartas conforme a edição em inglês. (N. ed. bras.)

8

Sobre o Uso das Cartas por Escritores Teosóficos

CARTA 39

Para Mohini M. Chatterjee

Para Mohini: Você pode, se quiser ou achar necessário, usar no "*Man*" (Homem)[1] ou em qualquer outro livro em que esteja colaborando, qualquer coisa que eu tenha dito sobre nossas doutrinas secretas em qualquer de minhas cartas aos Srs. Hume e Sinnett. As partes que eram privadas nunca tiveram suas reproduções permitidas por eles, e as que foram copiadas tornaram-se, por isso mesmo, propriedade teosófica. Além disso, por ordem minha, sempre foram enviadas cópias de minhas cartas — pelo menos aquelas que continham meus *ensinamentos* — a Damodar e *Upasika*, e algumas partes até mesmo foram publicadas *no Theosophist.* Você tem liberdade para até mesmo copiá-las *verbatim* e sem referências de citação — não chamarei a isso de "plágio", meu rapaz. Do ponto de vista correto, se quer saber, somente a expressão das idéias *originais* de outra pessoa, alguma frase independente, um pensamento, o qual, breve e completo, é capaz de ser transformado num sábio lema ou máxima, é que poderia se constituir naquilo que é considerado plágio — o furto da "propriedade cerebral" de outra pessoa. Não há um livro que não seja a sombra de algum outro; muito freqüentemente, a imagem concreta do *corpo astral* dele está em algum outro trabalho sobre o mesmo assunto ou algo afim. Concordo inteiramente com o Dr. Cromwell, quando diz que "o verdadeiro talento irá tornar-se original na própria ação de engajar-se com as idéias de outros"; com freqüência converterá a escória de autores anteriores em minério de ouro, que brilhará para o mundo como sua própria e peculiar criação. "A partir de uma série de romances italianos fracos e extravagantes, Shakespeare definiu as tramas, as personagens e a maior parte dos acontecimentos daqueles trabalhos dramáticos que elevaram seu nome, como um escritor original, acima de todos os outros na história da literatura".

Assim, não apenas você, meu chela, mas todos os demais estão em liberdade para pegar qualquer coisa, páginas inteiras, se acharem apropriado, de qualquer de minhas cartas "copiadas" e converterem a "escória" delas em puro minério de ouro, uma vez que tenham compreendido bem o pensamento. Mostre esta a L.C.H.[2], que já foi informada disto.

K.H.

---

(1) *Homem: Fragmentos de uma História Esquecida*. Ver Nota à p. 134.
(2) Sra. Laura C. Holloway.

9

O Futuro da Sociedade Teosófica

CARTA 40

Você ainda tem de aprender que, *enquanto houver três homens dignos da bênção de nosso Senhor*[1] *na Sociedade Teosófica, ela nunca poderá ser destruída.*

M.

(1) O Senhor Gautama Buda.

10

Cartas Adicionais

CARTA 41

*Para Olcott**

Ela possui uma natureza doce, honesta e sincera. Os poderes celestes gostariam que houvesse mais algumas pessoas como ela em Londres. Ensine-a e cuide dela.

[Assinatura em escrita desconhecida]

Diga-lhe que estive diversas vezes com ela na Sede.

CARTA 42

Olcott está certo. Nosso irmão ——** fez muito em relação ao estabelecimento da loja em Calcutá, e o fez de todo o coração. Contudo, ele tem que fazer algo mais antes que possa esperar pela recompensa. Ele tem que infundir na nova Loja o espírito da pesquisa teosófica independente, de modo a fazer com que os membros iniciem seu trabalho como se os fundadores não estivessem mais vivos e a responsabilidade de continuar o movimento estivesse sobre seus ombros. —— tem tido uma chance. Aceitará ele esta missão?

M.·.

CARTA 43

A Um Membro

Um sentimento constante de dependência abjeta a uma Divindade vista como a única fonte de poder faz com que um homem perca toda autoconfiança e o impulso para a atividade e a iniciativa. Tendo começado por criar um pai e guia para si, ele se torna como um menino e

---

* Esta Carta foi escrita pelo Mestre conhecido como "Rishi Agastya" e "Regente da Índia". Ver Nota de C.J. à p. 135. (N. ed. bras.)

** Nome de uma pessoa — eliminado na transcrição da Carta. (N. ed. bras.)

permanece assim até a idade avançada, esperando ser conduzido pela mão tanto nos pequenos como nos grandes acontecimentos da vida. O ditado "Ajuda a ti mesmo e Deus te ajudará" é interpretado por ele de tal maneira que, quando um empreendimento resulta de modo vantajoso, ele credita isso apenas a si mesmo; quando é um fracasso, ele atribui isto à vontade de seu Deus. Os Fundadores não oraram a nenhuma Divindade ao começar a Sociedade Teosófica, nem pediram por seu auxílio desde então. Espera-se que nos tornemos as amas-secas da Sociedade Teosófica de Bengala? Nós auxiliamos os fundadores? Não; eles foram auxiliados pela inspiração da autoconfiança e sustentados por sua reverência aos direitos do homem e seu amor por um país cuja honra nacional há muito tem sido atirada à lama, sob os pés de seus submissos e preguiçosos filhos, indiferentes a seus infortúnios, despreocupados com sua glória agonizante... Os pecados de vocês? O maior é atribuir a Deus a tarefa de libertá-los deles. Esta não é uma piedade meritória, mas uma debilidade egoísta e indolente. Ainda que a vaidade possa sussurrar o contrário, preste atenção apenas a seu bom senso.

M∴

CARTA 44

Para A.G.

Para A.G. — como uma orientação para suas palestras; com minhas bênçãos, para que ele possa trabalhar mais efetivamente pela regeneração de sua mãe caída — a Índia.

Tzigadze

[Assinatura em escrita desconhecida]

A.G.

Dobbspett

24 de abr. de 1883.

CARTA 45-A

Para H.P.B.

para *Upasika*

Na noite passada, quando você intercedeu por aquela que agora é chamada M.C., foi-lhe dito que ela nunca daria uma oportunidade a nenhum de nós. A carta copiada por mim, tal como ela a escreveu e que está aqui *verbatim,* mostra-lhe o que foi pretendido. Você a privou de um brinquedo, um pretendente devotado que ela odeia, e ela demonstrará isto a você. A primeira tentativa dela será fazer com que Thomas B. Harbottle vire-se contra você. Quanto a todos aqueles que têm cumprido seus deveres altruisticamente, você tem muito pouco a temer — mas ela tentará lançar descrédito sobre a S.T. Mostre esta a A.K.[1] e deixe que as intuições mais elevadas dele auxiliem-no a ver que espécie de mulher ela é. Ela não se arrependerá, ao contrário do que você espera, e apenas a morte pode salvá-la de si própria.

K.H.

---

(1) Dr. Archibald Keightley.

CARTA 45-B

Carta de Mabel Cook ao Sr. Harbottle, copiada por K.H.

Sou-lhe muito grata por ter-me dado suas opiniões pessoais e também por sua carta toda.

Há uma pessoa na S.E.[1] (?) pela qual tenho o mais profundo interesse e cuja vida, temo, está sendo totalmente arruinada. Esta é uma pessoa pela qual sei que você sente alguma amizade; sem dúvida, pode adivinhar a quem me refiro. Gostaria que você pudesse ganhar sua confiança e o impedisse de ser narcotizado como alguns outros já o foram.

Sou membro da S.T. Já o era mesmo quando escrevi *Luz no Caminho*. Deixei a L.B.[2] porque perdi toda a confiança na sua dirigente.

Cordialmente etc.,

Mabel Cook.

---

(1) A.K. [K.H.]
(2) Loja Blavatsky, da qual H.P.B. era a dirigente.

CARTA 46

[A última Carta, escrita em 1900, recebida nove anos após a morte de H.P. Blavatsky.]

Para Annie Besant

Um sensitivo e praticante de *pranayama* que se deixou confundir pelas fantasias dos membros. A S.T. e seus membros estão lentamente fabricando um credo. Diz um provérbio tibetano, "credulidade gera credulidade e termina em hipocrisia". Muito poucos são aqueles que podem saber qualquer coisa a nosso respeito. Deveríamos ser venerados e idolatrados?... O intenso desejo de alguns de ver *Upasika* reencarnada imediatamente criou uma ideação *Mayávica* deturpadora. *Upasika* tem trabalho útil a fazer nos planos superiores e não pode retornar tão breve. A S.T. deve ser conduzida com segurança ao novo século... ninguém tem o direito de reivindicar autoridade sobre um estudante ou sua consciência. Não lhe pergunte em que ele acredita... A crista da onda do progresso intelectual deve ser tomada em mãos e guiada para a Espiritualidade. Não se pode forçá-la a adotar crenças e adoração emocional. A essência dos pensamentos mais elevados dos membros em seu conjunto deve guiar toda a ação na S.T... Nunca tentamos submeter a nós próprios a vontade de outros. Em períodos favoráveis, liberamos influências elevadoras que impressionam várias pessoas de diferentes maneiras. É o aspecto coletivo de muitos destes pensamentos que pode dar o rumo correto à ação. Não temos favoritismos. A melhor maneira de corrigir o erro é um exame honesto e com a mente aberta de todos os fatos, subjetivos e objetivos... O falatório acerca dos "Mestres" deve ser silenciosa mas firmemente eliminado. Que a devoção e o serviço sejam somente para aquele Supremo Espírito, do qual cada um é uma parte. Nós trabalhamos anônima e silenciosamente, e a contínua referência a nós mesmos e a repetição de nossos nomes gera uma aura confusa que atrapalha nosso trabalho... A S.T. foi concebida para ser a pedra angular das futuras religiões da humanidade. Para realizar este objetivo, aqueles que a lideram devem deixar de lado suas frágeis predileções pelas formas e cerimônias de qualquer credo particular, e demonstrar que são verdadeiros teosofistas, tanto no pensamento interno quanto no comportamento externo. A maior das suas provações ainda está por vir. Nós estamos zelando por você, mas você deve usar toda sua força.

K.H.

CARTA 47

Para H.P.B.[*]

Tais são as razões por que, se ele[1] ainda sente ocasionalmente M∴, nunca me percebe nem me ouve, ainda que seu pensamento pairasse mais de uma vez sobre a paisagem e a casa que você tornou familiar para ele um dia... Nem ele compreendeu nunca o simbolismo oculto nas presenças de meu tigre ou do elefante de ———[2]. Houve um tempo em que isso tinha o objetivo de impressionar a mente dele. O tigre, o *mundo*, poderia ter sido tão subjugado por vocês dois, quanto eu domestiquei o meu, e o elefante era a representação mental de Olcott, se ele permanecesse dentro da área que traçamos para ele. Mas ele demonstrou fraqueza moral, tanto quanto fraqueza física, naquele dia em que *Yakoob* o convidou para atravessar o abismo de água.[**] (Falei a ele sobre a questão que me foi colocada por Olcott, a qual ———)[3] Ele quer

[*] Este texto consiste de um memorando em que H.P.B registrou as palavras do Mestre K.H. em conversa com ela. Veja, também, a respeito, a Introdução à Carta 26 da Segunda Série. (N. ed. bras.)

[**] Abismo de água: veja comentário de C.J. sobre esta Carta, especialmente à p. 139. (N. ed. bras.)

saber por quê? Porque a Sociedade libertou-se do nosso controle e influência e a deixamos ir — não fazemos escravos à força. Ele disse que a salvou? Ele salvou seu corpo, mas permitiu, por puro medo, que sua alma escapasse, e ela é agora um cadáver sem alma, uma máquina que ainda funciona bastante bem, mas que se despedaçará quando ele se for. Dos três objetivos, apenas o segundo é atendido, mas ela não é mais uma fraternidade, nem um corpo sobre o qual paire o Espírito de além da Grande Cordilheira. Sua benevolência e amor pela paz são grandes e verdadeiramente gautâmicos em seu espírito; mas ele aplicou mal esta benevolência; permitiu que ela apoiasse e beneficiasse um objeto indigno — um homem cuja alma está repleta com a escória que flui das almas perversas de outras pessoas, com o pus que exala das feridas de outras pessoas. Oferecer honras a um homem cruel é como dar uma bebida forte a alguém que está com febre. O pão que ele (C.Oakley)[4] comeu, o teto que o protegeu, as pequenas "honrarias da Sociedade" lançadas sobre ele por alguém que ele desejava destruir desde o primeiro dia em que esteve em Adyar, foram todos retirados por Henry de outro homem — não importa quem — que fosse merecedor de tudo isso, mas para quem não havia, assim, espaço ao lado de Olcott. Este é o seu (de Olcott) pecado. Nenhum mal deveria ser feito nem mesmo ao miserável que não sente o vínculo da gratidão; mas não se deve dar-lhe espaço para reivindicar honrarias e fama de sincero, nem dar-lhe meios de levar adiante sua abominável conspiração, uma vez que ele já era, aos olhos de Henry, "o bruto disfarçado". Aos nossos olhos não há crime pior do que a ingratidão e a injustiça; e ver alguém que convive com elas sem protestar é o mesmo que ver nele um cúmplice passivo delas. Esta política causou mais mal ao espírito da Sociedade e ao seu crescimento do que vários Coulombs poderiam ter causado. Pois, ao permitir a permanência, na Sede, de alguém que durante quatro anos nunca escreveu uma carta a um teosofista sem incluir nela uma flechada contra o Presidente fundador ou sua co-fundadora, Henry corroborou suas calúnias. Veja, pensavam os franceses, americanos e alemães que recebiam tais cartas mensalmente — veja o que um dos *dirigentes* da S.T. escreve. Sem dúvida H.S.O. permanece apenas porque foi eleito para toda a vida e H.P.B. foi com justiça *expulsa* de Adyar. Onde está ela agora? Seu nome dificilmente é mencionado, ela está esquecida e afastou-se, e foi-nos dito que os "Mestres" estão em correspondência e comunicação diretas com C.O. — sendo que o *verdadeiro* representante deles está agora em Madras — S.R.[5] etc. Há um estranho *karma*, acrescentou o Mestre sorrindo. Henry temeu indispor-se com C.O., pois poderia perder S.R. e N.C.[6]; e agora perdeu N.C. e S.R., e é forçado a ter C.O.; qual dos dois é o gênio maligno principal?

(1) H.S. Olcott.

(2) Está assim no original.

(3) Há dúvidas sobre qual pode ser a palavra depois da expressão "a qual". Ela é a última palavra, apertada e inclinada no final da linha, e como H.P.B. escreveu a lápis, esta palavra está tão borrada que se tornou indecifrável.

(4) A.J. Cooper-Oakley.

(5) T. Subba Row.

(6) Dr. Neild Cook.

11

Notas Sobre as Cartas 1 a 47

NOTAS

CARTA 1, PÁGINA 17

Esta certamente é a Carta mais importante que já foi recebida dos Instrutores Adeptos, porque é uma mensagem do *Maha-Chohan* ("diante de cuja percepção o futuro estende-se como uma página aberta" — K.H., Carta 16), um dos três grandes Adeptos que formam o "Triângulo" da Grande Hierarquia. Como diz a nota do Mestre K.H., a comunicação não é uma carta escrita pelo próprio *Maha-Chohan,* mas o relato de uma entrevista. Para compreender seu significado total, devemos ter em conta a situação teosófica de 1881. As comunicações por meio de Cartas precipitadas haviam começado a chegar ao Sr. A.P. Sinnett em outubro de 1881, em Allahabad; a segunda pessoa mais importante do grupo de Allahabad era o Sr. A.O.Hume, que filiou-se à Sociedade em 1881. O primeiro era o editor do *The Pioneer*, o diário inglês que era praticamente o porta-voz do governo britânico; o segundo era um alto funcionário a serviço do governo.

Estes dois ingleses estavam em contato estreito com as idéias científicas predominantes naquele momento na Inglaterra; não eram religiosos nem possuíam qualquer inclinação pelo misticismo. Ambos eram "muito britânicos", possuindo uma velada antipatia contra os arianos de pele escura, entre os quais era seu destino viver temporariamente. O Sr. Sinnett tinha orgulho de raça, mas o Sr. Hume possuía o orgulho arrogante de um suposto intelecto superior. O primeiro não fazia a menor idéia do que significa metafísica ou filosofia; era intensamente objetivo e fascinado por todos os experimentos científicos; o último era um ornitologista, seu *hobby* era colecionar peles de pássaros raros e tinha algum conhecimento do pensamento metafísico. Os dois ingleses foram atraídos para a Teosofia; mas o que caracterizava o Sr.Sinnett era um constante crescimento da afeição pelo Mestre K.H. — a quem ele qualificava como seu "Guardião" — evidentemente uma ligação trazida de vidas passadas. Entretanto, ninguém, na época, compreendeu quem ou o que eram os Adeptos, nem os Adeptos revelaram a Si próprios na totalidade de Sua natureza e poderes, mas meramente como instrutores de filosofia, que podiam em determinadas ocasiões realizar certos "fenômenos". Alguns destes encontram-se relatados no livro do Sr. Sinnett, *The Occult World* (*O Mundo Oculto*).*

* Publicado no Brasil pela Ed. Teosófica. (N. ed. bras.)

Mas, acima de tudo, o que caracterizava estes dois ingleses — nenhum dos quais possuía um extraordinário nível de conhecimento científico ou filosófico — era a profunda convicção de que conheciam o mundo ocidental muito melhor do que os Adeptos. Quando os Adeptos proclamaram o verdadeiro significado da Sua tentativa de influenciar o mundo através da Sociedade Teosófica, que era conduzir o mundo em direção a um sentimento mais amplo e verdadeiro da Fraternidade do que as religiões haviam feito até o momento; estes dois informaram francamente aos Adeptos que não haveria de forma alguma futuro para o Movimento Teosófico no ocidente ao longo de tais linhas. A única maneira de convencer as mentes pensantes do Ocidente de que as idéias dos Adeptos eram dignas de serem examinadas, era, em *primeiro* lugar, realizar certos fenômenos sob perfeitas "condições de teste". Os cientistas europeus do tipo de Huxley, Tyndall, Darwin e outros, estariam então dispostos a analisar as teses teosóficas concernentes à vida e à evolução. Em relação ao primeiro objetivo da Sociedade, de estabelecer uma Fraternidade Universal, o Sr. Sinnett e o Sr. Hume disseram que o Cristianismo estava tentando proclamar a Fraternidade há 1880 anos, sem nenhum sucesso; porque perder as energias dos teosofistas que desejavam servir os Adeptos empregando-as ao longo desta linha inútil? O único meio eficaz de convencer o Ocidente de que os Adeptos tinham algo a ensinar era através da realização, por exemplo, de um fenômeno como o de trazer o *Times* de Londres de uma determinada data até Simla, no mesmo dia, uma viagem que normalmente levava vinte e um dias por navio e trem.

O Sr. Sinnett e o Sr. Hume insistiam repetidamente nesta tese. A despeito de todos os ensinamentos recebidos por ele, o Sr. Sinnett, até o final de sua vida nunca mudou seu ponto de vista, pois escreveu o seguinte, longos anos após toda comunicação entre ele e o Mestre K.H. haver cessado:

> "O verdadeiro trabalho de um teosofista é promover o progresso espiritual. Esta é uma tarefa mais elevada até mesmo que a promoção da Fraternidade — que é, acima de tudo, o ensinamento básico tanto da Teosofia quanto do Cristianismo".

O Sr. Sinnett e o Sr. Hume insistiam repetidamente em que conheciam o mundo (isto é, a Inglaterra) melhor do que os Adeptos, e continuavam tentando instruir os Adeptos em relação ao que deveriam fazer, se desejassem que o Movimento Teosófico tivesse sucesso. Eram tão cansativos em sua insistência, que em certa ocasião o Mestre M. escreveu ao Sr. Sinnett o que segue:

> "Poucos dias antes de nos deixar, Koot Hoomi, falando em vocês, me disse o seguinte; 'Sinto-me cansado e aborrecido com estas incessantes disputas. Quanto mais tento explicar a ambos as circunstâncias que nos controlam e que interpõem entre nós tantos obstáculos ao livre relacionamento, menos eles me entendem! Mesmo sob o aspecto mais favorável esta correspondência deve ser sempre insatisfatória, e até mesmo exasperadamente insatisfatória, algumas vezes; pois nada menos que entrevistas pessoais, nas quais pudesse haver discussões e a solução instantânea das dificuldades intelectuais que surgissem, os satisfaria completamente. É como se estivéssemos gritando um ao outro por sobre um abismo intransponível e apenas um de nós pudesse ver seu interlocutor. Na verdade, não há em parte alguma na natureza física um abismo entre montanhas que seja tão irremediavelmente intransponível e impeditivo ao viajante quanto o espiritual, que os mantém longe de mim!'" (*The Mahatma Letters to A.P. Sinnett — Cartas dos* Mahatmas *para A.P. Sinnett* — Carta 29).

Um exemplo bastante característico da atitude até mesmo do Sr. Sinnett em relação aos Adeptos, foi uma carta que escreveu ao Mestre a respeito desta mesma Carta 29, dizendo que o Mestre deveria *reescrevê-la,* deixando fora certas partes, uma vez que a Carta, na forma que estava, não teria de maneira alguma, o efeito que o Mestre desejava sobre o Sr. Hume.

Como foi apenas com a autorização do *Maha-Chohan* que as comunicações com Sr. Sinnett e o Sr. Hume iniciaram, através de Cartas e fenômenos, e como nenhum dos dois parecia receptivo à razão, por fim, então, o Mestre K.H. consultou o *Maha-Chohan* e temos esta mensagem que coloquei como Carta 1, porque é praticamente o programa de trabalho e de desenvolvimento da Sociedade Teosófica através dos tempos.

Um dos elementos mais estranhos neste episódio é que o original desta Carta do Mestre K.H. ao Sr. Sinnett, registrando as observações do *Maha-Chohan,* não foi encontrado em parte alguma. Não está publicada em *The Mahatma Letters to A.P. Sinnett (Cartas dos* Mahatmas *para A.P. Sinnett*).

Mas, felizmente para nós foram feitas, sob instruções dos dois Mestres, cópias das partes das suas cartas ao Sr. Sinnett e ao Sr. Hume que tivessem conteúdo instrutivo e dessem uma idéia sobre a filosofia esotérica. Esta primeira Carta foi copiada e reproduzida em Londres e enviada a algumas pessoas selecionadas. Uma destas cópias está entre os papéis de C.W. Leadbeater e publiquei a Carta, a partir dela, em minha edição de 1919. Neste ano de 1945 — quando nossos arquivos, que haviam sido retirados de Madras devido à guerra, retornaram a Adyar — encontrei um volume manuscrito com a letra da Srta. Francesca Arundale que contém, entre outros textos das Cartas, esta Carta 1. Recopiei a Carta a partir destes dois manuscritos.

H.P.B. conhecia, é claro, esta Carta, e evidentemente possuía uma cópia, pois citou alguns trechos dela (com pequenas alterações, para divulgação pública, presumo), com a seguinte nota:

> "Mas outra carta foi escrita, também em 1880[1], a qual é não apenas uma censura aos teosofistas que negligenciam a idéia principal da Fraternidade, mas também é uma resposta antecipada ao principal argumento do Sr. Emile Burnouf. Aqui, uns poucos extratos da mesma. Foi endereçada novamente àqueles que desejavam retirar o 'título sentimental' e tornar a Sociedade apenas uma arena para 'materializações de xícaras e batidas de campainhas astrais'". (*Lúcifer*, Vol. II, Agosto 1888, pp. 431-32.)

H.P.B. também citou esta Carta em seu primeiro relatório aos membros da recém-formada S.E.,* publicado em 1888.

Na Carta 33 o Mestre refere-se a esta Carta quando diz:

> "Aqueles superiores a nós disseram que quem pensa que a tarefa de trabalhar para outros é muito árdua não deve empreendê-la"

No número de fevereiro de 1893 de *The Path* (*A Senda*), editada por W.Q. Judge em Nova Iorque, encontram-se citados três parágrafos desta Carta; bem como nas Cartas 32 e 33 desta Primeira Série. O artigo em *The Path*, no qual estão citadas as três partes da Carta 1 do *Maha-Chohan,* está assinado "Um dos Destinatários". Posso apenas presumir que o Sr. Judge não sabia que o destinatário era o Sr. Sinnett, uma vez que as palavras do Mestre ao Sr.

---

* Seção Esotérica da S.T. (N. ed. bras.)

Sinnett "Minha própria carta, em resposta à sua, seguirá em breve. K.H.", não se encontram na cópia reproduzida, a qual, presumo, era a que o Sr. Judge tinha diante de si.

A Dra. Besant, em setembro de 1907, em seu primeiro discurso à Sociedade enquanto Presidente, refere-se às partes desta Carta citadas em *The Path*, conforme mencionado acima.

Na Carta que a Dra. Annie Besant recebeu em 1900 — Carta 46 — o Mestre K.H., referindo-se à Carta 1, diz:

> "A Sociedade Teosófica foi concebida para ser a pedra angular das futuras religiões da humanidade".

O Sr. Sinnett trabalhou pela Teosofia até o final, com seus muitos livros e constantes palestras; foi duas vezes Vice-Presidente da Sociedade. Mas ele sustentou sempre que o trabalho dos teosofistas estava dirigido para objetivos equivocados, por ambos os Presidentes, H.S. Olcott e Annie Besant, e foi crítico das atividades de ambos. O Sr. Hume deixou a Sociedade em 1884. Contudo, foi tão forte o processo de despertar da sua melhor natureza, que ele viveu enquanto estava sob a influência dos Adeptos, que realizou um dos grandes objetivos dos Adeptos — o despertar da Índia de sua posição de servil submissão dentro da administração britânica. Foi o Sr. Hume, após ter-se aposentado do serviço governamental, o primeiro proponente e inspirador da criação do agora famoso "Congresso Nacional Indiano" e conquistou, com justiça, o nome de "Pai do Congresso".

---

(1) H.P.B. não levou em conta que a Carta diz em sua penúltima frase: "há 1881 anos atrás".

NOTA ADICIONAL, DE 1963, COM RELAÇÃO À CARTA Nº 1, DO *MAHA-CHOHAN*

Descobriu-se recentemente que a Carta do *Maha-Chohan* aparece no *Caderno de Rascunhos e Recortes* (*Scrap-book*) de H.P.B., número XXIII, Parte II (página 469), como um recorte do *Religio-Philosophical Journal* norte-americano, de 26 de junho de 1886, numa carta endereçada ao Editor com o seguinte título:

> "Diversas boas razões dadas a "R.H." * pelo *Maha-Chohan,* pelas quais a Sociedade Teosófica deveria ser uma Fraternidade da Humanidade."
>
> Ao final da carta encontra-se a seguinte nota:
>
> "O texto acima é uma versão resumida da visão do *Chohan* sobre a Sociedade Teosófica e seu trabalho, conforme dada na noite passada através de um chela autorizado, e agora publicada para o benefício daqueles a quem possa interessar".

No parágrafo final, onde o Sr. C. Jinarajadasa dá a data como sendo 1880 (1881), o recorte claramente dá a data como sendo 1886. As duas versões são praticamente iguais, exceto em algumas pequenas diferenças menores na pontuação e em palavras, mas a publicação americana omite as referências aos "missionários cristãos", a A.P.S., à Sociedade Eclética, ao Sr. Hume e à Índia.

Adyar, 1963.

O Editor.

CARTA 2, PÁGINA 22

Recebida em Adyar, em 26 de dezembro de 1883, e aberta na presença, entre outros, do Dr. Sir S.Subramania Iyer, conforme descrito em *The Theosophist*, vol. V, *Suplemento* número 2, de fevereiro de 1884, página 31. Transcrita a partir de cópia em poder do *pandit* Pran Nath, de Gwalior.

CARTA 3, PÁGINA 23

Recebida em Londres, em 1884. Transcrita do original em Adyar. Está escrita em tinta vermelha.

CARTA 4, PÁGINA 26

Recebida em 1884, em Elberfeld, Alemanha. Endereçada à Srta. Francesca Arundale, Tesoureira da Loja de Londres. Transcrita do original em Adyar.

* "R.H.": assim no original. (N. ed. bras.)

"Revista": A Srta. Arundale disse-me que se lembrava bem do plano da revista, mas não tinha certeza se algum número chegou a ser publicado.

CARTA 5 PÁGINA 29

Este é um dos documentos mais extraordinários que estão agora em Adyar. Consiste de um compromisso com os Mestres, escrito pela Srta. Arundale e assinado por todos os que formavam o "Grupo Interno" da Loja de Londres. Mas ambos os Mestres, M. e K.H., e também H.P.B., escreveram no documento. A parte com a letra da Srta. Arundale está impressa com letras pequenas; a manuscrita por H.P.B., com letras maiores, e a escrita pelos Mestres em maiúsculas. Observe-se que no segundo parágrafo o Mestre K.H. acrescentou, com letra azul, algumas palavras entre travessões, bem como após o acréscimo de H.P.B. Ao final do compromisso, com a letra da Srta. Arundale e antes que iniciassem as assinaturas dos membros, havia quatro linhas vagas no documento; nestas linhas em branco está escrita a aceitação da promessa pelos dois Mestres; portanto, as palavras "os abaixo assinados" referem-se aos assinantes do Grupo, composto por aspirantes que prometem servir aos Mestres, cujos nomes vêm *abaixo* da aceitação dos Mestres. Escrita *transversalmente* à colocação do Mestre K.H., aparece em vermelho a única palavra "Aprovado", na letra do Mestre M., seguida por Sua inicial. Este Grupo Interno, que se desintegrou depois de um ano, foi a primeira tentativa de criar o que mais tarde se tornou a Escola Esotérica de Teosofia.

CARTA 6 PÁGINA 35

Recebida pelo *pandit* Pran Nath, de Gwalior, em janeiro de 1884. Transcrita do original.

CARTA 7, PÁGINA 36

Transcrita do original em Adyar. Esta Carta e a seguinte foram recebidas por C.W. Leadbeater, a primeira ao meio-dia de 31 de outubro de 1884, e a segunda à meia-noite do mesmo dia. A primeira Carta foi recebida pelo correio e traz o carimbo de Londres, "Kensington, out. 30-84"; a segunda Carta foi "precipitada" na palma da mão de H.P.B., virada para cima, na presença de C.W.L.

Nesta época C.W. Leadbeater estava investigando de perto o Espiritismo e freqüentava muitas das seções de William Eglinton, um de cujos espíritos-guias chamava-se "Ernest". Ernest assegurou a C.W.L. que sabia da existência dos Mestres e prontificou-se a enviar uma carta ao Mestre K.H. A carta foi escrita e colocada pelo Sr. Eglinton na caixa existente para comunicações aos espíritos-guias. Poucos dias após, C.W.L. foi informado pelo Sr. Eglinton de que a carta havia desaparecido da caixa. Nas seções subseqüentes, quando se perguntou a Ernest o que tinha acontecido com a carta, Ernest assegurou a C.W.L. que ela havia sido devidamente entregue.

Upasika é um nome usado com freqüência para designar H.P.B. nas Cartas; a palavra vem do Budismo, e significa uma discípula mulher leiga, alguém que pronunciou os oito votos; portanto, não é um monge nem uma freira, que fazem mais dois votos adicionais.

"Casta à qual você pertence": quando C.W.L. recebeu essa Carta, era um sacerdote oficiante da Igreja da Inglaterra; foi nessa época que os missionários cristãos fizeram, em Madras, uma tentativa de arruinar a Sociedade Teosófica, no episódio conhecido como "conspiração Coulomb".

"A memória de Nosso Senhor *O Tathagata*": esta é uma frase admirável, compreendida apenas muitos anos após o recebimento da Carta. Refere-se a incidentes de vidas passadas, ocorridas há muito tempo, quando C.W.L. viu o Grande Instrutor face a face. É como se o Mestre tentasse, desta maneira, passar por trás da personalidade de C.W.L., e ir diretamente ao Ego, em cuja consciência as grandes verdades existem como questões de conhecimento direto.

Diversas frases nessa Carta, especialmente a frase "Possa a memória de Nosso Senhor *o Tathagata* auxiliá-lo a decidir pelo melhor", aparecem numa Carta escrita pelo Mestre M. — que não sabia inglês* — a S. Ramaswamier, em 1882.

---

* No entanto, o Mestre podia utilizar instantaneamente o conhecimento da língua inglesa presente na memória de qualquer discípulo seu, ou na memória de outro Adepto.
A Carta do Mestre M. a S. Ramaswamier é anterior em dois anos à Carta do Mestre K.H. a C.W. Leadbeater. A Carta a Ramaswamier está publicada neste volume como Carta 51 da Segunda Série. (N. ed. bras.)

CARTA 8, PÁGINA 44

Transcrita do original em Adyar. Ao receber a Carta 7, C.W.L., que estava vivendo em Liphook, Hampshire, veio de imediato a Londres para ver H.P.B., e informou a ela sua decisão de partir imediatamente para Adyar. À meia-noite do mesmo dia esta Carta foi recebida. Na primeira e na segunda edições do presente trabalho omiti o pós-escrito — "Não mostre minhas notas a ninguém" — uma vez que A.P. Sinnett, que era vivo na época, imaginava que, com exceção da Srta. Arundale, ele era a única pessoa na Inglaterra que havia alguma vez recebido Cartas. Ao final de 1884, ele havia criado tal situação entre ele próprio e o Mestre (embora nunca o tenha compreendido), que se tornou impossível ao Mestre enviar mais cartas. Havia relações cordiais entre o Sr. Sinnett e o Sr. Leadbeater, e o último devia muito ao Sr. Sinnett, como o próprio C.W.L. declarou, pelo fato de haver iniciado com ele seus estudos teosóficos. O Sr. Sinnett estava inclinado a duvidar da autenticidade de qualquer Carta recebida por alguém que não fosse ele próprio. (Veja o pós-escrito da Carta 19: "Prepare-se, contudo, para ter a autenticidade da presente negada em certos setores". A prova desta dúvida está numa carta, agora em Adyar, que o Sr. Sinnett escreveu na época ao Sr. Leadbeater, e na qual duvida se a Carta de K.H. ao Coronel Olcott é autêntica ou meramente a precipitação de algum chela). O Sr. Sinnett certamente teria algo como um choque se soubesse que seu protegido, com menos de dois anos de filiação à Sociedade, havia recebido comunicações diretas do Mestre. Até o final de sua vida, o Sr. Sinnett acreditou que estava em comunicação com o Mestre, primeiramente através de uma mulher sensitiva que ele podia colocar em transe com passes, e mais tarde através de um médium comum, cujo corpo era tomado pelos supostos Mestres. O Sr. Sinnett assegurou-me que a possessão era autêntica e que uma das entidades era o Mestre M. Ele nunca duvidou destas comunicações.

Estas duas Cartas, 7 e 8, não foram mostradas por C.W. Leadbeater a ninguém, exceto para mim, embora eu tenha visto apenas os envelopes, sem ousar lê-las. Em 1907, em Taormina, eu as copiei, e elas foram publicadas no *The Theosophist* pela primeira vez.

CARTA 9, PÁGINA 47

Reimpressa de *The Link* (*O Elo*), novembro de 1908. A data, a partir do contexto, evidentemente é o final de 1883. Este pós-escrito aparece na primeira parte da Carta 6 e, portanto, parece que o Mestre usou aqui, como um pós-escrito, aquilo que Ele havia dito em resposta à pergunta do *pandit* Pran Nath.

CARTA 10, PÁGINA 48

Transcrita do original em Adyar.

CARTA 11, PÁGINA 48

Transcrita do original em Adyar.

CARTA 12, PÁGINA 51

Esta Carta encontra-se em *Echoes from the Past* (*Ecos do Passado*), *The Theosophist*, dezembro de 1907, página 259, onde foi reimpressa a partir do *The Indian Mirror*, de Calcutá, edição de 14 de abril de 1882.

CARTA 13 PÁGINA 51

Esta Carta refere-se a H.P.B., transcrita do original, em Adyar.

CARTA 14, PÁGINA 52

Transcrita do original em Adyar. O Sr. Sinnett nessa época era o editor do poderoso jornal inglês, anti-indiano, *The Pioneer*, de Allahabad. Quando o Sr. Sinnett aceitou a Teosofia, o tom do jornal sofreu uma mudança que não agradou os seus proprietários. O Mestre K.H. desejava que um jornal, a ser chamado *The Phoenix*, fosse iniciado com capital indiano, mas com o Sr. Sinnett como editor. O capital necessário, contudo, não foi arrecadado.

Norendro Nath Sen era o fundador e editor do *The Indian Mirror*, de Calcutá.

CARTA 15, PÁGINA 53

Transcrita do original em Adyar. A única Carta, das que vi até agora, em que o Mestre assina seu nome completo, dando assim um significado especial à sua advertência. O destinatário, afinal, duvidou conforme previsto e "retirou-se".

Este perigo foi previsto pelo Mestre M. Veja a Carta 3: "... seu nome será escrito no 'rol' como um fracasso. Ele corre perigo. Seu Mestre percebeu e — hesita". Vi Mohini M. Chatterjee pela primeira vez no ano anterior a sua morte. Ele havia retornado à sua profissão de advogado. Quando o vi em seu escritório, estava cego. Disseram-me que em seus últimos anos ele reuniu alguns discípulos à sua volta aos quais ensinou. Não consegui descobrir o provérbio sobre duvidar de um pavão.

CARTA 16, PÁGINA 57

Transcrita do original em Adyar. A ela encontra-se afixado um cartão com a letra do Coronel Olcott com o seguinte texto: "Carta para H.S.O., *formada em sua própria mão* pelo Mestre K.H., durante uma visita noturna a ele, em seu Acampamento de Maidan, nos arredores de Lahore". (Veja O.D.L.,* —, Terceira Série, páginas 39-40.)

O longo parágrafo da Carta que inicia com "Desde o início", e termina com "portas gradeadas com ferro" não aparece na primeira edição. Isso se deve a um erro de minha parte. A Carta foi escrita com tinta numa folha de papel tamanho ofício e está escrita em ambos os lados. Estava dobrada. Eu a abri e li o lado com a assinatura, que iniciava, "Vim visitá-lo" e terminava "e todos aqueles que auxiliarem em seu trabalho. K.H.", nunca me ocorreu a idéia de virar a folha. Foi só alguns anos após a primeira edição ter aparecido, quando estava pesquisando algumas cartas, procurando por um texto, que ao ler esta Carta mais uma vez, ocorreu de, totalmente ao acaso, ter virado a folha. Vi então, para minha surpresa, que aquilo que eu havia tomado como sendo a página 1 era na realidade a página 2. Publiquei o texto imediatamente em *The Theosophist.*

D. Nath é Dharbagiri Nath, um dos discípulos, e que por um momento tomou posse do corpo de "Bawaji" ou, para dar seu nome certo, S. Krishnamachari. Bawaji foi com H.P.B. para a Europa, em 1885, mas depois virou-se contra ela. Ele é o "homenzinho" que "fracassou" da Carta 37. A carta que H.P.B. escreveu para C.W. Leadbeater sobre a deserção desse ex-chela encontra-se reproduzida em meu livro, *The K.H. Letters to C.W. Leadbeater* (*As Cartas de K.H. para C.W. Leadbeater*).

O Cel. Olcott menciona (O.D.L. Terceira Série, página 37) , que "mais dois dos 'inimigos' terão falecido", era uma profecia das mortes do

---

* *O.D.L.: Old Diary Leaves* (*Folhas de um Velho Diário*), de Henry Steel Olcott, publicado em seis volumes pela T.P.H. em Adyar, Madras, Índia. (N. ed. bras.)

Swami Dayanand Saraswati, o fundador da Arya Samaj, e de Keshub Chandra Sen, chefe de uma seção da Brahmo Samaj.

Em O.D.L., Terceira Série, páginas 36-7, o Coronel Olcott descreve como foi recebida esta Carta.

"Prova objetiva" refere-se à visita do Mestre M. ao Coronel Olcott, em Nova Iorque, descrita em O.D.L., Primeira Série, páginas 379-80. A "prova objetiva" é o *fehta* ou turbante, agora em Adyar, que o Mestre M. deixou com o Coronel como prova de que Sua visita não era *Maya*, mas realidade.

CARTA 17, PÁGINA 58

Transcrita do original em Adyar, tendo afixado a ela um cartão com a letra do Coronel Olcott: "Nota a H.S.O., do Mestre K.H., a fim de prepará-lo para uma visita, no corpo físico, em sua tenda em Lahore". Esta segunda visita encontra-se descrita pelo Coronel Olcott em *Old Diary Leaves*, Terceira Série, página 42, e pelo Sr. W.T. Brown, que estava presente com ele, em seu panfleto *Some Experiences in India* (*Algumas Experiências na Índia*). O Mensageiro referido é o Mestre D.K.

CARTA 18, PÁGINA 58

Transcrita do original em Adyar. Ao final, encontra-se a seguinte nota com a letra do Coronel Olcott: "Caída na cabine do trem, 5 de abril de 1884, quando eu estava lendo uma quantidade de cartas da L.L. que tratavam dos detalhes da disputa Kingsford-Sinnett. Esta carta caiu exatamente quando percebi um parágrafo com a letra de B.K., sobre os *Mahatmas*. Presentes na cabine do trem apenas Mohini e eu, H.S.O.". (Veja também O.D.L., Terceira Série, páginas 90 e 91).

CARTA 19, PÁGINA 61

Há poucas dúvidas, não apenas pelo contexto, mas também a partir de um fato mencionado pelo Coronel Olcott, de que esta Carta foi recebida em agosto de 1888. Mas, curiosamente, ao se ler *Old Diary Leaves*, Terceira Série, página 91, tem-se a impressão de ter sido recebida em 1883. O Coronel Olcott cita, ali, passagens desta Carta e a relaciona com as dificuldades de 1884 na Loja de Londres, sobre as quais foram dadas instruções na Carta 18. O Coronel Olcott menciona (O.D.L., Terceira Série, página 91) que a Carta 19 foi "recebida fenomenicamente em minha cabine a bordo do 'Shannon', um dia antes de chegarmos a Brindisi". Mas ele partiu de Bombaim para Londres no *P.&O. Mail Steamer Shannon*, em 7 de agosto de 1888, como relatado em seu Diário naquela data e no *The Theosophist Supplement*, setembro de 1888. Além disso, no corpo da própria Carta, o Mestre diz: "desde 1885 não escrevi"; e C.W.L., que é mencionado no final da Carta, não veio para a Índia senão em dezembro de 1884. Parece, portanto, que o Coronel Olcott, quando narrou os acontecimentos sobre a Loja de Londres, tomou esta Carta sobre a "situação" em 1888 para referir-se à situação de 1884.

Talvez valha a pena mencionar a urgência da situação de 1888. A S.T. foi fundada em 1875 e durante os primeiros sete anos estava sendo testada de diversas maneiras. Em um aspecto ela fracassou e isto deveu-se a sua resistência a aceitar abertamente a orientação direta dos "Irmãos", *i.e.*, os Mestres, que formavam a "Primeira Seção" da Sociedade. Em 1882, a maioria dos membros da S.T., especialmente em Londres, aceitavam a filosofia oculta dada pelos Mestres, mas recusavam-se a aceitar a orientação oculta dos Mestres, dada através de seus chelas, em relação à administração externa da Sociedade. Portanto, ao final do primeiro ciclo, em 1882, os Mestres retiraram-se um pouco para o segundo plano, no que diz respeito aos assuntos externos da Sociedade, e passaram a dar Suas diretrizes apenas para um pequeno número de indivíduos selecionados.

Antes que o segundo ciclo tivesse se completado em 1889, H.P.B. estava ansiosa para fazer outro esforço no sentido de reforçar os laços ocultos entre a S.T. e os Mestres, uma vez que a S.T. estava ficando seriamente desvitalizada. A Sociedade não tentava desenvolver a idéia da Fraternidade, e sua revista, *The Theosophist*, sob a direção do Coronel Olcott, tratava apenas de Religiões Comparadas. Após o choque contrário à Sociedade causado pelo ataque dos Coulombs e dos missionários, em 1884, e do relatório adverso da Sociedade para Pesquisa Psíquica, declarando que H.P.B. era uma impostora e trapaceira, o Coronel Olcott temia pela Sociedade, se ela estivesse publicamente ligada à idéia dos Mestres, e propositalmente evitava na revista todas as referências a Eles e Sua conexão com a Sociedade (Veja Carta 47).

Enquanto isso, em Londres, desde 1887, um grupo reunia-se em torno de H.P.B., principalmente com homens e mulheres ao redor de trinta e cinco anos, composto pelos dois Keightleys, C.F. Wright, G.R.S. Mead, Laura

Cooper, E.T. Sturdy, W.G. Old, e outros, que comprometeram-se com H.P.B. Além disso, eles desejavam trilhar definitivamente o caminho até os Mestres, e alistaram-se como discípulos pessoais de H.P.B.. Uma complicação foi adicionada à situação pelo temor de parte do Coronel Olcott de que H.P.B. estivesse organizando na Europa uma contrapartida à sua influência na Sociedade, enquanto Presidente, e estivesse tentando criar um *imperium in imperio*. O jovem grupo em volta de H.P.B. possuía pouco conhecimento do grande número de sacrifícios feitos pelo Coronel Olcott em benefício da Sociedade. Eles pensavam nele como o "velho" em Adyar que estava tentando obstruir os planos de H.P.B., de servir à Causa dos Mestres. O Coronel estava zangado com H.P.B. e seu devotado grupo quando deixou a Índia para colocar um fim naquilo que interpretava como uma insurreição. Foi então que o Mestre K.H. entrou em cena, com esta Carta precipitada em sua cabine, a bordo do S.S. Shannon, um dia antes que o navio chegasse a Brindisi. Como resultado da Carta, o Coronel Olcott modificou sua atitude e facilitou os assuntos relativos à administração da Sociedade, de forma que a S.E.* pudesse fazer seu trabalho sob a direção única de H.P.B., sem a interferência da S.T., em seus assuntos, e sem que esta sofresse interferência da S.E. em sua organização democrática. Contudo, somente em 1908 a S.T. retomou completamente sua posição original, com os Mestres de Sabedoria uma vez mais constituindo a "Primeira Seção" da Sociedade.

O triângulo com um ponto no meio refere-se ao Mestre M. O incidente referido é o seguinte. Nos E.U.A., o Sr. D.M. Bennett era nessa época um dos primeiros líderes do Livre Pensamento e um forte oponente do fanatismo estreito que era na época apresentado como Cristianismo nos Países orientais. Ele era editor do *The Truthseeker* (*O Buscador da Verdade*). Sofreu um ano de prisão devido a uma acusação de blasfêmia, diz o Coronel Olcott, "por seus amargos — com freqüência grosseiros — ataques contra o dogmatismo cristão", e ele narra a história das acusações forjadas contra o Sr. Bennett. (O.D.L., Segunda Série, Capítulo XXII). O Sr. Bennett chegou em Bombaim em janeiro de 1882, no curso de uma *tournée* pelo mundo. Ele havia lido o livro *The Occult World* (*O Mundo Oculto*) e solicitou sua filiação à Sociedade. Devido aos incidentes hostis em Bombaim, que o Coronel Olcott

* S.E. — Seção Esotérica da S.T. (N. ed. bras.)

narra, ele "hesitou em aceitá-lo como membro, por temer que isso pudesse nos colocar em outra disputa pública". Foi então que o Mestre M. interferiu e mandou admitir o Sr. Bennett como membro, dando certas razões.

Mas, mesmo antes da chegada do Sr. Bennett, o Sr. Sinnett recebeu, através de Mestre D.K., uma mensagem do Mestre K.H. como segue:

> "Tenho também de dizer-lhe que, em um certo Sr. Bennett, da América, que chegará em breve em Bombaim, você deve reconhecer alguém que apesar de seu nacionalismo provinciano, que você tanto detesta, e de seus preconceitos quase anti-religiosos, é um de nossos agentes (sem que ele o saiba) para levar adiante o projeto de libertar o pensamento ocidental de crenças supersticiosas. Se você conseguir dar-lhe uma idéia correta da situação atual e do potencial futuro do pensamento asiático, e mais especialmente indiano, isso será gratificante para meu Mestre." (*The Mahatma Letters to A.P. Sinnett — Cartas dos* Mahatmas *para A.P. Sinnett* —, Carta 37, recebida em Allahabad em janeiro de 1882)*

Quando o Sr. Sinnett encontrou o Sr. Bennett, evidentemente sua reação foi nitidamente desfavorável. (Devemos lembrar, aqui, que a atitude do Sr. Sinnett para com todos americanos, exceto alguns poucos selecionados, não era cordial). O assunto do Sr. Bennett agora é levantado pelo Mestre M., que escreve ao Sr. Sinnett:

> "Você viu apenas que Bennett tinha mãos e nariz sujos e que usou linguagem grosseira e tinha — para você — um aspecto geral repugnante. Mas, se *esse* tipo de coisa é seu critério de excelência moral ou poder potencial, quantos adeptos ou lamas produtores de milagres passariam por seu exame?** Isto é parte de sua cegueira. Se ele morresse neste minuto — e usarei a fraseologia cristã para fazê-lo compreender melhor — poucas lágrimas deviam ser derramadas pelo Anjo da Morte com mais sentimento sobre outros homens igualmente

* A Carta 37 das *Cartas dos Mahatmas para A.P. Sinnett* é assinada por D.K., que, embora já fosse um Adepto, ainda se considerava discípulo de K.H. Portanto, a expressão "meu Mestre" diz respeito ao Mestre K.H. (N. ed. bras.)

** Exame: No original, *muster*, significa revista de tropas ou inspeção de soldados e suboficiais por um Oficial superior. (N. ed. bras.)

mal utilizados do que as lágrimas dedicadas a Bennett. Poucos homens sofreram tanto — e tão injustamente — como ele, e poucos têm um coração tão amável, altruísta e sincero. Isso é tudo: e o sujo Bennett é *moralmente* tão superior ao cavalheiro Hume quanto você é superior a seu *criado*[1].

"O que H.P.B., repetiu a você é correto: os nativos não percebem a grosseria de Bennett, e K.H. também é um nativo. O que eu quis dizer com isto? Simplesmente que nosso amigo semelhante a Buda[2] pode ver *através do verniz* a textura da madeira que está ali, e dentro da ostra pegajosa e suja, a pérola inestimável que se encontra no interior! B —— é um homem honesto e tem um coração sincero, além de ter uma tremenda coragem moral e ser um mártir autêntico. A ele nosso K.H. ama — enquanto ele teria apenas desprezo por um Chesterfield ou um Grandison. Suponho que a condescendência do perfeito "cavalheiro" K.H. para com o grosseiro pagão Bennett não seja mais surpreendente do que a alegada condescendência do "cavalheiro" Jesus com a prostituta Madalena: existe um cheiro moral, assim como um físico, meu amigo. Veja o quanto K.H. leu seu caráter quando ele não quis enviar o jovem de Lahore para falar com você antes de mudar de roupa. A polpa doce da laranja está *dentro* da casca, *Sahib*: tente olhar para dentro das caixas para encontrar as jóias, e não confiar naquilo que está na tampa, digo a você novamente; o homem é *honesto* e muito dedicado; não exatamente um anjo — eles devem estar sendo caçados nas igrejas da moda, em festas em mansões aristocráticas, teatros e clubes e outros *santuários* do gênero — mas, como os anjos estão fora de nossa cosmogonia, ficamos contentes com o auxílio até mesmo de homens honestos e corajosos, ainda que sujos." (*The Mahatma Letters to A.P. Sinnett* (*Cartas dos* Mahatmas *para A.P. Sinnett*), Carta 43 recebida em Allahabad em fevereiro de 1882).

Não consegui nenhuma informação confiável com relação à senhora referida e por que ela foi expulsa de Adyar por P. Sreenivasarow.

As iniciais referem-se às seguintes pessoas: Tookaram Tatya, Norendro Nath Sen, Gyanendra Nath Chakravarti, T. Vijayaraghava Charlu, P. Vencata Subbiah, *(pandit)* Chandra Sekhara, C.W. Leadbeater, Dina Nath

Ganguli, S. Nilakantkumar Chatterjee. Não consegui, embora tenha perguntado e investigado muito, identificar quem são os outros "verdadeiros trabalhadores da Ásia" mencionados.

---

(1) Servidor pessoal, camareiro.
(2) O Mestre K.H.

CARTA 20, PÁGINA 64

Transcrita do original em Adyar.

CARTA 21, PÁGINA 68

Esta Carta aparece no panfleto *Some Experiences in India* (Algumas Experiências na Índia), de W.T. Brown, um membro da Loja de Londres da S.T., que veio para a Índia em 1883. Ele estava presente com o Coronel Olcott em Lahore, quando aconteceu o incidente referido nas Cartas 16 e 17.

Nessa época o Mestre K.H. havia chegado à Índia do Tibete, e o Sr. Brown O viu, como encontra-se narrado no panfleto acima mencionado.

O Mestre K.H. é um brâmane de Cachemira por nascimento. O Sr. Brown estava, nessa época, com o Coronel Olcott, em Jammu, Cachemira, como hóspede do Marajá de Cachemira; a Carta foi recebida "dentro de um envelope, que foi endereçado pela Sra. G— mas veio pelo correio, da Alemanha. Isto foi muito significativo, porque provou, para mim, que o Mestre estava consciente do papel que a Sra. G— cumpriu ao trazer-me para a luz da Teosofia". A senhora referida é a Sra. Gebhard. O Sr. W.T. Brown — "Pobre Brown" — mais tarde deixou a S.T., e no final tornou-se católico romano. (Veja *Old Diary Leaves,* Terceira Série, Capítulos III e XXIII).

CARTA 22, PÁGINA 68

Recebida pelo Sr. W.T. Brown em 17 de dezembro de 1883, conforme relatado em seu panfleto. De uma cópia em poder do *pandit* Pran Nath, de Gwalior. Seguindo o conselho recebido, o Sr. Brown escreveu suas experiências no panfleto acima mencionado.

CARTA 23, PÁGINA 70

Transcrita do original em Adyar.

CARTA 24, PÁGINA 71

Transcrita do original em Adyar. O chela que recebeu esta Carta estava planejando uma ação tão horrível e uma traição tão grande de uma confiança sagrada como nem mesmo nossa mais fantástica imaginação poderia conceber. Após haver copiado as partes da Carta que, em minha opinião, tinham algum valor para aqueles que se esforçam por trilhar o "caminho estreito", destruí a Carta, que me havia sido entregue na mais estrita confiança por quem havia sido encarregado pelo chela de guardá-la. Pois deve-se lembrar que existem filhos e netos daqueles que fracassam desastrosamente no caminho do Ocultismo e, ao usar o material das Cartas, quem as transcreve está obrigado a uma certa reserva, para o bem destes descendentes. A carta foi escrita pelo final do ano de 1883.

CARTA 25, PÁGINA 72

Recebida em Adyar, em dezembro de 1883, pelo Príncipe Harisinghji Rupsinghji, da família governante de Bhavnagar. Reimpressa no suplemento do *Theosophist*, em junho de 1884, página 87.

CARTA 26, PÁGINA 75

Transcrita do original em Adyar. Está escrita num pedaço de papel e deve ter sido anexada a um artigo enviado para *The Theosophist*, que durante a ausência de H.P.B. estava sob a direção de Damodar K. Mavalankar. O artigo referido aparece no suplemento de *The Theosophist* de fevereiro de 1884, página 30. É uma carta de V. Coopooswamy Iyer, M.A., M.S.T., de Madura, que descreve o incidente de uma Carta recebida fenomenicamente na presença de várias pessoas. "A declaração de Subram" refere-se à carta do Dr. Sir S. Subramania Iyer, então Membro da Alta Corte de Madura, que também descreve certos fenômenos acontecidos em sua presença.

CARTA 27, PÁGINA 75

Transcrita do original, em Adyar. Recebida por Damodar K. Mavalankar, que fez uma anotação no canto: "Rc. 5 da manhã, 27-02-84". D.K.M. partiu para o Tibete em abril de 1885. (Veja *Old Diary Leaves*, Terceira Série, capítulo XVIII, páginas 259 e seguintes.) A Carta foi reimpressa em *The Theosophist*, novembro, 1908, página 173.

CARTA 28, PÁGINA 75

Transcrita do original em Adyar. A Carta foi recebida pelo Dr. F. Hartmann, em Adyar, em 1884, quando os dois fundadores encontravam-se na Europa. "D" é, evidentemente, D.K. Mavalankar.

*CARTA 29, PÁGINA 76**

Transcrita do original, em Adyar. Esta Carta sobre Damodar K. Mavalankar, com a letra de K.H., foi recebida pelo Coronel Olcott em 7 de junho de 1886, em Adyar, dois dias após ter sido postada em Bombaim. Tookaram Tatya, um devotado membro da S.T. em Bombaim, escreveu ao Coronel o seguinte:

> "Tenho pensado constantemente no pobre irmão Damodar. Já faz quase um ano que ele partiu e estamos até agora sem notícias confiáveis dele. Se você tiver alguma informação recente sobre ele, por favor, comunique-a a mim."

Quando o Coronel Olcott recebeu a carta do Sr. Tookaram Tatya em Adyar, dia 7 de junho, encontrou esta Carta precipitada transversalmente na última página em branco. Reproduzo o original pela primeira vez. É óbvio que esta letra e aquela que aparece na carta de 1870 são escritas pela mesma mão. Observe o curioso hábito do Mestre de colocar um traço sobre a letra *m.* A carta foi publicada anteriormente tanto em *The Theosophist* quanto na primeira edição da Primeira Série das Cartas.

Uma vez que o Mestre escreveu com lápis azul claro, a reprodução fotográfica tem, necessariamente, pouca nitidez. Se a reprodução for colocada diante de um espelho, a escrita de Tookaram Tatya, em tinta preta, que atravessou o fino papel, será percebida tenuamente.

---

* Na edição em inglês, esta Carta está publicada e comentada tanto na Primeira como na Segunda Séries, aqui reunidas em um só volume. Publicamos o texto no local mais adequado — na Primeira Série, junto a outras cartas para Damodar ou sobre ele — mas com o comentário mais completo, que é o da Segunda Série na edição indiana (T.P.H., 1977). Vale a pena, no entanto, reproduzir uma frase do comentário da Primeira Série: "Esta carta refere-se a Damodar K. Mavalankar, que, após muitas adversidades e privações, atravessou a cordilheira até o Tibete e chegou à Casa de seu Mestre." (N. ed. bras.)

CARTA 30, PÁGINA 81

Transcrita do original em Adyar. Ela traz, escrita transversalmente, em lápis azul, na letra de H.P.B.: "Carta ao Sr. Hume devolvida a mim". Sua data é, provavelmente, 1882. A expressão "M., cuja franqueza" refere-se às Cartas escritas pelo Mestre M. ao Sr. Sinnett e ao Sr. Hume. Estas Cartas do Mestre revelam uma personalidade cujo estilo é direto e incisivo e muito agradável em sua sinceridade.

As palavras acima foram escritas para a primeira edição de 1919. Logo após 1895, quando iniciou-se uma amizade entre a Dra. Annie Besant e o Sr. A.P. Sinnett, ele permitiu a ela que copiasse o que quisesse das Cartas que ele havia recebido dos Mestres. O trabalho foi dado à Srta. Edith Ward e algumas Cartas, mas não todas, foram copiadas. Estas cópias estavam em Adyar desde 1907, quando a Dra. Besant fixou residência na Índia como presidente da S.T. Em diversas ocasiões, ela leu trechos e teceu comentários sobre elas em reuniões da Escola Esotérica, em Adyar. Desde então, publiquei em 1925, na Segunda Série das Cartas, diversas Cartas do Mestre M.; e, dois anos antes, em 1923, todas as Cartas recebidas pelo Sr. Sinnett haviam sido publicadas pelo Sr. A. Trevor Barker, em *The Mahatma Letters to A.P. Sinnett* (*Cartas dos* Mahatmas *para A.P. Sinnett*).

"M., que não sabe inglês": isto foi em 1882. As palavras e expressões são tão evidentemente não essenciais, se comparadas com o pensamento do pensador, que fui capaz de encontrar muito poucos traços, nas Cartas do Mestre M., das idiossincrasias pessoais do pensamento tanto de H.P.B., quanto de H.S.O. Um gigante pode usar um martelo de brinquedo de uma criança, mas a força por trás do golpe é a do braço do gigante e não a da criança. H.P.B. escreve que as Cartas do Mestre M. eram colocadas em inglês pelo Mestre D.K., naturalmente segundo o molde de pensamento do pensador original.

CARTA 31, PÁGINA 86

As perguntas foram feitas em março de 1884 pelo Sr. Navatamram Ootamram Trivedi de Surat. Ele foi um valioso trabalhador pela causa da Teosofia até morrer em 1907. T. Subba Row foi um dos discípulos do Mestre M., e colaborou com H.P.B. durante os primeiros anos de *The Theosophist.* Seus muitos artigos foram reunidos em um volume, *Esoteric Writings of T. Subba Row* (*Escritos Esotéricos de T. Subba Row*), publicado em Adyar.

CARTA 32, PÁGINA 88

Reproduzida de *The Theosophist*, novembro de 1907, página 167. Esta Carta e a seguinte estão impressas em *The Theosophist* como se formassem uma única Carta; como parece-me que são extratos de duas Cartas distintas, eu as separei.

CARTA 33, PÁGINA 88

Reproduzida de *The Theosophist*, novembro, 1907, página 167. A frase "e aqueles superiores a nós" refere-se a uma frase da Carta do *Maha-Chohan, Carta 1.*

CARTA 34, PÁGINA 91

Das comunicações recebidas dos Mestres, muitas consistiam de comentários sobre cartas de diversas pessoas; estas orientações eram escritas sobre as próprias cartas, algumas vezes em qualquer espaço em branco e outras por cima da escrita. Existem muitas Notas Marginais semelhantes, e esta e as três cartas seguintes são exemplos disto. Esta carta foi escrita pela Srta. Arundale e o comentário do Mestre foi escrito durante o transporte pelo correio. Transcrita do original em Adyar.

CARTA 35, PÁGINA 92

Transcrita do original em Adyar. Esta breve nota aparece em uma carta enviada por H.P.B., em 17 de julho de 1883, de Ootacamund, Nilgiri Hills, ao Sr. G. Soobiah Chetty, em Madras, em que ela o convida para visitá-la nas montanhas. A parte principal da Carta refere-se ao Sr. G. Muttuswamy Chetty, Juiz de Pequenas Causas no Tribunal de Madras e pai do Sr. G. Soobiah Chetty. O Sr. Muttuswamy Chetty recebeu uma Carta do Mestre K.H., em tâmil, postada em Amritsar, cuja tradução me foi dada e é como segue: "O jornal de Sinnett é o único que pode salvar a Índia. Você deve trabalhar por ele. Koot Hoomi". Ao receber esta, o Sr. Muttuswamy Chetty tentou levantar, entre seus amigos, o capital requerido para o jornal *The Phoenix* (veja Carta 14). Contudo, não obteve sucesso.

CARTA 36, PÁGINA 92

Este breve mas impressionante comentário do Mestre M. aparece na página em branco de uma edição ilustrada do livro *A Luz da Ásia** , agora em

---

* *A Luz da Ásia*, Edwim Arnold. Editora Teosófica. (N. ed. bras.)

Adyar, que foi presenteada a H.P.B. Na página frontal do livro está escrito: "H.P. Blavatsky, de seu amigo, Gerard Brown Finch." O Sr. Finch era Presidente da Loja de Londres da S.T., em 1884. Logo depois ele "desligou-se".

CARTA 37, PÁGINA 92

Transcrita do original em Adyar. Está escrita transversalmente numa carta dobrada, escrita por H.P.B., em Eberfeld, a 23 de junho de 1886, para o Sr. Leadbeater, que estava então no Ceilão.* A mensagem do Mestre foi precipitada em trânsito. A carta de H.P.B. ao Sr. Leadbeater tratava de um chela indiano do Mestre, S. Krishnamachari, que estava na Alemanha com ela, mas que virou-se contra ela. "O homenzinho *fracassou*" refere-se a este indivíduo, que assim "desligou-se". Em meu livro *The K.H. Letters to C.W. Leadbeater* (*Cartas de K.H. para C.W. Leadbeater*) encontra-se uma reprodução da carta de H.P.B., e da mensagem do Mestre ao Sr. Leadbeater, precipitada transversalmente em azul.

CARTA 38, PÁGINA 92

A Carta 38 — de 1870 — está publicada neste volume como Carta 1 da Segunda Série. Os comentários a ela aparecem sob o título de Introdução *à p. 165. (N. ed. bras.)*

CARTA 39, PÁGINA 95

Transcrita do original em Adyar.

O livro *Man: Fragments of Forgotten History, by Two Chelas in the Theosophical Society* (*Homem: Fragmentos de uma História Esquecida, por Dois Chelas da Sociedade Teosófica*), publicado em 1885, foi escrito por Mohini M. Chatterjee e Laura C. Hollloway.

O Dr. Cromwell, de quem o Mestre faz uma citação, é provavelmente Tomas Kitson Cromwell, Ph.D., cujo nome aparece no *Dicionário de Biografias Nacionais* da Inglaterra. Ele faleceu em 1870. Contribuía para as publicações *Gentleman's Magazine* e *Chambers Journal*, e era autor de alguns trabalhos biográficos.

---

* Ceilão: atual Sri Lanka. (N. ed. bras.)

CARTA 40, PÁGINA 99

Esta não é, exatamente, uma Carta; é uma frase tirada de certas afirmações do Mestre M. e anotada por H.P.B. Aparece na Instrução número III feita por ela para a Escola Esotérica.

CARTA 41, PÁGINA 103

Há uma reprodução desta Carta em *The Theosophist*, dezembro de 1933, página 310. Aparece no final da última página de uma carta escrita pela Srta. Emily Kislingbury ao Coronel Olcott. Ela era secretária da Associação Nacional Britânica de Espíritas, em Londres. Ela foi aos Estados Unidos, em férias, em agosto de 1877. Já havia se filiado à Sociedade em fevereiro do mesmo ano. Escreveu ao Coronel Olcott, das Cataratas do Niágara, para anunciar sua chegada em Nova Iorque; e ao abrir a carta ele encontrou esta mensagem. O Mestre que a escreveu é o mesmo que escreveu a Carta 24, na Segunda Série destas Cartas. No final da Carta 24, H.P.B. escreveu em lápis azul, "o velho senhor Narayan", uma vez que a assinatura está numa escrita desconhecida. A letra da Carta que encontra-se no final da nota da Srta. Kislingbury é a mesma, embora a assinatura, novamente numa escrita desconhecida, seja diferente. Este Adepto é aquele que auxiliou constantemente H.P.B. a escrever *Ísis sem Véu* e que, com freqüência, estava em seu corpo escrevendo e encontrando pessoas. É conhecido na Índia pelo nome que teve milhares de anos atrás — "Rishi Agastya" — e é um dos poucos Adeptos que estão em corpos idosos. Em 1885, Ele estava vivendo não muito longe de Madras, e C.W. Leadbeater narrou como T. Subba Row e ele foram, de trem, visitar o venerável Mestre. O Mestre tem toda a Índia sob Sua responsabilidade, como administrador oculto de seus destinos e, portanto, tem sido chamado por alguns de "Regente da Índia". Não pude encontrar a Carta original[1], mas o texto de uma palestra da Srta. Kislingbury, após seu retorno a Londres, está afixado no Caderno de Rascunhos e de Recortes de H.P.B., vol. IV. Ela descreve fenômenos produzidos por H.P.B., e comenta a seu respeito: "minha conhecida — minha amiga — uma amizade que durará, espero, toda a vida e para sempre, com o ser chamado Sra. Blavatsky". "Sede" refere-se evidentemente ao escritório da Associação Espírita. A Srta. Kislingbury foi leal até o final e fazia parte do grupo em torno de H.P.B., quando ela faleceu. Uma fotografia sua, já desbotada, está reproduzida em *The Golden Book of the Theosophical Society* (*O Livro de Ouro da Sociedade Teosófica*), página 25.

---

(1) A Carta, mais tarde, foi encontrada em Adyar.

CARTAS 42 E 43, PÁGINAS 103

A transcrição destas duas Cartas foi descoberta em 1931, no Caderno de Rascunhos e Recortes de H.P.Blavatsky, vol. VIII, relativo ao ano de 1882. No caderno está afixado um recorte do *Indian Mirror*, de Calcutá, datado de 2 de maio de 1882. Não há referência aos nomes dos destinatários, e portanto não é possível, agora, dizer onde estão as Cartas originais. Mas as duas Cartas encontram-se no corpo do editorial do jornal, cujo editor era um patriota e líder indiano, Norendro Nath Sen, devotado membro da Sociedade. Ao imprimir as Cartas, ele diz: "Deveríamos, contudo, aproveitar esta oportunidade para registrar alguns fenômenos adicionais, que testemunhamos durante a estadia da Sra. Blavatsky e do Coronel Olcott em Calcutá".

CARTA 44, PÁGINA 104

O destinatário é provavelmente Alkondavilli Govindacharya. Dobbspet situa-se próximo a Bangalore. Ele era um eminente erudito tamil e escreveu vários livros. Seu trabalho mais importante foi uma tradução para o inglês do *Bhagavad Gita*, com comentários de Sri Ramanujacharya.

CARTAS 45-A E 45-B, PÁGINA 105

H.P.B. recebeu apenas três ou quatro Cartas, porque sua consciência estava tão ligada às mentes dos Mestres M. e K.H. que ela ouvia Suas vozes diretamente com o ouvido oculto, e não havia necessidade de comunicações escritas. Presumo, portanto, que nesse caso o Mestre K.H. teve que escrever uma Carta porque desejou colocar diante dela uma cópia da carta escrita por Mabel Collins ao Sr. Harbottle.

Quando, em setembro de 1887, H.P.B. começou a publicar sua revista *Lucifer,* aceitou como Editora Assistente "M.C.", que havia escrito o livro *Luz no Caminho*. M.C. era Mabel Collins, e seu nome de casada era Sra. Keningale Cook. Ela era escritora e presumo que tinha experiência no trabalho editorial. Até o número de outubro de 1888, os dois nomes de H.P.B. e de

Mabel Collins apareciam na capa de *Lucifer*. Houve então um rompimento, do qual uma das causas, podemos deduzir, aparece em sua carta ao Sr. T.B. Harbotlle, que o Mestre copiou para que H.P.B. visse. No número de *Lucifer* de 15 de outubro de 1888, foi inserida uma nota com as seguintes palavras:

NOTA EDITORIAL

> *"H.P. Blavatsky solicita permissão para anunciar que, devido à contínua e séria enfermidade de sua co-editora, Mabel Collins, ela (H.P.B.) aceita, até notícia posterior, a responsabilidade editorial total pela Revista."*

Até a morte, em 1944, do Sr. Bertram Keightley, tio do Dr. Archibald Keightley, referido em ambas as Cartas, abstive-me de publicar esta Carta, embora ela estivesse com as outras desde o início.

CARTA 46, PÁGINA 106

Esta talvez seja a mais extraordinária de todas as Cartas recebidas com a assinatura "K.H.", já que foi recebida *nove anos após a morte de Madame Blavatsky*, em 1891. A acusação de que ela forjou todas as volumosas Cartas dos Mestres cai totalmente por terra. Em *The Theosophist* de maio de 1937 inseri uma reprodução fotográfica da Carta, e uma comparação com as muitas Cartas com a letra de K.H., mostrará que esta está escrita com Sua letra. A história da Carta é a seguinte. Em 22 de agosto de 1900, o Sr. B.W. Mantri escreveu uma carta à Dra. Annie Besant como segue:

Kalbadevi
Bombaim, 22 de agosto

Prezada Senhora,

Há muito tempo desejava ver-lhe, mas de algum modo estava tão confuso, devido a tantas coisas que ouvi de vários membros da Sociedade, que, na verdade, não compreendi quais são os verdadeiros princípios e crenças da Sociedade. Que forma de *Yoga* a senhora recomenda? Há muito tempo estou interessado nos estudos de *Yoga* e envio-lhe o *Panch Ratna Gita*, de Anandebai, muito avançada nesta ciência. Gostaria que a conhecesse. Estou indo para Kholapoor, mas espero voltar em breve e saudá-la pessoalmente quando a senhora regressar à Índia.

Respeitosamente,
B.W. Mantri

Ele não colocou o ano na carta, mas obtivemos este dado pelo carimbo postal do envelope. A carta foi mandada para a Dra. Annie Besant no endereço de 28, Albemarle Street, Londres, na época sede da Sociedade Teosófica na Inglaterra. Quando a Dra. Besant abriu a carta do Sr. Mantri, encontrou o comentário do Mestre em letra azul. A suposição de que a letra de K.H. tenha sido forjada implica que a falsificação tenha sido feita por alguém familiarizado com a letra de K.H., depois que o Sr. Mantri a tivesse postado em Bombaim e antes de haver sido entregue em Londres. Deve ser lembrado que, antes de eu reproduzir a letra de K.H. em meu livro *Cartas dos Mestres de Sabedoria*, Segunda Série, em 1925, e de uma Carta do Mestre ser reproduzida no livro de Barker, *The Mahatma Letters to A.P. Sinnett* (*Cartas dos* Mahatmas *para A.P. Sinnett*), em 1923, as únicas outras reproduções encontravam-se (até onde tenho conhecimento) no raro volume da Sociedade para Pesquisa Psíquica, que investigou as acusações de falsificação contra H.P.B.

As partes da Carta que omiti referem-se à vida oculta da Dra. Besant, que só o Mestre poderia conhecer.

CARTA 47, PÁGINA 107

Esta também, como a Carta 40, não está escrita com a letra de nenhum dos Mestres. Está com a letra de H.P.B., escrita em fino papel de carta, a lápis. É evidentemente um registro dos comentários do Mestre K.H. relacionados com a situação da S.T. em 1888. O Sr. A.J. Cooper-Oakley e a Sra. Isabel Cooper-Oakley vieram para a Índia, em 1884, juntamente com H.P.B. e C.W. Leadbeater. Ele foi nomeado, em 1885, como um dos quatro Secretários da Sociedade e manteve este posto até 1887. Deixou Adyar para se tornar Secretário da Universidade de Madras (tinha título de Mestre por Cambridge). Certa manhã, algum tempo mais tarde, foi encontrado morto na cama, sendo que o encarregado do inquérito apresentou a causa como uma dose excessiva de um remédio sonífero. C.W. Leadbeater disse-me que nunca havia encontrado um homem com uma aura tão terrivelmente "cinza" como a do Sr. Cooper-Oakley, pois ele parecia estar totalmente mergulhado em depressão noite e dia.

A Sra. Isabel Cooper-Oakley voltou à Inglaterra em 1885, porque viu que sua saúde sofria com o clima da Índia. Apesar dos problemas de saúde, ela trabalhou pela Sociedade com devoção inabalável na Inglaterra, Austrália, Itália e Hungria, onde faleceu.

Os comentários do Mestre K.H. podem ter sido uma das razões por que H.P.B. insistia em formar a S.E.* ou, em caso de recusa por parte do Coronel Olcott, em criar uma divisão separada da Sociedade Teosófica para a Europa, sob sua direção. Felizmente, a Carta 19, que ele recebeu a bordo do S.S. Shannon, desfez sua oposição, os dois velhos companheiros encontraram-se fraternalmente — e a S.E. foi iniciada.

"Yakoob o convidou": Yakoob era um dos discípulos do Mestre, e foi feita uma tentativa para treinar o Coronel Olcott como trabalhador no plano astral durante o sono. Certos testes — na terra, na água, no ar e no fogo — são apresentados ao candidato. Presumivelmente Yakoob convidou H.S.O. para voar em seu corpo astral sobre o oceano, uma ação que pode ser realizada a qualquer momento, desde que o candidato recorde-se que está em seu corpo astral e não no físico e que, portanto, não pode cair. Entretanto, H.S.O. fracassou no teste e não pôde ser "despertado" no plano astral naquela ocasião — nem depois — de forma a tornar-se um auxiliar invisível.

---

* Seção Esotérica da S.T. (N. ed. bras.)

12

Cartas Para e Sobre a Sra. Laura C. Holloway

INTRODUÇÃO

Na Carta 4 desta Primeira Série, recebida do Mestre K.H. pela Srta. Francesca Arundale, aparece a seguinte frase:

> "Ações são o que queremos e exigimos. L.C.H. — pobre criança — fez mais nesta direção, durante dois meses, do que os melhores membros nestes cinco anos".

L.C.H. é a Sra. Laura C. Holloway, que, num segundo casamento, passou a chamar-se Sra. Laura C. Langford. Há uma outra Carta, número 20, recebida do Mestre pela Srta. Arundale, na qual a Sra. Holloway é mais uma vez mencionada com o seguinte comentário:

> "Como ela diz, seus métodos não são nossos métodos, nem ela pode compreendê-los. Com sua personalidade tão presa a suas idéias sobre o que é ou não adequado, ela certamente não pode compreender nossos atos em nosso plano da vida".

Há mais coisas sobre ela na Carta 20, e há também uma referência ao livro *Man: Fragments of Forgotten History* (*Homem: Fragmentos de uma História Esquecida*), que estava sendo escrito pela Sra. Holloway juntamente com Mohini M. Chatterjee.

A quarta edição desta Primeira Série já estava sendo impressa, e a gráfica Vasanta Press aguardava a ordem para encadernar quando, inesperadamente, em 28 de junho, recebi uma comunicação muito importante da Srta. Mary K. Neff. A Srta. Neff é bem conhecida por ter prestado muitos serviços a várias escolas na Índia e especialmente por seu trabalho, durante dois anos, na Sede da Sociedade Teosófica, em Adyar, indexando todas as cartas e documentos que estavam nos Arquivos da Sociedade. Ela dedicou-se especialmente à história das movimentações de H.P.B., e publicou um grande volume, *Personal Memoirs of H.P. Blavatsky* (*Memórias Pessoais de H.P. Blavatsky*). Um segundo volume está em preparação. A Srta. Neff encontrou artigos da Sra. Langford numa revista chamada *The Word* (*A Palavra*) — que iniciou em outubro de 1904 e continuou até setembro de 1913, publicada em Nova Iorque — nos números de maio e julho de 1912. Os artigos contêm certas instruções recebidas por ela do Mestre K.H. Estas Cartas são completamente novas para mim, e determinei que fossem incluídas antes que a quarta edição das Cartas fosse publicada. Depois de muita dificuldade, descobri quem são os proprietários dos direitos autorais da revista. Embora a publicação tenha terminado, os editores criaram uma nova organização *The Word Publishing Company* — em Nova Iorque. O proprietário dos direitos autorais é o Sr. H.W. Percival, que em determinada época organizou a Sociedade Teosófica Independente de Nova Iorque e foi seu Presidente por 25 anos. Ao receber meu pedido de permissão para republicar as cartas da Sra. Langford, o Sr. Percival telegrafou-me dando seu consentimento. Devo expressar meu cordial agradecimento ao Sr. Percival por sua autorização.

É óbvio que estas Cartas publicadas pela Sra. Langford foram escritas pelo Mestre antes das duas Cartas acima referidas, nesta Primeira Série, número 4 e 20, que contêm referências à Sra. Holloway (Langford). Publico estas novas Cartas porque trazem instruções muito valiosas para todos aqueles que têm intenção de trilhar o caminho até os Mestres.

C. JINARAJADASA

CARTA I[1]

Para Laura C. Holloway

Quando você estiver mais avançada em sua vida de chela não ficará surpresa se ninguém tomar conhecimento de seus desejos, nem do dia do seu aniversário e outras festas e coisas semelhantes. Porque você terá aprendido, então, a dar um valor adequado à carcaça que reveste o Eu, e a todas as relações dela. Para o profano, o aniversário significa apenas mais doze meses em direção à sepultura. Quando cada novo ano marcar para você um passo na evolução, todos estarão prontos para trazer congratulações: e haverá algo real pelo que ser felicitada. Mas até agora você não tem nem um ano de idade — e gostaria de ser tratada como um adulto! Tente aprender a manter-se firme em suas próprias pernas, filha, antes de aventurar-se a caminhar. É porque você é tão jovem e ignorante dos caminhos da vida oculta que é tão facilmente perdoada. Mas deve tratar das suas tarefas e colocar ——[2], e os caprichos e extravagâncias dela em um distante segundo plano antes que termine o *primeiro ano* de sua vida como chela, se quiser ver o alvorecer de um segundo ano. Agora, o lago das alturas montanhosas do seu ser é, um dia, um desperdício imenso de águas, com uma rajada de caprichos ou mau-humor varrendo sua alma; outro dia, quando estes sentimentos acalmam-se, o lago é como um espelho e a paz reina na "casa da vida". Um dia você dá um passo à frente; no outro, dois passos para trás. O chelado não admite ninguém tão instável; sua primeira e constante qualificação é um estado mental calmo, equilibrado, contemplativo (que não é a passividade mediúnica), adequado para receber impressões psíquicas de fora e transmitir suas próprias de dentro. A mente pode ser posta a trabalhar com rapidez elétrica, num grau de elevada excitação; mas *buddhi* nunca.

Em sua região clara, a calma deve reinar sempre. Deste ponto de vista, é tolice pensar na *Upasika* (H.P.B.) externa. Ela não é um "chela"... Você não pode adquirir poder psíquico antes que as causas da fragilidade psíquica sejam removidas. Você mal aprendeu os elementos do autocontrole psicológico; sua forte imaginação criativa evoca criaturas ilusórias, surgidas no instante anterior por invenção da sua mente, sem que você mesma o saiba. Até agora você não descobriu o método exato de discernir o falso do verdadeiro, porque ainda não compreendeu a doutrina das cascas* .

K.H.

(1) As notas de pé de página são minhas. — C.J.
(2) Omitido na transcrição da Sra. Langford; provavelmente *Upasika (H.P.B.)*

CARTA II

Para Laura C. Holloway

Como pode você discernir o real do irreal, o verdadeiro do falso? Só através do autodesenvolvimento. Como conseguir isso? Primeiro, precavendo-se contra as causas do auto-engano. E isso você pode fazer dedicando-se, em determinada hora ou horas fixas, a cada dia, totalmente só, à autocontemplação, a escrever, a ler, a purificar suas motivações, a estudar e corrigir seus erros, ao planejamento do seu trabalho na vida externa. Estas horas deveriam ser reservadas como algo sagrado para este propósito, e ninguém, nem mesmo o seu amigo ou seus amigos mais íntimos, deveriam estar com você naquele momento. Pouco a pouco sua visão ficará clara, você descobrirá que as névoas se dissipam, que suas faculdades interiores se fortalecem, sua atração por nós ganha força e a certeza toma o lugar das dúvidas. Mas cuidado para não buscar ou confiar demasiado em uma autoridade direta. *Nossos* métodos não são seus métodos. Raramente mostramos qualquer sinal externo pelo qual podemos ser reconhecidos ou sentidos. Você pensa que —— e —— e —— estiveram aconselhando-a sem nenhuma inspiração nossa? Em relação à U.[1] você a ama mais do que respeita seu conselho. Você não compreende que, quando fala de nós, ou como se viesse de nós, ela não ousa misturar suas próprias opiniões pessoais com aquelas

* *Shells,* no original, significa cascas, carapaças, camadas externas que ocultam o verdadeiro ser ou estão desvinculadas dele. (N. ed. bras.)

que ela lhe diz que são nossas. Nenhum de nós ousaria isso, pois temos um código que não deve ser transgredido. Trate, filha, de *aprender uma lição através de quem quer que seja que ela possa estar sendo dada.* "Até mesmo as pedras podem pregar sermões". Não seja demasiado ansiosa por "instruções". Você sempre obterá o que necessita se o merecer, mas não mais do que merece ou estiver apta a assimilar...

E agora está tudo pronto para a batalha: lute uma boa luta e que você possa ganhar o dia.

K.H.

---

(1) *Upasika*

CARTA III

Para Laura C. Holloway[1]

O princípio fundamental do Ocultismo é que cada palavra ociosa é registrada, do mesmo modo que uma palavra sincera e plena de significado.

Nada posso fazer, a menos que você me ajude ajudando a si mesma. Tente compreender que em Ocultismo não se pode voltar atrás, nem parar. Um abismo abre-se atrás de cada passo dado à frente.

K.H.

---

(1) A Sra. Langford afirma que apresenta apenas certos trechos, uma vez que a Carta é "muito pessoal para ser publicada".

CARTA IV

Para H.P. Blavatsky

Diga a ———[1] que segundo o *Mahatma* ——— as faculdades espirituais exigem ainda mais instruções e controle do que as atividades mentais, pois o intelecto absorve com mais facilidade o errado do que o certo. ——— [2] deve ter em mente sempre estas linhas de Tennyson: "Auto-respeito, autoconhecimento, autocontrole, só estes três dão à vida um poder soberano". Mas lembrar, ao mesmo tempo, do extremo perigo da obstinação quando ela não é regulada pelas três qualidades acima mencionadas, especialmente em matéria de desenvolvimento espiritual.

Que ela obtenha autocontrole sobre a obstinação e a sensibilidade excessiva, e então poderá tornar-se o mais perfeito e o mais forte dos pilares da Sociedade Teosófica.

K.H.

(1) Presumivelmente L.C.H.
(2) Presumivelmente L.C.H.

CARTA V

Para Laura C. Holloway

Você quer uma definição, filha, de "Espírito". *Força que flui* dará a definição, assim como qualquer outro termo.

Por que você é tão hesitante no cumprimento do seu dever? Amizade, sentimentos pessoais e gratidão são, sem dúvida, nobres sentimentos, mas só o cumprimento do dever conduz ao desenvolvimento que você tanto quer. Tente mostrar-lhes a verdade pela última vez. Desejo que vá a ———; desejo que troque magnetismo o menos que puder.

K.H.

CARTA VI

Para Laura C. Holloway

Os frágeis esforços da vida são de fato desprezíveis quando comparados aos frutos de uma eternidade (uma palavra cujo significado você dificilmente pode conceber), e a soma geral de todas as ações não tem peso algum se comparada ao futuro. Mas será que você, porque tem este futuro no qual poderá agir e criar, irá recusar-se a avançar agora? Uma natureza dividida — hesita antes de agir.

O Livro[1] é um projeto iniciado; por que não completá-lo? A existência dele dependerá de você, pois só você pode criá-lo, e o material não se encontra em outras mãos. Mas se recusar-se a prosseguir — não se iluda com a falsa idéia de que é incapaz de fazer o que já vem fazendo.

A verdadeira razão é a perda de confiança, e você é responsável pela influência que permite que os outros exerçam sobre si. Se você fosse testada em seu equilíbrio, iria verificar-se que está em falta? Voltará para as antigas condições na América? O nosso desejo é afastá-la delas.

K.H.

(1) O livro referido em algumas das Cartas é *Man: Fragments of Forgotten History* (*Homem: Fragmentos de uma História Esquecida*), então em preparação em colaboração com Mohini M. Chatterjee e publicado em 1885.

CARTA VII

Para Laura C. Holloway

O primeiro e mais reconfortante dever da vida, filha, é não infligir dor, e evitar causar sofrimento a qualquer ser humano ou animal. Não é preciso uma inteligência muito aguçada para somar dois mais dois na atual situação e ver que o resultado é quatro. De um lado temos alguém que sofreu enormemente para servir a nós e à causa; uma pessoa que sempre foi vítima de suspeitas, sempre condenada, e que agora está sendo crucificada pela opinião pública na árvore da infâmia.[1] Bem a seu lado está um daqueles por quem ela tanto sofreu; a causa indireta disso tudo, no entanto alguém que diante do primeiro vislumbre de falsa aparência não hesitaria em suspeitar ele próprio dela. Entretanto, este homem também sofreu, ele merece consideração e deve ter suas dúvidas resolvidas[2]. Para satisfazê-lo e, assim, auxiliar a causa em sua situação atual, muito complicada, nós, que estamos proibidos de usar nossos poderes com europeus, podemos atuar somente através de nossos chelas ou de alguém como H.P.B. Podemos comunicar-nos com ele apenas através destes dois canais. Onde estão os chelas fortes o suficiente para auxiliar-nos sem a ajuda de nossos próprios poderes? Um está a milhares de milhas de distância[3], outro, o adepto[4], está aqui. Uma resposta através do primeiro necessitaria dois meses. Mas ela (H.P.B) recusa-se categoricamente a realizar, daqui em diante, tais tarefas. Ela está certa. Exige isso em nome de seu *karma* e, portanto, não se deve dar uma ordem contra sua vontade. Seus auto-sacrifícios foram tão mal retribuídos que seria crueldade e abuso de poder sujeitá-la a novas perseguições.

K.H.

---

(1) H.P.B.
(2) Penso ser A.P. Sinnett.
(3) Provavelmente Damodar K. Mavalankar.
(4) H.P.B.

CARTA VIII

Para H.S. Olcott

______[1] deveria encontrar nas próprias intuições dela toda a prova necessária de que nós [os *Mahatmas*] estamos satisfeitos com seu livro, a primeira tentativa dela de expor a doutrina oculta. Seja sempre amável e fraterno para com ela. Ela é honesta, sincera, e possui uma mente nobre e cheia de dedicação. Não a critique; os defeitos dela são os defeitos do país que é dela e seu.

K.H.

---

(1) L.C.H

CARTA IX

Para Laura C. Holloway

Upasika [H.P.B.] está doente, portanto você deve fazer o que lhe digo. Leia-os alto para ela [os capítulos de *Man* já terminados], ou peça que Mohini o faça, sucessivamente, para liberar você, e peça também para H.S.O. "M" acompanhará a leitura com D.K. [*Djual Khool*] e avisará, através dela, quando for necessário fazer correções. Você fez um bom trabalho, filha. Estou satisfeito. Seja forte; não pense em seu lugar de origem; tudo está bem quando termina bem. Confie no futuro e tenha esperança.

K.H.

CARTA X

Para H.P.B.

Deixe-a[1] inteiramente só. Você não tem o direito de influenciá-la em qualquer direção. Quer ela se vá ou permaneça, seu destino está nas mãos dela mesma. Não posso responder às mesmas questões reiteradamente. Eu disse a ela, "tente", e não direi mais. Você pode dizer isso a ela: que para alguém tão enfaticamente determinado em algumas de suas disposições; alguém que afirmou com tanta freqüência que estaria pronto a qualquer momento para ir ao Tibete procurar-me, dizendo "Aqui estou, você me ensinará, Mestre?", bastando para isso apenas saber que assim obteria o conhecimento que busca, ela age com extraordinária inconsistência. É o magnetismo de ———, a carta que está vindo e aquela que foi recebida, que a entristece. Eu não quis parecer tão duro proibindo todas as relações na época e aí estão os resultados.

Se ela ainda não aprendeu que o princípio fundamental em Ocultismo é que cada palavra ociosa é registrada, do mesmo modo que uma palavra sincera e plena de significado, isso deve ser dito a ela, antes que se lhe permita dar um passo adiante. Não vou lhe falar sobre o futuro dela; nem você deveria tentar vê-lo. Você sabe que isso é contra as regras.

De qualquer maneira, não deve lamentar pelos três meses perdidos, os seus e os nossos próprios esforços, e o tempo que M. perdeu no caso, se tudo terminar num fracasso. Você terá auxiliado; a única a sofrer será ela. Lamento profundamente. Se pudesse desenvolveria esta natureza ricamente dotada, acalmaria e pacificaria no seio da Verdade eterna esta alma sensível sempre sofrendo por ferimentos auto-impingidos.

Nada posso fazer, a menos que ela me ajude ajudando a si mesma. Tente fazer com que ela compreenda que em Ocultismo não se pode voltar atrás nem parar, que um abismo abre-se atrás de cada passo dado adiante. Seja amável e gentil com ela, aconteça o que acontecer. Ela sofre, e a palavra paciência nunca teve significado para ela. Ela queria ser transformada em chela regular antes de ter-se mostrado preparada até mesmo para ser uma candidata em provação. "Não sou chela", ela continua dizendo, ignorando os votos pronunciados inconscientemente e quando fora do corpo. "Oh, se eu pudesse apenas ter certeza de que o livro será terminado!". É mesmo? Assim, enquanto se aflige em relação ao curto período que está diante dela no futuro, perde uma hora depois da outra, dia após dia, ao invés de trabalhar no livro no presente e, assim, terminá-lo.

K.H.

---

(1) L.C.H.

CARTA XI

Para H.P.B

É impossível para K.H. preocupar-se a todo momento com questões sem importância alguma. Isto deve acabar. Por que ela não pode ter confiança no que você diz, precisando das assinaturas dos Mestres? Foi-lhe dito que o publicasse[1] simultaneamente, aqui e no outro lado do oceano, mas ela ainda tem pouca confiança em si. Se tivesse seguido o conselho que lhe foi dado, tivesse evitado cair diariamente sob a influência magnética que, após a primeira experiência, a arrastou do plano elevado da vidência para o baixo nível da mediunidade, ela já teria se desenvolvido o suficiente para confiar em si e em suas visões. Todas vocês, mulheres, são tolas "Zin Zin" para consigo mesmas, e para agradar um amigo amável e afetuoso, estão prontas a sacrificar sua própria salvação.

A *Upasika-casa** descobrirá que a amizade reverente não exclui a obstinação, a inveja e o ciúme. A *Upasika-Patal* [2] em breve verificará os perigos de misturar-se, durante o desenvolvimento, com o magnetismo ocidental. Advirta-a mais uma vez e, se ela não prestar atenção — não o faça mais. Quando um conselho é solicitado, deve-se segui-lo. Diga-lhe que se ela ficar com você por algum tempo, eu poderei ajudá-la em nome de K. Ele realmente não tem tempo neste momento. Ela própria não sentiu que, após ter-se sentado próxima a —— por meia hora mais ou menos, suas visões começaram a mudar de caráter? Isto não deveria ser uma advertência para ela? Naturalmente ela está servindo a um objetivo e sabia disto em —— mas foi levada a esquecê-lo pelos outros dois magnetismos.

Leve-a até Schmiechen e diga a ela *para ver*. Sim, ela é boa e pura e tem muito do que é necessário para o chelado; apenas seu coração é fraco em benevolência. Diga a Schmiechen que ele será auxiliado. Eu mesmo guiarei as mãos dele com o pincel para o retrato de K.[3]

M.

(1) O livro *Man*, etc.
(2) *Patala*: regiões inferiores
(3) Veja um relato deste episódio no artigo da Sra. Langford publicado em *The Theosophist*, setembro de 1948, embora em sua clarividência ela tenha confundido o *Mahatma* M. com K.H. (Veja. *Mahatma Letters to A.P. Sinnett — Cartas dos* Mahatmas *para A.P. Sinnett* —, Carta 60).

CARTA XII

Para Laura C. Holloway

Coragem e fidelidade, veracidade e sinceridade, sempre recebem nossa consideração. Siga em frente, criança, como tem feito até aqui. Lute pelos perseguidos e pelos equivocados, aqueles que através do auto-sacrifício ficaram desamparados, seja na Europa ou na China.

* *Upasika-casa*: Um nível mais interno ou superior da consciência de H.P.B. (N. ed. bras.)

Manterei correspondência com você através dela, mas só se você guardar fielmente total segredo. Pode mostrar as cartas mas nunca revelar a maneira como chegaram até você. Deve fazer uma promessa solene nesse sentido antes que eu inicie. Bênçãos sobre você, criança, e mantenha-se longe das cascas.*

K.H.

CONCLUSÃO

Por C. Jinarajadasa

Por que o Mestre K.H. referiu-se à Sra. Holloway (na Carta 20, Primeira Série) como "Sra. H., Pobre criança!"? Temos uma pista para isso naquilo que o Mestre afirma sobre ela na mesma Carta:

> "Como ela diz, seus métodos não são os nossos métodos, nem ela pode compreendê-los. Com sua personalidade tão presa a suas idéias sobre o que é ou não adequado, ela certamente não pode compreender nossas ações no nosso plano da vida".

Comentários mais esclarecedores feitos pelo Mestre sobre a Sra. Holloway aparecem em *The Mahatma Letters to A.P. Sinnett* (*Cartas dos* Mahatmas *para A.P. Sinnett*), Carta 64. O que aparece nas Cartas do Mestre que publico aqui é o "*ultimatum* e condições".

Para A.P. Sinnett

"Mas existem pessoas que, sem nunca terem demonstrado qualquer sinal externo de egoísmo, são intensamente egoístas em suas aspirações espirituais interiores. Estas seguirão o caminho escolhido por elas com os olhos fechados aos interesses de todos os outros, e nada verão fora de uma estreita trajetória saturada com suas próprias personalidades. Estão tão intensamente absortas na contemplação de sua própria suposta 'honestidade', que nada pode nunca parecer correto a elas, fora do foco de suas próprias visões distorcidas por suas contemplações

---

* Cascas, ou carapaças. No original, *shells*. (N. ed. bras.)

autocomplacentes e seu julgamento do que é certo e errado. Ah! Esta pessoa é nossa nova amiga comum, L.C.H. 'O certo em ti é baixo, o errado uma maldição', foi dito por nosso Senhor Buda para alguém como ela; pois o *certo* e o *errado* 'enganam a quem ama a si mesmo' e aos demais apenas na medida dos benefícios obtidos — mesmo que estes benefícios sejam puramente espirituais. Despertada cerca de 18 meses atrás para uma curiosidade espasmódica e histérica pela leitura do seu *O Mundo Oculto*[1] e, mais tarde, pela leitura de *Budismo Esotérico*, para uma inveja cheia de entusiasmo, determinou-se a 'encontrar a verdade', como ela expressou. Queria transformar-se em chela — primeiro e acima de tudo, para *escrever livros*, eclipsando assim seu rival[1] 'leigo', ou então desmontar toda a impostura, com a qual não se preocupava. Decidiu ir para a Europa e procurar por você. Sua imaginação superexcitada colocou uma máscara em cada espectro errante, criou o 'Estudante' e o fez servir a seus objetivos e desejos. Ela acreditava sinceramente nisso. Neste momento crítico, prevendo o novo perigo, interferi. Darb: Nath foi enviado e cumpriu ordens de impressioná-la três vezes em meu nome. Os pensamentos dela, por um certo período, foram guiados, e sua clarividência direcionada para servir a um propósito. Se as suas aspirações sinceras tivessem dominado a intensa personalidade de seu eu inferior, eu teria podido dar à S.T. uma excelente trabalhadora e auxiliar. A pobre mulher é naturalmente boa e virtuosa; mas esta própria pureza é de uma espécie tão estreita, de um caráter tão *presbiteriano*, se posso usar a palavra, que é incapaz de ver-se refletida em mais ninguém a não ser seu próprio eu. Só ela é boa e pura. Todos os outros devem ser — e serão — suspeitos. Uma grande dádiva foi oferecida a ela — mas seu espírito obstinado não lhe permitia aceitar nada que não estivesse talhado de acordo com seu próprio modelo.

"E agora ela receberá uma carta minha que conterá meu *ultimatum* e condições. Ela não os aceitará, mas se lamentará amargamente para vários de vocês, fazendo novas críticas veladas e insinuações contra alguém que ela afirma *adorar*[2]. Prepare-se. Uma tábua de salvação está

---

[1] *O Mundo Oculto*. Publicado no Brasil pela Ed. Teosófica. (N. ed. Bras.)

sendo oferecida a ela, mas há muito pouca esperança de que a aceite. Contudo, tentarei mais uma vez; mas não tenho o direito de influenciá-la de maneira alguma. Se você aceitar meu conselho, abstenha-se de qualquer correspondência séria com ela até que novos acontecimentos surjam. Tente salvar o *Man*[3] revisando-o com Mohini e eliminando as alegadas inspirações ditadas pelo "Estudante".

K.H.

---

(1) A.P. Sinnett
(2) H.P.B.
(3) O livro.

AGRADECIMENTOS

Devo expressar meus agradecimentos ao Sr. C. Humphreys, testamenteiro do Sr. A. Trevor Barker, pela permissão de usar os excertos do livro *The Mahatma Letters to A.P. Sinnett* (*Cartas dos* Mahatmas *para A.P. Sinnett*)[2].

C.J.

[2] *Cartas dos Mahatmas para A. P. Sinnett*. Publicado no Brasil pela Ed. Teosófica. (N. ed. Bras.)

SEGUNDA SÉRIE

SUMÁRIO DA SEGUNDA SÉRIE

PARTE I

1. A Carta em Francês de 1870
2. Cartas Recebidas na América, 1875-1876

INTRODUÇÃO

A primeira carta recebida de um Mestre de Sabedoria chegou em 1870 à Sra. Fadéef, tia de H.P. Blavatsky (H.P.B.). Quando a Sociedade para Pesquisa Psíquica (S.P.P.) acusou H.P.B. de forjar as cartas dos Mestres, esta carta encontrava-se na Rússia. *Está escrita com a letra do Mestre K.H.,* que a S.P.P. disse ter sido forjada por H.P.B. Mas H.P.B. estava a milhares de quilômetros de distância quando sua tia recebeu a carta. Isso ocorreu da mesma forma com diversas outras cartas, que foram precipitadas em um país, enquanto H.P.B. encontrava-se em outro. Este foi o caso da famosa carta sobre Damodar K. Mavalankar, que Tookaram Tatya escreveu e postou em Bombaim, em 5 de junho de 1886, estando H.P.B., nessa época, na Itália. O Coronel Olcott recebeu-a dois dias mais tarde em Adyar. Enquanto a carta estava em trânsito, apareceu precipitada em azul uma mensagem sobre Damodar.

A carta de 1870 já foi publicada na Primeira Série das *Cartas.* Mas ofereço agora pela primeira vez um fac-símile da mesma. A Sra. Fadéeff escreveu de Paris ao Coronel Olcott, em francês, em 26 de junho de 1884. A tradução da sua carta é a seguinte:

> "Dois ou três anos atrás, escrevi ao Sr. Sinnett, em resposta a uma de suas cartas, e lembro-me de ter-lhe contado o que havia me acontecido a respeito de uma carta que recebi fenomenicamente*, quando minha sobrinha encontrava-se do outro lado do mundo, e por causa disso ninguém sabia onde ela estava — o que nos deixava profundamente ansiosos. Todas as nossas buscas haviam terminado em nada. Estávamos prontos para considerá-la morta, quando, penso que foi no ano de 1870, ou possivelmente mais tarde, recebi uma carta daquele que, acredito, vocês chamam "Kouth Humi", que foi-me entregue da maneira mais incompreensível e misteriosa, por um mensageiro de aparência asiática que então desapareceu diante de meus próprios olhos. Esta carta, que pedia-me para nada temer e anunciava que ela estava em segurança, ainda a tenho em Odessa. Imediatamente após meu retorno, deverei enviá-la e teria muito prazer se ela puder ser-lhe de alguma utilidade".

---

* Fenomenicamente: através de uso de poderes psíquicos especiais. (N.ed. bras.)

Ao retornar para Odessa, a Sra. Fadéeff enviou a carta ao Coronel Olcott, e ela encontra-se agora em Adyar. No canto esquerdo inferior do envelope está escrito em russo, a lápis, com a letra da Sra. Fadéef: "Recebida em Odessa, em 7 de novembro, sobre Lelinka, provavelmente do Tibete. 11 de novembro de 1870. Nadejda F." *Lelinka* era o apelido de H.P.B.*

TRADUÇÃO

Para a Honorável,
Muito Honorável Senhora,
Nadyéjda Andréewna Fadeew,
Odessa

Os ilustres parentes da Sra. H. Blavatsky não têm qualquer motivo para desolar-se. Sua irmã e sobrinha não deixou, de modo algum, este mundo. Ela está viva e deseja que aqueles a quem ama saibam que está bem e totalmente feliz no distante e desconhecido retiro que escolheu para si. Ela esteve muito enferma, mas não está mais, porque, graças à proteção de nosso Senhor Sangyas[1] encontrou amigos devotados que cuidam dela física e espiritualmente. As senhoras de sua casa devem, portanto, tranqüilizar-se. Antes que 18 luas novas tenham surgido, ela retornará a sua família.

(1) O Senhor Buda.

* Os comentários de C.J. sobre esta Carta, publicados na edição inglesa da Primeira Série, são praticamente idênticos a estes da Segunda Série. Reproduzimos de lá apenas as seguintes idéias finais, que não constavam na Segunda Série: "A Carta do Mestre está assinada não com suas iniciais — K.H. — mas com uma escrita em um idioma que desconheço. Parece certo, a partir de afirmações do Mestre M., em uma das suas Cartas, que Ele mesmo, M., era o mensageiro de aparência asiática que entregou a carta (*The Mahatma Letters to A.P. Sinnett*, Carta 39)." (N. ed. bras.)

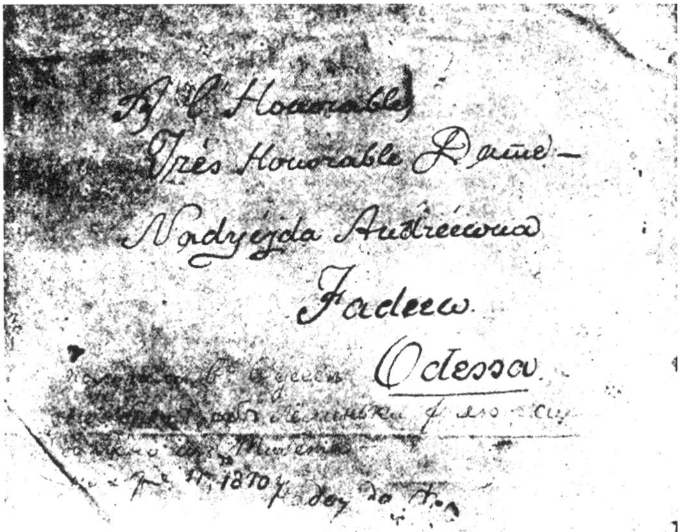
A l'Honorable
Très Honorable Dame
Nadyejda Andreevna
Fadeew
Odessa

Envelope da Carta 1

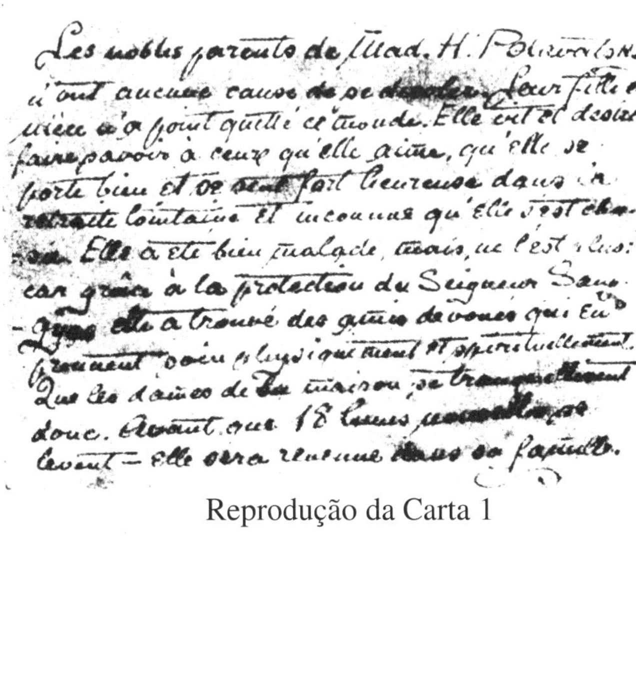
Les nobles parents de Mad. H. Blavatsky n'ont aucune cause de se désoler. Leur fille et nièce n'a point quitté ce monde. Elle vit et desire faire savoir à ceux qu'elle aime, qu'elle se porte bien et se sent fort heureuse dans la retraite lointaine et inconnue qu'elle s'est choisie. Elle a été bien malade, mais ne l'est plus: car grâce à la protection du Seigneur Sangyas elle a trouvé des amis dévoués qui en prennent soin physiquement et spirituellement. Que les dames de sa maison se tranquillisent donc. Avant que 18 lunes nouvelles se lèvent — elle sera revenue dans sa famille.

Reprodução da Carta 1

CARTA 1

A l'Honorable,
Très Honorable Dame,
Nadyéjda Andréewna Fadeew,
Odessa.

Les nobles parents de Mad. H. Blavatsky n'ont aucune cause de se désoler. Leur fille et nièce n'a point quitté ce monde. Elle vit et désire faire savoir à ceux qu'elle aime, qu'elle se porte bien et se sent fort heureuse dans la retraite lointaine et inconnue qu'elle s'est choisie. Elle a été bien malade, mais, ne l'est plus: car grâce à la protection du Seigneur Sangyas elle a trouvé des amis devoués qui en prennent soin physiquement et spirituellement. Que les dames de sa maison se tranquillisent donc. Avant que 18 lunes nouvelles se lèvent — elle sera revenue dans sa famille.

CARTA 2*

Sobre Damodar K. Mavalankar

[O texto da Carta 2 aparece na
Primeira Série como Carta 29.
Veja p. 76]

* O primeiro e segundo volumes das *Cartas dos Mestres* editados por C.J. foram publicados com vários anos de diferença entre si, e tiveram algumas cartas repetidas, inclusive esta. Na presente edição em volume único, optamos por incluir este texto na Primeira Série, onde consta como Carta 29. Para facilitar o trabalho de pesquisadores, estamos mantendo a numeração das cartas conforme a edição em inglês. (N. ed. bras.)

INTRODUÇÃO

Como é sabido por muitos, H.P. Blavatsky foi para a América sob ordens diretas dos Mestres, e durante todo o tempo em que esteve lá manteve constante comunicação com vários Deles. No início, a detalhada orientação do seu trabalho estava sob a supervisão dos Irmãos Egípcios, cujo chefe é o Adepto que denominava a Si mesmo como Serapis Bey. Associado a Ele, havia outros, entre os quais Tuitit Bey foi mencionado diversas vezes por H.P.B.

O Coronel Olcott não mencionou em parte alguma a data em que recebeu esta carta da Fraternidade de Luxor. É evidente que encontra-se entre as primeiras cartas recebidas por ele, se não foi a primeira.

O envelope está endereçado como segue:

O.G.L. pour Messager Special
Colonel H.S. Olcott,
au Nº 7, Beekman Street, New York,
États Unis d'Amérique.
aux bons soins de Madame H. Blavatsky
F.G.S ∴ R+

O envelope é de papel preto brilhante e a escrita sobre ele em tinta dourada, que está agora um pouco apagada. Está fechada com um lacre vermelho, mas a inscrição feita nele não pôde ser decifrada. A carta está escrita em tinta dourada em papel encorpado verde. Encontra-se agora em quatro pedaços.

As cartas do Mestre Serapis mencionam John King diversas vezes. Parece que várias entidades participaram, sob esta denominação, dos primeiros tempos do Espiritismo. Espíritos que se autodenominam "John King" ainda se materializam, com as características ortodoxas, mas, penso, são espíritos fraudulentos, totalmente carentes do discernimento que era característico do genuíno e original John King. O Coronel Olcott menciona que John King foi ouvido pela primeira vez em 1850. De acordo com o Coronel Olcott, havia três John King: 1. "Um puro e simples elemental, empregado por H.P.B., e um outro, *expert* em produzir milagres"; 2. "a alma fantasmagórica-terrestre de Sir Henry Morgan, o famoso bucaneiro"; 3. "mensageiro e servidor de Adeptos fisicamente vivos — nunca comparável a eles". É o terceiro John King que é mencionado nas Cartas dos Mestres. Veja *Old Diary Leaves* (Folhas de um Velho Diário), de H.S. Olcott, Série I, Capítulo I.*

A Fraternidade de Luxor, que estava orientando H.P.B., e H.S.O., deve ser diferenciada da "Fraternidade Hermética de Luxor". Esta última era uma organização espúria iniciada por volta de 1883. Os documentos a este respeito, que se encontram no arquivo de Adyar, mostram que seu principal agente nos E.U.A. era um certo "M. Theon, Grande Mestre *pro tem.* do Círculo Externo". O verdadeiro nome desta pessoa era Peter Davidson, que, nas instruções secretas publicadas, assina como "Grande Mestre Provincial da Seção Norte". O fundador desta "F.H. de L." parece ter sido um hindu, Hurrychund Chintamon; pelo menos um dos registros refere-se a isso. Não tenho meios de averiguar se era o mesmo Hurrychund Chintamon de Bombaim, que manteve correspondência com os Fundadores em 1875, e que envolveu-se numa querela com os mesmos e com a Arya Samaj** a respeito de fundos enviados pela S.T. para Arya Samaj. Parece que a ele estavam associados, como companheiros de trabalho, Davidson e um certo d'Alton, também conhecido como T.H. Burgoyne. Burgoyne parece ter usado vários nomes supostos e foi condenado em 1883 a prisão por fraude, sob o nome de Thomas Henry Dalton. Davidson, que estava nessa época na Inglaterra, parece ter retornado à América. Não é fácil compreender como Thos. M. Johnson, o conhecido escritor e editor de *The Platonist*, de Osceola, Missouri, E.U.A., foi atraído para esta organização charlatã. Escrevendo em 1875, numa carta que se encontra agora entre os arquivos relacionados com a "F.H. de L.", o Sr. Johnson acrescenta a sua assinatura numa inscrição que mostra ser ele o Presidente do Comitê Central da América da "F.H. de L." Em 1875, quando H.P.B. tentava fundar o Movimento Teosófico, ela tinha um timbre impresso em seus papéis para correspondência que simbolizava a Fraternidade de Luxor. Este símbolo foi imitado, com modificações, por Davidson, para uso da "F.H. de L."A partir de algumas das instruções secretas que agora se encontram entre os arquivos de Adyar, e eram desta organização — que o Coronel Olcott chama acertadamente de "armadilha para bobos" — é evidente que seus ensinamentos

* Obra em seis volumes editada pela T.P.H. em Adyar, Índia. (N. ed. bras.)

** Arya Samaj — Literalmente, "fraternidade de arianos". Sociedade que exaltava o estudo dos Vedas. Fundada por Swami Dayanand em Bombaim, foi aliada da S.T. durante os primeiros anos de existência do movimento teosófico. (N. ed. bras.)

"ocultos" estavam nitidamente ligados às questionáveis práticas do mais obscuro culto tântrico da Índia.

Uma característica das cartas escritas ao Coronel Olcott pelo Mestre Serapis é que Ele faz, com freqüência, a exortação "Tente".

Todas as cartas do Mestre Serapis, publicadas na Parte I deste livro, encontram-se em Adyar. Com exceção de uma, todas foram recebidas pelo Coronel Olcott entre os meses de junho e agosto de 1875.

CARTA 3

DA FRATERNIDADE DE LUXOR, Vª Seção, para Henry S. Olcott.

Irmão neófito, nós te* saudamos.

Aquele que busca por nós, *nos* encontra. TENTA. Descansa tua mente — expulsa todas as abomináveis dúvidas. Nós zelamos sempre por nossos soldados sinceros. A irmã Helena é uma servidora corajosa e digna de confiança. Abre teu Espírito à convicção, tem fé e ela te conduzirá ao Portal Dourado da verdade. Ela não teme a espada nem o fogo, mas seu coração é sensível à desonra e tem razões para suspeitar do futuro. Nosso bom irmão "John" realmente agiu com precipitação, mas tinha boas intenções. Criança do *Mundo*, se puderes ouve os dois. TENTA.

É *nosso* desejo aplicar, por teu intermédio, irmão, um castigo rigoroso ao homem chamado Child[1]. TENTA.

David[2] é honesto e seu coração é puro e inocente como a mente de uma criança, mas não está pronto fisicamente. Tu tens muitos bons médiuns em torno de ti, não abandona teu clube[3]. TENTA.

O irmão "John" trouxe três de nossos *Mestres* para observar-te depois da sessão. Teus nobres esforços em benefício da nossa causa agora nos dão o direito de deixar-te saber quem eram:

Serapis Bey (Seção de Ellora)

Polydorus Isurenus (Seção de Salomão)

---

* O uso de termos do inglês clássico para a segunda pessoa do singular — como *thou*, *thee* e *thy* — constitui, nesta Carta, um recurso poético e dá a ela um tom solene e transcendente. (N. ed. bras.)

Robert More (Seção de Zoroastro)

A irmã Helena explicar-te-á o significado da Estrela e das cores.

Atividade e Silêncio como até agora.

Por Ordem do Grande ∴

TUITIT BEY

Observatório de Luxor.
Manhã de Terça-feira.
Dia de Marte.

---

(1) Dr. Henry T. Child. Esta pessoa surgiu diante do público americano em janeiro de 1875, como desmascarador de dois médiuns, Sr. e Sra. Holmes. Foram recebidas instruções tanto por H.P.B. quanto por H.S.O. para que o próprio Child fosse desmascarado, uma vez que era "ex-sócio e diretor de espetáculo" daqueles dois. (*O.D.L. — Old Diary Leaves* , vol. I, p.70). O Coronel desmascarou totalmente Child em seu *People from Another World* (Gente de Outro Mundo). Diz H.P.B. em certa passagem do seu *Scrap-book* (Caderno de Rascunhos e Recortes): "O Dr. Child era *cúmplice*. Ele ganhou dinheiro com as sessões dos Holmes. É um velhaco." Em outro lugar de seu *Scrap-Book* ela escreve: "Recebi ordem de desmascarar o Dr. Child. Fiz isso. O Dr. é hipócrita, mentiroso e fraudulento".

(2) Não tenho indícios de quem é David.

(3) O "Clube do Milagre", cuja organização foi anunciada no *Spiritual Scientist* de 27 de maio de 1875. H.P.B. escreve a respeito desta primeira tentativa de formar a Sociedade: "Uma tentativa em conseqüência de ordens recebidas de T.B. ∴ através de P. ∴ personificando G.K.▽. Recebi ordem de começar a contar ao público a *verdade* sobre os fenômenos e seus médiuns. E *agora* começará meu martírio! Terei todos os espíritas contra mim, além dos cristãos e céticos! Seja feita a Tua vontade, Oh M∴ ! H.P.B."

(4) Ellora é uma série de cavernas fendidas nas rochas, cerca de 16 quilômetros ao norte de Daulatabad e 350 km ao noroeste de Bombaim. Ellora ainda é um *tirtha* ou lugar de peregrinação, embora não seja agora considerado como centro oculto. "Na estação das chuvas, uma torrente flui aos pés deste lugar e uma enorme cascata corre em frente, de forma que os peregrinos podem atravessar o recife por detrás e banhar-se no jato de água e espuma que caem, acreditando que é o curso sagrado do rio Ganges que cai sobre a grande face de Deus. Por mais de um quilômetro e meio de comprimento, esta rocha escarpada foi esculpida dando lugar a monas-

térios e templos de diferentes seitas. Entre os mais antigos destes está o templo Budista Visvakarma". *A Handbook of Indian Art,* de E.B. Havell, p. 79.

INTRODUÇÃO

Olhando em retrospectiva para o desenvolvimento da Sociedade Teosófica a partir de 1875, as figuras de H.P.B. e do Coronel Olcott elevam-se e abrem caminho entre os outros quinze que nominalmente foram os fundadores da Sociedade. Várias gerações de teosofistas acreditaram que os Irmãos Adeptos escolheram apenas estes dois, para serem o eixo central do Movimento Teosófico. Uma leitura cuidadosa das cartas do Mestre Serapis mostra que a Fraternidade Egípcia originalmente pretendia fazer com que o núcleo do movimento se constituísse de três e não de duas pessoas. A terceira pessoa era um jovem americano, Elbridge Gerry Brown, o editor do *Spiritual Scientist*, de Boston. Gerry Brown destacou-se de outros espíritas pelo desejo de compreender as leis ocultas subjacentes aos fatos do espiritismo. A Fraternidade Egípcia pretendia que o Movimento Teosófico realizasse, como primeiro trabalho, uma ampliação e um aprofundamento do Espiritismo. Embora a prova da vida após a morte fosse extremamente valiosa, este era apenas um aspecto de uma filosofia mais ampla que os Irmãos Adeptos pretendiam dar à humanidade. No início, Gerry Brown evidentemente respondeu a estes ideais, pois colocou seu jornal a serviço da Fraternidade. Ambos H.P.B. e H.S.O. não apenas contribuíram com artigos, mas também com muito dinheiro para a sustentação do *Scientist.* Esta parte do plano, contudo, fracassou. H.P.B. escreve em dois lugares em seu *Scrap-book* nº 1:

> "1) Várias centenas de dólares saídos de nossos bolsos foram gastos em benefício do Editor, e ele foi levado a passar por uma *diksha** menor. Como isto não resultou em nada, a Sociedade Teosófica foi estabelecida. O homem poderia ter se tornado um Poder, mas preferiu permanecer um Asno. *De gustibus non disputandum est.***

---

* *Diksha:* Em sânscrito, iniciação. (N. ed. bras.)

** Gosto não se discute. (N. ed. bras.)

> 2) O editor e médium Gerry Brown já agradeceu-nos por nosso auxílio. Entre o Cel. Olcott e eu, H.P.B., gastamos mais de 1.000 dólares, dados a ele para pagar suas dívidas e sustentar seu jornal. Seis meses mais tarde ele se tornou nosso inimigo mortal apenas porque declaramos nossa descrença nos Espíritos. Oh! humanidade cheia de gratidão! H.P.B.".

Gerry Brown foi à falência em setembro de 1878, devendo dinheiro tanto a H.P.B. quanto ao Cel. Olcott. H.P.B. escreve no *Scrap-book* daquele ano:

> "Uma chuva constante de ofensas e escárnio contra nós em seu jornal e em outros também, e para completar, a falência sem uma simples linha de reconhecimento, escusas ou arrependimento. Este é Gerry Elbridge Brown, o Espírita!"

Portanto, Gerry Brown perdeu a grande oportunidade, que lhe foi oferecida pelos Mestres, de se tornar um membro da nobre tríade a quem os futuros teosofistas teriam para sempre reverente gratidão.

Foi com o fracasso do Clube do Milagre que a S.T. nasceu. H.P.B. escreve:

> "Ordens recebidas da Índia mandam estabelecer uma sociedade filosófico-religiosa e escolher um nome para ela, e também escolher Olcott, julho, 1875."

CARTA 4

...Tente encontrá-lo a sós e devote a maior parte de seu tempo a ele; o sucesso do movimento espiritual bem como a felicidade e o bem-estar de todos vocês dependem dele...

Serapis

CARTA 5

Tente ganhar a confiança do jovem de Boston. Tente fazê-lo abrir seu coração e suas esperanças a você e enviar suas cartas às Lojas através do Irmão John.

Serapis

CARTA 6

Saudações ao nosso irmão Henry,

Recebemos seus relatos, meu Irmão; foram lidos e arquivados. Nosso irmão mais jovem é tímido e reservado, como você diz, mas eu o havia avisado sobre isto anteriormente. Sua natureza é sensível e não muito diferente do Lótus tibetano — retrai-se e afasta-se da mão que tenta forçá-lo a abrir suas delicadas pétalas. Além disso, ele tem páginas secretas em sua história de vida e diante dele um futuro que não pode compreender completamente. As primeiras estão desaparecendo rapidamente e as espessas sombras do esquecimento estão encobrindo a cada dia as tristes lembranças do passado. Quanto ao seu futuro desconhecido, ele não sabe o que pensar ou dizer. Ele luta, hesita e confunde os sussurros do medo com a advertência profética de sua Consciência — a voz do seu *Atma*. Meu irmão, é uma árdua tarefa a sua; mas sua devoção e seu zelo altruísta pela Causa da Verdade devem sustentá-lo e darlhe força. Esta causa — em seu país — depende inteiramente da mais estreita união entre vocês três — a Tríade escolhida por nossa Loja — vocês, sim, realmente, vocês três tão totalmente diferentes e ainda assim tão estreitamente conectados de forma a serem ligados e unidos como *um* pela Sabedoria da Fraternidade, que nunca erra. Continue sendo corajoso e paciente, Irmão, e — vá em frente!

Serapis

CARTA 7

Irmão Henry — Saudações!

"Tenha coragem e esperança." Abençoadas palavras! A divina e sempre ativa Lei da Compensação, da qual somos humildes ministros, não deixou de observar a pequena semente lançada pela mão caridosa do nosso irmão no solo da futura colheita do bem e do mal. As palavras acima voltar-se-ão para você, irmão. Você criou felicidade, e felicidade será criada para você. A semente crescerá e florescerá e, sob a sombra benéfica do arbusto celeste plantado por suas próprias mãos, você mesmo sentará um dia com seus amados meninos[1] e descansará sua fatigada cabeça.

Irmão, um começo sábio deve crescer tanto em tamanho quanto em beleza. Aconselhe seu irmão mais jovem da cidade de Boston "a tentar", e aumentar seu jornal para XVI páginas.

S.

---

(1) Dois filhos, Morgan Olcott, nascido em 1861, e William Topping Olcott, nascido em 1862.

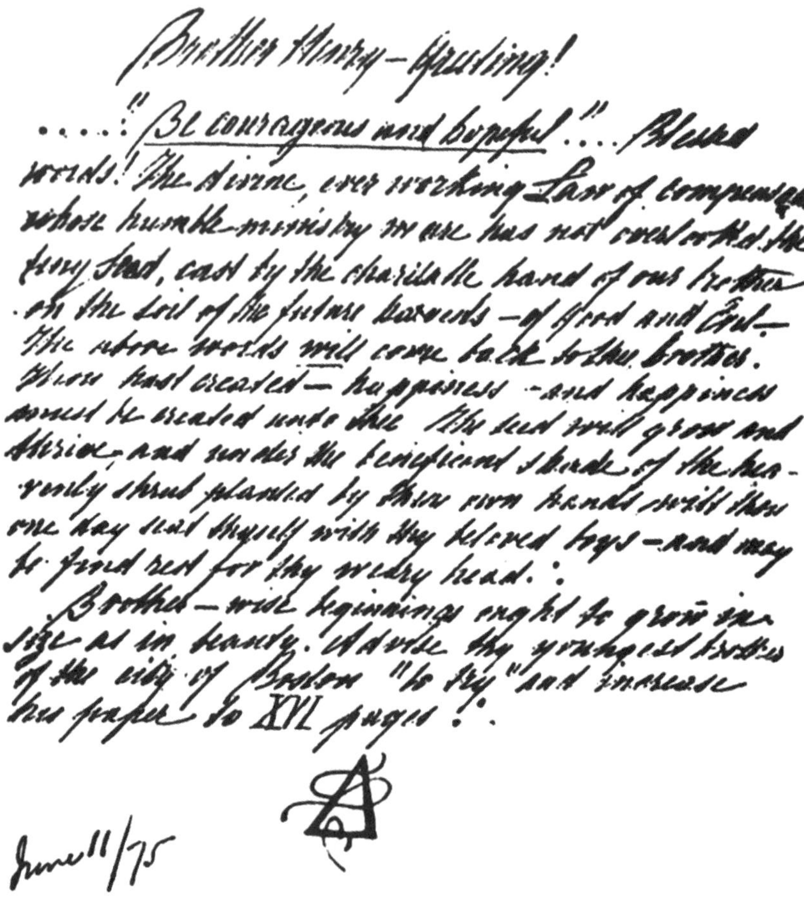

Brother Henry — Greeting!

....: "Be courageous and hopeful"... Blessed words! The divine, ever working Law of compensation whose humble ministry we are has not overlooked the tiny seed, cast by the charitable hand of our brother on the soil of the future harvests — of Good and Evil — The above words will come back to thee brother. Thou hast created — happiness — and happiness must be created unto thee. The seed will grow and thrive — and under the beneficent shade of the heavenly shrub planted by thine own hands will thou one day seat thyself with thy beloved boys — and may be find rest for thy weary head.:

Brother — wise beginnings ought to grow in size as in beauty. Advise thy youngest brother of the city of Boston "to try" and increase his paper to XVI pages!:.

June 11/75

Reprodução da Carta nº 7

[Extraída do livro *Hammer on the Mountain — The Life of Henry Steel Olcott,* de Howard Murphet, T.P.H. — Wheaton, U.S.A.]

CARTA 8

Meu Irmão deve tentar não perder nem diminuir a confiança do jovem. Deve, portanto, ser amável, compreensivo e confortador para com sua alma errante; meu Irmão deve tentar abrir sua alma errante para a monstruosidade de seu comportamento em relação a nossa Irmã, a sua *aparente* senão *real* ingratidão para com ela que o amparou de maneira tão altruísta. Meu Irmão Henry não deve ser clemente, mas pelo contrário, alegando estar repetindo as idéias da Fraternidade de Luxor, deixe-o saber, da maneira mais franca, a opinião que têm sobre ele aqueles que lêem seus pensamentos mais secretos e que, se eles guardaram a maior parte daquilo que sabem a seu respeito. ...o fizeram apenas devido a... o Irmão Henry deve acrescentar que por mais que sinta muito, nada pode fazer por ele sem permissão da Loja, exceto auxiliar seu jornal com suas contribuições; [que] não tem dinheiro e se tivesse, nada poderia fazer sem as ordens de seus chefes; se o jovem quiser que seu jornal seja salvo da falência deve voltar-se para o auxílio daquela que tão cruelmente injustiçou.

Ele precisa se arrepender e sofrer ...Se o Irmão Henry tiver sucesso em despertar o arrependimento em seu insensível *Atma*, terá salvo uma alma; se falhar, todas as esperanças para o futuro do jovem serão frustradas e a sabedoria da Loja proverá de outra maneira.

Deus o abençoe, Irmão meu.

S.

INTRODUÇÃO

As cartas que surgem, todas escritas pelo Mestre Serapis, tratam de certos incidentes da vida de H.P.B. sobre os quais raramente foi feita qualquer referência. O Coronel Olcott descreve em *Old Diary Leaves* o casamento de H.P.B., na Filadélfia, mas evidentemente ele esqueceu a verdadeira razão para tal, pois o relato que faz da explicação de H.P.B. sobre o fato difere do que é feito pelo Mestre S. O homem com o qual H.P.B. se casou era pouco mais que um operário. Ele havia chegado recentemente à América proveniente de Tiflis, Rússia, e iniciou um pequeno negócio como importador e exportador. Estava sinceramente atraído pelo Espiritismo e, evidentemente, no início, desejava auxiliar H.P.B. a levar adiante seu grande projeto de fundar uma filosofia espiritual. Sob a estrita compreensão de que seus direitos enquanto marido consistiriam apenas em oferecer um lar para ela, de modo que pudesse levar adiante o plano da Fraternidade, H.P.B. casou-se com ele, embora uma mulher com sua natureza aristocrática deva ter-se sentido intensamente humilhada por estar ligada àquela pessoa rústica. Foi estipulado que mesmo casada, ela continuaria usando seu nome Blavatsky. Após H.P.B. tê-lo deixado, ele obteve a decretação do divórcio, de forma que, quando ela partiu para a Índia, o triste incidente do segundo casamento estava totalmente encerrado.

Ao longo destas cartas sobre H.P.B., encontram-se diversas referências ao "Habitante do Umbral." Esta expressão misteriosa ocorre no livro *Zanoni**. É evidente que desafiar o Habitante e arriscar sua própria existência no processo é um dos testes do Iniciado. Não há indício nestas cartas que revele de que tipo eram os perigos que ameaçavam H.P.B., para que sua própria vida pudesse estar em risco.

Estas Cartas do Mestre S. ao Coronel Olcott mencionam incidentes da vida oculta de H.P.B. Como ninguém tem o direito de perscrutar indiscriminadamente os trabalhos da alma, omiti todas as referências a tais incidentes, extraindo das cartas somente aqueles ensinamentos que me parecem ter valor para os estudantes dedicados.

Cinco das Cartas do Mestre Serapis foram recebidas pelo correio; seus envelopes ainda existem e portam o carimbo do correio. Quatro delas foram postadas na Filadélfia e uma em Albany. O Coronel Olcott recebeu-as em Nova Iorque, em sua casa, ou em Boston, aos cuidados do correio. Sete das Cartas foram escritas em papel verde, com tinta preta.

CARTA 9

Irmão, Saudações!

Ouvi seu apelo, Irmão meu, mas não pude responder tão prontamente quanto gostaria, por estar ocupado naquele momento com outro

* Romance ocultista de E. Bulwer Lytton, publicado no Brasil pela Ed. Pensamento. A expressão usada no original em inglês é *Dweller on the Threshold*, literalmente *morador* ou *habitante do umbral.* A expressão também já foi traduzida no Brasil como "Guardião do Umbral" e "Espectro do Umbral". (N. ed. bras.)

assunto. Chegou a hora de deixá-lo saber quem sou. Não sou um espírito desencarnado, irmão. Sou um homem vivo, dotado por nossa Loja de poderes tais como os que lhe estão reservados algum dia. Não posso estar com você a não ser em espírito, pois muitos milhares de quilômetros nos separam no momento. Seja paciente e tenha bom humor. O Irmão John avisou-me sobre sua carta a ele. Você está sendo injusto com esta pobre pessoa, irmão meu. Você o censura por algo que não é culpa dele. Ele *tentou*, sim, encontrar os livros para você, mas a biblioteca do homem "que sabe mas não pode"[1] está repleta de maus eflúvios; os eflúvios magnéticos foram muito fortes para John. Era algo contrário a sua natureza, e assim ele não pode ver. O *habitante* estava trabalhando, tentando envenenar seu coração com uma dúvida negra e levar você a desconfiar de nosso bom John. Você causou-lhe grande dor, pois mesmo que esteja apegado de outras formas à terra e partilhe amplamente as frágeis imperfeições dos homens, ainda assim, nosso Irmão John é verdadeiro e nobre em seu coração e incapaz de enganar deliberadamente um amigo. Você está sendo igualmente injusto com nossa Irmã. Se é vaidosa e orgulhosa em muitos casos, não o é em relação a você; ela é demasiado justa para atribuir a si mesma aquilo que você em seu altruísmo e nobres esforços *tenta* fazer pela Causa; o coração dela é cálido e devotado para com você, irmão. Ela sente-se infeliz, e em suas horas mais amargas de agonia mental e tristeza olha em sua direção esperando um conselho amigo e palavras reconfortantes. Devotada à Grande Causa da Verdade, ela sacrificou por esta o sangue do seu próprio coração; acreditando que poderia auxiliá-la melhor se casasse com alguém cujo amor por ela faria com que abrisse sua mão e fizesse doações livremente, ela não hesitou em unir-se a alguém a quem não amava. A mesma lei da compensação que a levou a aceitar este jovem[2] *astuto*...

O copo de amargura dela está repleto, oh, Irmão. A sombria, misteriosa influência está obscurecendo a todos... O círculo impiedoso fecha-se cada vez mais em torno deles; seja amigo e compassivo com ela, irmão, ...e deixando o fraco e estúpido infeliz que o destino deu a ela como marido, com seu próprio deserto... tenha piedade *dele* — também dele que, ao entregar-se ao poder do *Habitante*, mereceu seu destino. Seu amor por ela acabou, a chama sagrada apagou-se por falta de combustível, ele não prestou atenção à advertência dela; ele odeia *John* e cultua o *Habitante* que mantém comunicação com ele. Seguindo a sugestão *dele*, encontrando-se à beira da falência, seu projeto secreto é partir para a Europa deixando-a desprovida e só. A menos que o auxiliemos pelo bem dela, nossa Irmã, a vida dela está condenada e, se depender dela, ela terá um futuro de pobreza e enfermidade. As leis que governam nossa Loja não nos permitirão interferir em seu destino por meios que possam parecer divinos. Ela não pode obter dinheiro a não ser daquele com quem casou; seu orgulho deve ser deixado de lado até mesmo diante deste a quem detesta. Ainda assim, existem meios à nossa disposição para ajudá-la e, através dela, beneficiar você e a Causa. O irmão John trabalhou eficazmente em benefício dela em seu país de origem.[3] Os chefes do governo enviaram-lhe ordens; se ele cumpri-las existem milhões reservados para ele no futuro. Ele não tem dinheiro e sua inteligência é fraca. Poderia meu irmão tentar encontrar um sócio para ele? O irmão de Mary Olcott[4] tem um parente, um sobrinho, mas John nada pode fazer com ele. Prepare-se para visitá-la em poucos dias — tão logo eu impressioná-lo; mas seja o que for que fizer com ele, ou por ele, *assegure você mesmo uma quantia de dinheiro desde logo.* Ele estará pronto para lhe dar notas promissórias de qualquer valor a serem pagas futuramente, desde que você encontre para ele um sócio com ouro e prata. O dinheiro estará melhor com você, em suas mãos, e deve colocar freios no jovem infeliz, pelo bem da Causa, pelo seu próprio, que o necessita por causa de seus garotos, e dela, nossa Irmã. Que a transação se complete segundo seu melhor discernimento e vontade. Será que meu bom irmão Henry me compreende, será que entende o que quero dizer? Não sou muito bom em matéria de negócios e tudo que disse acima foi sugerido pelo Irmão John. Era o que tinha a dizer. Que a Bênção sagrada esteja com você.

S.

---

(1) Não pude descobrir a quem isso se refere.
(2) O marido.
(3) Rússia.
(4) Presumivelmente a esposa do Coronel Olcott, Mary Epplee Olcott.

CARTA 10

Eu o segui durante todo o dia de ontem, Irmão meu. Minha simpatia o acompanhava e você tem a aprovação da Fraternidade. Como disse anteriormente, as regras da Loja são definidas. Os três[1] devem construir seu futuro por si mesmos. O momento de nossa irmã é sombrio, mas seu futuro ainda pode ser brilhante. Tudo depende de *você* e dela própria. Deixe seu *Atma* produzir suas intuições. Siga as sugestões de sua alma e você atingirá o porto almejado, o objetivo tão desejado será alcançado, e o futuro das três almas imortais será bem desempenhado.[2] Não deve separar-se de Helena se deseja ter sua iniciação. Mas através dela você pode habilitar-se para vencer as provas da iniciação. Elas são duras e você pode até se desesperar mais de uma vez, mas não o faça, *eu peço isto solenemente*. Lembre-se de que alguns homens labutaram arduamente durante anos para alcançar o conhecimento que você obteve em poucos meses. Não tema, homem *imortal*, despreze os sussurros maldosos do Janus de dupla face chamado opinião pública. Mantenham-se firmemente unidos e *tente* ir aos mesmos lugares a que o destino dela, guiado pela sabedoria da Fraternidade, possa conduzi-la. *Tente* assegurar para si uma boa situação. *Você terá sucesso*. Tente auxiliar a pobre mulher de coração partido e o *êxito* irá coroar seus nobres esforços. Semeie grãos saudáveis e escolha seu solo, e o futuro o recompensará com colheitas inesperadas. Tenha fé, meu Irmão, e quando menos esperar seus olhos podem abrir-se para uma visão tão gloriosa que deslumbraria qualquer mortal comum. *Tente* ajudá-la a encontrar o dinheiro necessário... para o próximo dia 3; dê a ela uma chance de demonstrar ...sua nobre e desinteressada generosidade, e quem poderá dizer-lhe qual será o resultado. É certo que o dinheiro dela retornará às mãos dela — será fácil para você encontrar um empréstimo para ela com esta segurança. Oh! pobre, pobre Irmã! Casta e pura Alma — pérola encerrada dentro de uma natureza exterior grosseira. Ajude-a a livrar-se dessa aparência de rudeza com que se reveste, e qualquer um poderá ficar deslumbrado com a Luz divina oculta sob aquela casca.

Meu conselho fraternal para você é PERMANECER EM BOSTON. Não abandone a causa dela, sua própria felicidade e a salvação de seu irmão mais jovem. *Tente*. Busque e encontrará. Peça e lhe será dado. Use o poder de sua vontade e possa a bênção da Verdade e a Divina Presença Dele, o Inescrutável, pairar sobre você e auxiliá-lo a abrir sua intuição. Zele por ela, meu Irmão — perdoe suas explosões de paixão, seja paciente e piedoso, e a caridade feita para outro retornará a você de modo cem vezes mais generoso.

Amor fraternal e saudações a você,

Serapis.

---

(1) H.P.B., H.S.O. e E.G. Brown.

(2) "Bem desempenhado" — foi o melhor que consegui captar destas duas palavras.

(3) O melhor que pude captar da palavra.

CARTA 11

Meu Irmão é sábio ao não permitir que a brilhante chama de sua Fé ———[1] vacile como o fogo tosco de uma vela; sua fé o salvará e coroará suas melhores esperanças. Meu Irmão compreende que uma vez que os germes tenham sido semeados devem ser deixados a si próprios e com a Natureza; qualquer mão demasiado impaciente que interfira todos os dias sobre eles, ao tentar auxiliar seu crescimento impelindo-os para cima e não os deixando quietos, quase certamente os fará secar e fenecer para sempre. Sua tarefa em Boston, Irmão, está concluída para o futuro próximo — até que suas palestras ...feitas; afaste-se desse lugar em paz e *tente* aproveitar seu tempo. O Irmão John cuidará do problema da Filadélfia[2]; não se deve permitir que ela sofra devido à impureza e desilusão em relação ao caráter do infeliz miserável. Ela *pode*, em seu desespero e dificuldades financeiras atuais, ser tentada a retornar para a Filadélfia e a seu esposo. *Não* permita que ela faça isso, Irmão meu. Diga-lhe que estão ambos indo para a Filadélfia e, ao invés disso, compre passagens para Nova Iorque, NÃO ALÉM. Uma vez neste lugar, encontre um apartamento adequado para ela e não deixe que passe um dia sequer sem vê-la. Induza-a através da razão a permanecer ali, pois se ela encontrar-se mais uma vez, mesmo por algumas horas, com aquele mortal corrompido, os poderes dela sofrerão enormemente, já que se acham, no momento, em um estado de transição, e o magnetismo em torno dela deve ser puro. Seu próprio* progresso pode ser impedido por qualquer interferência semelhante. Ela quererá ir para a Filadélfia, não a deixe ir, use sua amizade e persuasão. Como lhe disse antes, Irmão meu, você não sofrerá perda material alguma por causa disso; um grão produzirá uma enorme quantidade na hora da colheita. Se tiver sucesso em apresentá-la ao mundo em sua verdadeira luz, não a de um adepto mas de uma autora intelectual, e devotarem-se ambos a escrever os artigos que são ditados a ela, o bom êxito de ambos estará garantido. Faça-a trabalhar, instale-a, conduza-a na vida prática, assim como ela deve conduzi-lo na vida espiritual. A subsistência de seus meninos será provida, meu Irmão, nada tema em relação a eles, devote-se a seu objetivo principal. Desimpeça o caminho de vocês dois neste momento que parece sombrio e deixe que o futuro defina-se a seu tempo. Use sua intuição, seus poderes inatos, *tente*, você terá sucesso, zele por ela e não deixe que nada cause mal a nossa querida Irmã que é tão descuidada e despreocupada consigo mesma. Os melhores intelectos do país devem ser apresentados a ela. Vocês dois devem trabalhar tanto nas intuições deles quanto esclarecê-los em relação às Verdades. Seu futuro distante está em Boston, seu presente em Nova Iorque. Não perca um dia, tente dar-lhe uma base e iniciem juntos sua nova e produtiva vida juntos. Mantenha seu quarto, você pode sentir-me ali algumas vezes, pois estarei com você sempre que seu pensamento estiver direcionado para mim e necessitar de mim. Trabalhem juntos, não temam o homem imoral que reclama por ela, as mãos dele estarão atadas. Ela deve ser honrada, respeitada e procurada por muitos a quem pode instruir. *Tente* dissipar a depressão em que ela se encontra, suas apreensões quanto ao futuro, pois elas interferem de modo lamentável em suas percepções espirituais. Os germes crescerão, meu irmão, e o surpreenderão. Paciência, Fé, Perseverança. Siga minhas instruções — deixe-a recuperar a serenidade através de você. Ela o fará adquirir conhecimento e fama. Não a deixe desanimar um momento sequer, o terrível ——[3] ela passou trará a recompensa deles. Que a bênção de Deus esteja com você, e em suas

* De Olcott. (N. ed. bras.)

horas de escuro desânimo pense em mim, Irmão meu, e eu estarei com você. *Tente* tê-la instalada até *terça-feira à noite* — e espere.

Serapis

(1) Uma palavra que não consegui decifrar.
(2) H.P.B., antes de deixar o marido, estava vivendo na Filadélfia.
(3) Uma palavra que não consegui decifrar.

CARTA 12

Para nosso Irmão Henry,

Nosso irmão poderia ter recebido as mensagens enviadas muito antes do que as recebeu, não fosse a curiosidade febril que tomou conta de nossa irmã em relação ao conteúdo das mesmas, através de cuja ação incorreta ela atrasou a rapidez das mensagens, interrompidas em seu curso pelo forte poder da vontade lançado sobre elas. Nós a perdoamos, pois ela sofre intensamente...

O Irmão Henry deve analisar a referida carta e compreender seu verdadeiro espírito, dando-nos suas impressões de como as entende. Ao fazer isso estará possibilitando à Loja uma percepção de suas próprias faculdades de análise e intuição... Nossa irmã recém colocou no correio uma carta a seu Irmão Henry na qual encontrará anexa uma promissória assinada por ela com a quantia de $500 ... doação dela[1].

... em caso de morte. A possibilidade disso acontecer não é uma conversa sem fundamento por parte da nossa nobre irmã. O Habitante observa de perto e jamais perderá sua oportunidade, caso a coragem de nossa Irmã falhar. Este deverá ser um dos testes mais duros dela... uma *Elloriana* — o *Augoeides*[*] dela é eterno e imortal.

Devemos confiar o restante à sabedoria de nosso Irmão, às sugestões de seu *Atma* e à devoção com que possa conduzir a Causa. Deve receber SUGESTÕES, nunca *ordens — "um homem torna-se rosa cruz, não é transformado em um"*. A missão de nosso irmão não poderá ser completada nem realizada durante sua primeira estadia em Boston. Que

[*] Em Ocultismo, *Augoeides,* do grego, é a radiação luminosa divina do Ego, o qual, quando encarnado, expressa apenas a sua sombra pura. Para Bulwer Lytton, no entanto, *Augoeides* é o "eu luminoso" ou nosso Eu Superior. Veja *Glossário Teosófico,* de Helena P. Blavatsky, Ed. Ground. (N. ed. bras.)

prepare o terreno e o disponha para a recepção de nossa Irmã... *se ela sobreviver à prova. Pois muito de sua segurança na perigosa descida ao* ———[2] *dependerá da boa vontade e da intensidade do pensamento magnético concentrado em nossa Irmã.* Você ainda não sabe, oh, Irmão meu, de todos os mistérios e poderes do pensamento, sim, do pensamento humano, meu Irmão... e nossa Irmã será salva!

A carta que ela lhe enviou e o conhecimento que você tem do coração humano devem inspirá-lo, oh, Irmão, com as palavras que melhor se adaptem a este plano.

... como será perigoso para ela o cumprimento de seu dever, e o quanto é provável esperar que vocês dois percam uma irmã e uma — Providência na terra.

Que o grande Espírito esteja com você, Irmão.

Serapis

(1) Para o *Spiritual Scientist.*
(2) Palavra indecifrável.

CARTA 13

Ela deve enfrentar uma vez mais frente a frente aquele que é terrível, quem ela pensava não ter mais de olhar. Ela deve vencer — ou morrer como vítima dele.

... quão solitária e desprotegida, mas ainda assim, *destemida* ela deverá enfrentar todos os grandes, desconhecidos e misteriosos perigos que certamente encontrará... meu Irmão, nada posso fazer por nossa pobre Irmã. Ela colocou a si própria sob a rigorosa lei da Loja e estas leis não podem ser atenuadas para ninguém. Como uma *Elloriana,* ela deve conquistar seus direitos... Os resultados finais da terrível provação dependem dela e somente dela, e da quantidade de simpatia para com ela de seus dois irmãos Henry e Elbridge, da força e do poder de suas vontades enviadas a ela onde quer que esteja. Fique sabendo, oh, Irmão, que esta força de vontade, reforçada pelo afeto sincero, irá cercá-la com um escudo impenetrável, um escudo forte e protetor, formado com os puros desejos benéficos combinados de duas almas imortais — o que será poderoso na medida direta da intensidade de seus desejos de vê-la triunfante ... e se ela retornar triunfante e viva ... Rezem, ambos, por nossa Irmã. Ela merece.

A bênção de Deus esteja com você, Irmão.

Serapis

CARTA 14

Saudações, Irmão Henry,

Os sofrimentos de nossa pobre irmã são algo triste de ver; mas o que podemos fazer?... Deixe que seu pobre coração cego tenha mais esperança do que agora. Pois do estado dos sentimentos e da felicidade dela dependem o seu próprio bem-estar, conhecimento e a sua posterior iniciação.

Sua política deve basear-se, daqui para a frente, nos seguintes princípios...

Não perca tempo porque a situação dela é desesperada... Tenha piedade dela, meu Irmão, e não abandone a pobre mulher. Sua recompensa será grande e doces serão os frutos da planta celeste da Compaixão e da Caridade. Seja cauteloso e pondere sobre isso, *fale amplamente sobre o assunto com ela esta noite*. Eu inspirarei nossa pobre irmã... Podemos tentar, meu Irmão? Repita cada detalhe a nossa Irmã. Eu a influenciarei do ponto de vista psicológico e você a encontrará mais razoável. Se ela referir-se a si mesma como uma *terceira* pessoa quando falar com você, não dê atenção.

As bênçãos de Deus sobre você.

Serapis

CARTA 15

Ao retornar do escritório saiba que a Fraternidade estará reunida no quarto dela e sete pares de ouvidos estarão ouvindo seus relatos e julgando o progresso que seu *Atma* faz em relação a percepções intuitivas. Não preste atenção quando ela lhe disser que suas palavras não a interessam; siga em frente e saiba que estará falando na presença de seus Irmãos. Quando necessário eles responderão através dela. Que a bênção de Deus esteja com você, Irmão meu.

Serapis

Reprodução dos dois parágrafos finais da Carta 16

CARTA 16

As pessoas devem respeitar a pureza e a virtude dela, porque ela merece. O Irmão Henry deve ter a Sabedoria da Serpente e a suavidade de um Cordeiro. Pois aquele que espera resolver a tempo os grandes problemas do Mundo Macrocósmico e conquistar face a face o Habitante, tomando assim pela violência o limiar onde jazem sepultados os mistérios mais secretos da natureza, deve, primeiro, Testar a energia do poder de sua Vontade, a indômita resolução de alcançar o sucesso, e trazendo à luz todas as faculdades mentais ocultas de seu *Atma* e sua inteligência superior, deve dominar os problemas da Natureza Humana e resolver, primeiro, os mistérios de seu coração.

Seja cuidadoso, oh Irmão meu! A prosperidade futura da causa da Verdade, a felicidade de sua Irmã e seu próprio bem-estar dependem do sábio cumprimento dessa missão.

A influência abençoada e espiritual seguirá seus passos. Escreva diariamente para nossa sofredora Irmã. Conforte seu dolorido coração e perdoe os erros infantis de alguém cujo âmago verdadeiro e sincero não participa dos defeitos resultantes de uma infância estragada. Deve enviar notícias e notas diárias à Loja enquanto estiver em Boston, através do Irmão John, não omitindo os sinais cabalísticos de Salomão no envelope.

Teu fiel irmão,

Serapis

CARTA 17

A Loja está bem consciente das qualidades de nosso Irmão e são suas faculdades superiores de raciocínio analítico e o poderoso dom de extrair verdades espirituais da letra morta de aparentes contradições que nos compelem a confiar em suas intuições espirituais para a realização desta delicada missão...

Deus o conduza, Irmão meu, e que Ele possa coroar seus nobres esforços com sucesso.

O Irmão Henry deve fazer um relatório toda noite, e tendo apresentado sua opinião em relação ao trabalho do dia, deve enviá-lo para o endereço de nosso bom Irmão John, envolvendo os símbolos do envelope com o selo do Rei Salomão, da seguinte maneira:[1]

Serapis

(1) Um símbolo está desenhado aqui.

CARTA 18

Emita as emanações mais divinas de *Atma*, que procedem daquele sentimento divino — o amor do homem mortal por seu próximo em sua expressão espiritual mais elevada e, concentrando-as . . . encontre . . . os meios de beneficiar a humanidade pela aplicação prática dos *Sefirotes*[*] do Amor, da Compaixão, da Justiça, da Caridade Divina e da Auto-abnegação sem limites. A aplicação microcósmica disso apenas irá melhor capacitar . . . a compreensão das leis misteriosas de atração em sua forma macrocósmica. A pureza do amor terreno purifica e prepara para a realização do Amor Divino. Imaginação humana alguma pode conceber os ideais da divindade a não ser através daquilo que lhe é familiar. Aquele que se prepara para compreender o *Infinito* deve compreender antes o *finito*.

O Ideal do Espiritual pode penetrar somente através da imaginação, que é o caminho condutor e o primeiro portal para as concepções e impressões do *Atma* terreno.

Serapis

[*] *Sefirotes:* De acordo com o Zohar, os *sefirotes* são dez qualidades do ser que indicam as condições de progresso da alma para a perfeição, tanto nas esferas visíveis como nas invisíveis. Entre eles estão a Glória, a Beleza e a Compreensão, em uma escada divina que abrange desde os níveis mais altos de consciência até o corpo físico. Geoffrey Barborka qualifica os *sefirotes* como "a hierarquia cabalística". (N. ed. bras.)

CARTA 19

Saiba, Irmão meu, que onde um amor verdadeiramente espiritual busque consolidar-se através de uma união pura e permanente de duas pessoas, no sentido terreno, não há pecado nem crime aos olhos do grande *Ain-Soph** , pois esta é somente a repetição divina dos Princípios Masculino e Feminino — o reflexo microcósmico da primeira condição da Criação. Diante de uma tal união os anjos bem poderão sorrir! Mas uniões como estas são raras, Irmão meu, e podem ser criadas apenas sob a sábia e amorosa supervisão da Loja, de modo que os filhos e filhas do barro não possam ser totalmente degenerados e que o Amor Divino dos Habitantes das Esferas Superiores (Anjos) para com as filhas de Adão seja repetido. Mas mesmo eles devem sofrer antes de serem recompensados. O *Atma* de um homem pode permanecer puro e também altamente espiritual enquanto está unido com seu próprio corpo material; por que não poderiam duas almas, em dois corpos, permanecer puras e incontaminadas apesar da passageira união terrena dos últimos? . . .

Serapis

EXTRATOS DE CARTAS

(A)

A lei do equilíbrio pode recompensar somente àqueles *que resistiram* ao tormento cruel dos desejos terrenos. Onde não há tentação o mérito de resistir à sua frágil voz é nulo e não se pode reivindicar recompensa.

(B)

Temos medo somente daqueles que amamos ou odiamos. Evitamos somente aqueles pelos quais sentimos repulsa ou que nos atraem em demasia. *Nunca evitamos aqueles pelos quais sentimos indiferença.*

---

* *Ain-Soph:* na tradição da Cabala, o Absoluto, Deus potencial e imanifestado, a fonte do Eu Superior e da sua manifestação. (N. ed. bras.)

(C)

. . . o maior de todos os crimes – *Suicídio.*

(D)

Compreenda como é *grandioso*, e *sublime*, o papel de alguém graças a quem milhares de mentes são iluminadas, as suas *fés* reforçadas e a felicidade imortal da vida futura garantida e comprovada pelas melhores mentes científicas com exatidão matemática.

CARTA 20

Eu lhe peço, Irmão meu, que dê os passos necessários no sentido de adiar o encontro até sábado. A Irmã[1] tem um trabalho a realizar. Seja *amistoso* com a vidente inglesa Emma[2], pois ela é uma mulher nobre e sua Alma possui muitas gemas ocultas dentro de si. Não comece sem nossa Irmã. Aos regentes da Luz eu mando minha prece por você.

Serapis

[Atrás, em latim:]
Sub pretextu juris summum jus saepe summa injuria, Frater; suaviter in modo, fortiter in re. Tantaene animis coelistibus aut vere adepti IRAE?

In Nomine

ΑΒΛΑΝΑΘΑΒΛΑ
CEMEC ΕΙΛΑΜ

[*Tradução*: Sob o pretexto da justiça, a coisa mais certa se transforma, freqüentemente, na mais errada, Irmão. Seja gentil na maneira, resoluto na ação. Podem os espíritos celestes acalentar tão terrível ressentimento? Em nome de Ablanathabla Semes Eilam.[3]]

(1) H.P.B.
(2) Emma Hardinge Britten, a espírita, uma das dezessete pessoas que fundaram a S.T.
(3) Ablanathabla – "Vós sois o Pai": Semes Eilam – "Sol eterno".

INTRODUÇÃO

A curta carta que segue não foi escrita com a letra estreita e pontiaguda do Mestre Serapis. A letra é arredondada e grande. É possível ver que a linguagem é imperfeita. Por outro lado, a carta evidentemente refere-se a um retrato do Mestre Serapis que encontra-se entre estas cartas antigas. Está pintado num papel fino e mede 3,5 por 2,6 polegadas. Foi desenhado a lápis e pintado com um pincel em marrom que agora está desbotado. O fundo é azul. O retrato mostra uma face ascética, parecendo-se de algum modo ao Cardeal Newman, com cabelos castanhos soltos e barba curta arredondada. O Mestre porta uma jóia triangular, dentro da qual há um sol radiante sob uma cruz, e no ápice do triângulo há uma coroa e estrelas.

No verso da carta, o Coronel Olcott escreveu a lápis: "Encontrada afixada por detrás do retrato de Apollo, 23 nov. 76. Levei uma reprimenda terrível esta manhã porque Judge pegou o retrato na mão."

CARTA 21

A paciência, bom amigo, produz milagre[s]. A paciência suavizará até mesmo os instrutore[s] mais severos. Agradeço ao Sr. Olcott pela benevolente honra prestada a meu malsucedido rosto.

[assinatura em caracteres]

CARTA 22

O *perdido*[1] foi restituído a seu devido lugar. Os *gueburs** tornaram-no invisível por maldade.

Irmão meu, aquele que se preocupa com a opinião da multidão nunca se elevará acima dela.

Serapis

(1) Refere-se à jóia rosa-cruz do Grau 18, que H.P.B. possuía e que deu para a Dra. Annie Besant. Diz-se que pertenceu a Cagliostro.

* Possivelmente espíritos da natureza (N.ed. bras.)

INTRODUÇÃO

O documento publicado a seguir não foi escrito com a letra do Mestre Serapis, exceto as palavras "Tradução correta. Serapis," que estão em lápis vermelho, ao pé da página. Este documento, em papel azul esverdeado, e um posterior, relativo a *The Theosophist*,[1] também do Mestre, foram escritos com a letra arredondada da Carta 21. Talvez algum discípulo os tenha escrito e o Mestre tenha apenas assinado.

Em *Old Diary Leaves* I, pp. 414-415, o Coronel Olcott descreve sob que condições recebeu os extratos que formam esta carta. Ele diz:

> "Encontrei certo dia no centro da cidade (Nova Iorque) um conhecido com o qual parei por alguns momentos para conversar. Ele tinha muito preconceito contra H.P.B. e falou muito rudemente dela, mantendo sua opinião a despeito de tudo que eu pudesse dizer. Finalmente ele usou uma linguagem tão desagradável que, absolutamente desgostoso, o deixei subitamente e continuei meu caminho. Cheguei em casa, como de hábito, em tempo para o jantar e fui para meu quarto . . . para fazer minha toalete . . . Após terminar de lavar-me, voltei-me para pentear-me diante do penteador, que estava atrás de mim e exatamente em frente à janela, quando vi algo de cor verde refletido no espelho . . . As estrofes eram reprimendas dirigidas a mim por ter permitido que H.P.B. fosse ultrajada sem defendê-la; sem dúvida referindo-se a meu encontro no centro com a referida pessoa, ainda que não fossem mencionados nomes".

O Coronel Olcott escreveu a lápis no verso do papel: "Apareceu afixado à parede de meu quarto, 16 de agosto de 1876, enquanto eu me encontrava só em meu quarto."

---

(1) Carta 29.

CARTA 23

TRÊS ESTROFES DO *DHAMMA PADAM* UMA DOS *SUTRAS*

Observâncias Diárias

XXII. Aquele que ouve seu irmão ser ultrajado, e mantendo a face serena deixa a ofensa passar despercebida, tacitamente concorda com o inimigo, como se admitisse que a mesma fosse apropriada e justa. Aquele que faz isso tem um coração de rato ou o egoísmo jaz no fundo de seu coração. Não está ainda pronto para ser um "companheiro".

LXI. A vingança é pecaminosa e lança o "companheiro" ao abraço e ao poder de Zahak. Aquele que permite que sua mão esquerda seja contaminada com esterco sem imediatamente limpá-la com a direita preocupa-se pouco com a limpeza de todo seu corpo. De que se constitui o que é integral? – De partes. De que é composto o corpo humano? — De membros. Se um membro do corpo não se preocupa com a aparência do outro membro, não está Zahak pronto com a colher de pedreiro e o pincel para pintar de preto o todo? Tal "companheiro" não está preparado para se tornar um Irmão.

XXXI. É fácil destruir o venenoso *houâbà* em sua primeira germinação. É difícil impedir seu progresso uma vez que se lhe permita amadurecer. Suas emanações insalubres encherão a atmosfera de miasmas. Ele se espalhará, infectará seus irmãos saudáveis e fará com que as límpidas águas do lago tornem-se estagnadas e sequem. Evite o *houâbà* e aquele que o cultiva, Bem-amado.

LXXII. É tão difícil tornar-se um Buda quanto encontrar as flores de Udumbara e Palaca ao longo da estrada. É fácil *tentar* e até mesmo seguir o caminho de Buda.

Tradução correta.

Serapis

INTRODUÇÃO

Entre os muitos Adeptos que usaram o corpo de H.P.B. enquanto ela estava escrevendo *Ísis Sem Véu* e *A Doutrina Secreta*, há um que era chamado de "o Velho Senhor." O diário dela de 1878 refere-se diversas vezes a Ele, seja como Narayan ou através do símbolo que Ele* usava como Sua assinatura. A carta que segue é a única com a letra deste Adepto. H.P.B. escreve ao pé da página, com lápis azul (cuja letra está muito apagada na reprodução) "o velho senhor, o seu Narayan." A carta foi escrita com lápis vermelho. O incidente a que se refere não se encontra registrado em parte alguma. Em 1885, o Mestre estava morando não distante de Madras, quando T.Subba Row e C.W. Leadbeater foram visitá-Lo. Sua carta a *The Theosophist*, em 1882, refutando as acusações contra os Fundadores feitas pelo *Swami* Dayanand Saraswati da Arya Samaj, aparece no Suplemento de junho, pp. 6-8. Está datada "Montanhas Tiruvallam, 17 de maio," e assinada, "Um dos hindus que fundaram a Sociedade Teosófica Matriz".

CARTA 24

Você pode — e deve ser brando e benevolente com uma pessoa insana. Mas nem mesmo pelo bem de tal benevolência tem o direito de ocultar sua religião e permitir, mesmo pelo tempo de um piscar de olhos, fazê-lo acreditar que *você é* um cristão ou que poderá ser um. Deve fazer sua escolha de uma vez por todas — ou seu dever para com a Loja ou suas próprias idéias pessoais.

[assinatura em caracteres]

* Trata-se do Adepto Regente da Índia, Rishi Agastya, também mencionado como Mestre Júpiter na literatura teosófica. (N. ed. bras.)

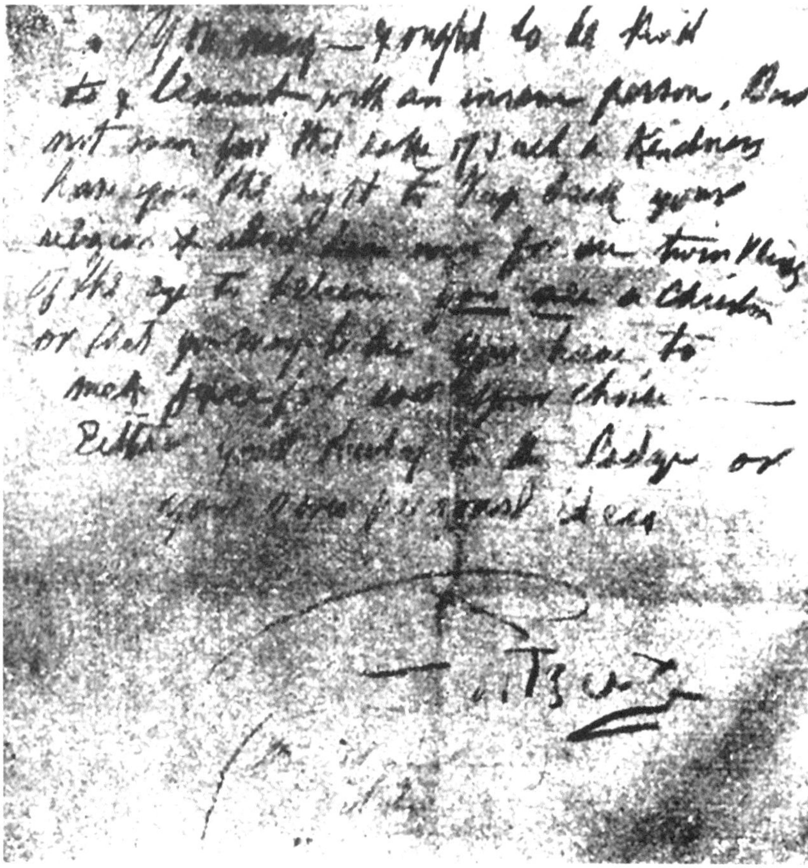

[illegible] of the many — & ought to be kind
to & lenient with an insane person. But
not even for the sake of such a kindness
have you the right to keep back your
religion & should dare once for one twinkling
of the eye to believe you are a Christian
or that you may be one. You have to
make your choice now your choice —
Either your loyalty to the Lodge or
your own personal ideas

[illegible]

Reprodução da Carta 24

INTRODUÇÃO

A carta ao Coronel Olcott, Carta 3, da Fraternidade de Luxor, está assinada por Tuitit Bey. Ele é mencionado diversas vezes por H.P.B. e acredito que ela tenha viajado com Ele no Egito durante suas andanças iniciais. Há uma carta de H.P.B. ao Coronel Olcott, em cujo pé de página aparece em negrito: "Aprovado. Tuitit Bey." Ele usa algumas vezes um extraordinário sinete, estampado em preto, como aparece na Carta 3. Quando os Fundadores passavam pelo Canal de Suez, o Coronel Olcott escreve em seu diário, 3 de fevereiro de 1879: "O venerável T ... B ... ao passar perto do canal envia-me suas saudações."

A curta nota que imprimo foi recortada do final de uma carta que não existe mais. A partir de um tênue início, duas pequenas manchas e uma pincelada que permanecem, pude presumir que a carta principal era do Mestre Serapis. Ao seu pé aparece, numa letra que penso ser de Tuitit Bey, a carta que segue. Após a palavra "Tente," há um desenho em preto, branco e marrom, uma pequena figura com raios em torno da cabeça e alguns símbolos. A carta não está assinada, mas porta o sinete oval de Tuitit Bey, como na Carta 3.

CARTA 25

Para ser publicado no "*Scientist*" — impresso em forma de panfleto e vendido em benefício do jornal. Tente. O dever *dela* é de pagar por isso — o *seu*, de sugerir isso e auxiliá-la.

[sinete]

PARTE II

Cartas Para H.S. Olcott 1879-1884

INTRODUÇÃO

Antes que se leiam as Cartas seguintes,[1] escritas pelos Mestres ao Coronel Olcott, é desejável evitar um mau julgamento sobre o seu caráter. Diversas delas são reprimendas e poder-se-ia supor, portanto, que o Coronel Olcott era ineficiente. Pelo contrário. Exatamente porque seu próprio Mestre depositava perfeita confiança nele, coloco como primeira carta uma que está fora da devida ordem na série. Não havia melhor servidor dos Mestres; ele era impecável em sua devoção a Eles e ao Seu trabalho.

Mas o Coronel Olcott possuía limitações extraordinárias. Ele não conseguiu livrar-se do hábito, estabelecido havia muito tempo, de julgar a partir das aparências. Embora tivesse provas absolutas de que H.P.B. era uma ocultista e agente dos Mestres, e que seguia Suas instruções, ele reiteradamente julgava pelas aparências, ao invés de suspender o julgamento quando sua mente estava confusa. Ele conhecia H.P.B. suficientemente para saber que ela nunca agia sem ter um bom motivo. Em matéria de negócios e administração, seu julgamento poderia ser, em muitos casos, superior ao dela; mas ela nunca era trivial, e mesmo sua fantasia mais obstinada tinha alguma razão de ser. Ainda assim, com freqüência, ele a julgava mal e, como vemos nas Cartas, tinha de ser constantemente repreendido por isso pelos Mestres.

O fato de ele ser tão severamente repreendido é uma grande prova do enorme valor atribuído ao seu trabalho pelos Mestres. Ele conquistou o direito de receber ordens diretas, mesmo que algumas vezes tenham vindo em forma de reprimendas. Se para nós as repreensões parecem totalmente esmagadoras, não eram assim para ele, por uma razão que poucos de nós poderiam compreender plenamente. Para ele seu Mestre não era um mero "Mestre". Para o Coronel Olcott o Mestre sempre foi pai, não de uma maneira simbólica ou alegórica, mas de uma maneira tremendamente real. O sentimento que sempre fluiu dele para com seu Mestre foi o de total segurança e confiança de um filho passionalmente devotado a um pai ideal e adorado. Portanto, as repreensões não eram de um mestre para com um discípulo ou servidor, mas de um pai em relação a um filho confiante. O Mestre M. era sempre para ele "meu querido Pai," como ele escreve em seu diário e o Coronel não via nada de mais em pensar ou chamar seu Mestre de "papai" ou "papaizinho".

Havia um aspecto infantil no Coronel Olcott que o tornava grandemente adorável, mas que irritava as pessoas que estavam acostumadas a um comportamento mais formal e convencional. Ele não podia deixar de ouvir uma piada, nem, às vezes, de contar uma. Não via nada de indigno no fato de o presidente da Sociedade Teosófica cantar, em momentos de descontração, uma canção cômica. Sua aparente falta de reverência chocava, algumas vezes, as pessoas. Assim, a caminho da Índia, enquanto o navio atravessava o Canal de Suez, lembrou-se do turbante que lhe havia sido dado pelo Mestre M. em Nova Iorque. Ele escreve em seu diário, em 3 de fevereiro de 1879: "Roupas leves e chapéus esquisitos aparecem. Coloco o turbante de M∴ e me sinto obedientemente respeitoso em conseqüência; vestido assim, posso dizer que me pareço com meu pai." Análogo era seu hábito em Nova Iorque de assinar-se "M∴ Júnior". Tais ações não eram irreverentes; ele era demasiadamente filial em relação a seu Mestre até mesmo para sonhar em ser irreverente com Ele. Mas sua concepção a respeito de seu Guru era totalmente diferente da de H.P.B.

O Coronel Olcott era dotado de grande eficiência no plano executivo. Mesmo que lhe faltasse uma compreensão dos aspectos mais profundos do Ocultismo, ele era um ocultista eficiente, porque era unidirecionado. Ele vivia para a S.T., e a organização cresceu sob sua direção com uma rapidez que, se não fosse por ele, não teria sido possível. Não obstante, ele poderia ter tornado as coisas mais fáceis para H.P.B. e para o próprio trabalho se tivesse compreendido a complexa natureza de sua colega, como encontra-se evidenciado através de algumas destas cartas.

Uma das causas de desentendimento entre H.P.B. e o Coronel Olcott era a diferença existente nos objetivos que tinham em mente. O Coronel Olcott pensava na Sociedade como uma organização para desenvolver a Fraternidade e a tolerância religiosa. H.P.B a imaginava não apenas sob esta luz, mas também como um campo de recrutamento de Chelas que, após treinamento oculto, poderiam levar adiante o trabalho geração após geração. A S.T. significava para ela primeiro e sobretudo uma agência e um instrumento para todos os planos possíveis dos Mestres. O Coronel Olcott, entretanto, não via utilidade particular em trazer à tona as idéias ocultas e especialmente a idéia do Discipulado, pois farejava perigo para a Sociedade nas relações privadas que H.P.B. poderia ter com membros ao nível de instrutor e aluno. Por outro lado, H.P.B. percebeu claramente que sem um núcleo definido de Chelas que tivessem o compromisso de colocar em prática as ordens dos Mestres, a Sociedade iria tornar-se apenas mais uma organização filantrópica. Esta divergência de objetivos tornou-se mais pronunciada após o ataque dos Coulomb em 1884. O Coronel Olcott praticamente desviou-se no sentido de ignorar a base oculta da Sociedade; foi tão longe que, por volta de 1888, o Mestre K.H. disse a H.P.B.* que "a Sociedade libertou-se do nosso controle e influência e a deixamos ir — não fazemos escravos à força. Ele disse que a salvou? Ele salvou seu corpo, mas permitiu, por medo, que sua alma escapasse, e ela é agora um cadáver sem alma, uma máquina que ainda funciona bastante bem, mas que se despedaçará quando ele se for. Dos três objetivos, apenas o segundo é atendido, mas ela não é mais uma fraternidade, nem um corpo sobre o qual paire o espírito de além da Grande Cordilheira. Sua benevolência e amor pela paz são grandes e verdadeiramente gautâmicos em seu espírito; mas ele aplicou mal esta benevolência."[2]

Foi para impedir que, mais tarde, a Sociedade se partisse em pedaços que H.P.B. finalmente resgatou a idéia original de formar um núcleo secreto da Sociedade, e estabeleceu a "Seção Esotérica da Sociedade Teosófica". As suspeitas do Coronel Olcott de um *imperium in imperio*, que H.P.B. estaria criando na Sociedade dessa maneira, somente foram acalmadas ao receber as instruções de 22 de agosto de 1888, do Mestre K.H., enquanto viajava para Londres a bordo do S.S. *Shannon*[3].

Apenas estes dois, H.P.B. e H.S.O., dentre os dezessete que fundaram a S.T., sobressaem como tendo vivido e morrido pela Sociedade que os Mestres determinaram que fosse fundada. W.Q.Judge poderia ter obtido o mesmo lugar na gratidão de todos os teosofistas , não fosse seu lamentável equívoco ao separar-se da Sociedade e proclamar então sua organização dissidente como a Sociedade original, renegando a Sociedade Matriz. Pela coerência dos serviços prestados, apenas H.P.B. e H.S.O., dentre os dezessete, tornaram-se "os Fundadores" no coração dos teosofistas. Já por volta de 1882, os Mestres referiam-se a estes dois apenas como os "Fundadores", e H.P.B. e H.S.O. permanecerão os "Fundadores" para sempre.

H.P.B. e H.S.O. tinham dois temperamentos muito diferentes. Contudo, foram escolhidos para trabalhar juntos. Com freqüência, um considerava a maneira do outro de trabalhar cansativa; ainda assim, foi um vislumbre da verdade o que H.S.O. registrou em seu diário em 11 de dezembro de 1880: "Às

---

* O registro destas declarações do Mestre constitui a Carta 47 da Primeira Série. (N. ed. bras.)

4, L —— [um apelido que ele dava a H.P.B.] chegou com o trem lento e ficamos muito contentes de ver um ao outro. Podemos trabalhar melhor estando juntos." O resultado de seu trabalho conjunto é a S.T. hoje.

---

(1) Outras cartas dos Mestres ao Coronel Olcott estão na Primeira Série.
(2) O memorando de H.P.B. sobre esta conversa com o Mestre está em Adyar. Há muito mais, de natureza pessoal, que omiti.
(3) Publicada como Carta 19 da Primeira Série.

CARTA 26[1]

A pedido de H.P.B., declaro por meio desta os seguintes fatos: nenhuma carta censurando Henry Olcott, acusando-o de incompetência ou entregando a direção dos assuntos da S.T., ao Sr. S.G.L. Fox[2] jamais foi enviada por mim ou recebida por ele, seja em Londres ou outro lugar qualquer.

A última página de uma longa carta a respeito de assuntos administrativos escrita em outubro de 1884 e enviada por mim para *Upasika* — uma mulher que serviu-me fielmente — continha um parágrafo (dois terços de página) relativo ao Sr. L. Fox; o qual, seguindo instruções, ela enviou ao Sr. Fox solicitando-lhe que o devolvesse e então foi queimado. O restante de minha carta não foi mostrado, nem a ninguém foi permitido ver ou tocar. Portanto, ele nada sabe a respeito disto. No supramencionado parágrafo foi-lhe indicada a conveniência de retornar sem demora à Índia, com o objetivo de influenciar na direção correta as mentes perturbadas das *bara-sahabs*[3] Anglo-Indianas e ajudar, dessa maneira, seu próprio (de L. Fox) *karma*. Com esse propósito — e não outro — que lhe foi pedido para ir. Qualquer outra dedução sobre o que foi escrito (feita pelo Sr. L. Fox ou outro qualquer) é falsa.

Desejo que todo aquele que tenha ouvido o Sr. L. Fox acusar o "fundador" Olcott, aqueles que ouviram as palavras cruéis de censura dirigidas novamente contra Henry Olcott pelo Sr. L. Fox, ouvissem agora também o que tenho a dizer sobre ele.

Se Henry errou foi porque é humano e, sendo humano, com freqüência, acreditou em conselheiros falsos e tolos, mais "incompetentes" do que ele, a quem acusam disto.

Se ele é "ignorante" de muitas coisas, assim o são seus acusadores, e se ainda permanece *não-iniciado*, a razão disso é muito clara: até hoje ele preferiu sempre *o bem dos muitos a seu próprio benefício pessoal.* Ele desistiu das vantagens obtidas através do constante e sério chelado, por aqueles que dedicam-se a ele, em favor de seu trabalho por outras pessoas — *e são estas que agora viram-se contra ele.*

Que o Sr. S.G.L. Fox saiba o que agora digo: sejam quais forem as falhas de Henry Olcott nós estamos satisfeitos com ele, e *lhe agradecemos.* Que *todos* saibam o que penso e agora afirmo sobre minha própria assinatura. Henry Olcott serviu e seguiu seu Mestre "até o último alento com veracidade e lealdade". Como outro grande mas igualmente excêntrico gênio inglês acertadamente colocou, "Tolos são aqueles que acreditam em qualquer mentira noticiada e não têm energia para admiti-lo; tolos aqueles que *não acreditam* nisso, mas não têm a coragem de proclamá-lo. Tímidos e covardes, viciados e hipócritas aqueles que a calúnia pode alarmar ou que darão um pronto ouvido a ela. 'Parece verdade' — dizem eles; será mesmo? Esquecem eles que 'uma mentira nunca tem mais sucesso do que quando coloca em seu anzol como isca algo de verdade'?" Tolos, tolos! os que não vêem que todos os *asura-dugpas*[*] estão trabalhando para a destruição da Sociedade,[4] que é o único, último inimigo da sua Salvação nas atuais águas conturbadas do *Kali-yug*! Cegos são os que vêem e não percebem. Seu *karma* está tecido; mas que Mestre pode, ou *deve,* auxiliar os que se recusam a ajudar a si próprios?

M.·.

---

(1) Não vi o original desta carta, que está agora no norte da Índia. Um amigo obteve uma cópia para mim. Em várias passagens tenho certeza de que a transcrição está incorreta.

(2) Na transcrição o nome aparece como Sr. S.Y.L. Luf, o qual tomei como uma má leitura do nome do Sr. S.G.L. Fox – Sr. St. George Lane-Fox, que se encontrava na

---

[*] *Asura-dugpas* — magos negros, inimigos do que é divino. (N. ed. bras.)

Índia quando o ataque dos Coulomb iniciou, e que retornou à Índia em 1885. Foi membro do Comitê de Controle da S.T. quando os dois Fundadores partiram para a Europa em 1884. Ele testemunhou sobre o caráter genuíno dos fenômenos que presenciou, seguiu sempre leal à memória de H.P.B.

(3) Palavra hindustani para "pessoas grandes", ou importantes.

(4) Referência ao ataque dos missionários cristãos usando os Coulomb, com a subseqüente denúncia de H.P.B. como impostora pela Sociedade para Pesquisa Psíquica.

INTRODUÇÃO

Todas as Cartas do Mestre M., recebidas pelo Sr. Sinnett e outros a partir de 1881, foram escritas com uma letra que o próprio Mestre reconhece como às vezes difícil de decifrar. Mas, antes de 1881, o Mestre usou outra letra, do tipo que aparece na Carta 28. Esta letra antiga é pequena e bem feita, fácil de ler. Há evidências de que nesse período Ele usou uma terceira letra, ainda que apenas uma vez, e esta é mostrada na breve Carta 34.

Há um grande mistério, ainda não esclarecido, quanto ao uso de várias letras pelos Mestres e seus discípulos. Nem todas as cartas foram precipitadas pelos Mestres, como H.P.B. claramente explicou. Algumas eram precipitadas por Chelas, sob instruções gerais dos Mestres. Alguns Mestres conheciam idiomas europeus; outros não conheciam. O Mestre M., nessa época, nada sabia de inglês e quando escrevia tinha de usar a tradução de seu pensamento no cérebro de algum discípulo, como H.P.B., Coronel Olcott e outros. Às vezes Ele usava linguagem presente no cérebro do Mestre K. H.

A Carta que segue, embora assinada por Ele, parece-me escrita por um dos discípulos. Está escrita com a letra bem feita e legível acima referida.

Com relação às dificuldades financeiras dos Fundadores nesse período na Índia, mencionadas na Carta, deve-se lembrar que eles tinham que prover recursos para sua manutenção através de seus próprios esforços. H.P.B. obtinha alguma renda com seus artigos para jornais russos. Alguns destes aparecem no livro *From the Caves and Jungles of Hindustan* (*Das Cavernas e Florestas do Hindustão*). Antes de deixar a América, o Coronel Olcott fez preparativos para ser agente na Índia de diversas firmas americanas. Nos primeiros três anos na Índia, antes que *The Theosophist* e a venda de livros dessem uma pequena mas segura renda, ele tentava constantemente montar um negócio como agente administrativo. Encontram-se referências em seus diários a repetidas visitas a firmas de Bombaim e à exportação de peles de tigre e curiosidades indianas e importação de relógios. Damodar K. Mavalankar, quando filiou-se à Sociedade, doou tudo que pode, o que no entanto não era muito. Ele deu a H.P.B. um cavalo e uma carruagem. Em 13 de abril de 1881, quando foram feitas prestações de conta, descobriu-se que, de 1 de dezembro de 1878 a 30 de abril de 1881, havia um saldo negativo para a Sociedade de 19.630 rúpias, que, naturalmente, havia sido coberto com contribuições dos Fundadores.

A Carta 27 foi recebida em 11 de junho de 1879, quando evidentemente as perspectivas pareciam bastante desanimadoras para o Coronel Olcott. Seis semanas mais tarde, ele recebeu as deprimentes notícias de Nova Iorque de que havia sido fraudado em sua gratificação de $ 10.000 no "caso do seguro Albany," e que não possuía participação alguma numa mina de prata, algo com que ele contava.

CARTA 27

Coronel H.S. Olcott

Uma vez que você chegou à conclusão de que foi uma "ação de lunáticos" ter deixado seu país e ter vindo para cá da maneira como fez, presumivelmente sob a influência do Sr. Hurrychund Chintamon e de Mooljee Thackersey, conquanto saiba que isso não é verdade, quanto antes chegarmos a um entendimento melhor para todos nós.

Para começar, era seu próprio desejo mais fervoroso ir para a Índia. O Sr. Wimbridge e a Srta. Bates podem queixar-se, você não pode. Em segundo lugar, uma vez que você decidiu fazer da Índia seu novo país, estando isto em concordância com as ordens diretas de nosso bem-amado Senhor e Chefe, aquele que você conhece sob o nome de S. e de *Maha Sahib*[1], você partiu *não antes, porém mais tarde do que deveria.*

Contudo, fazemos melhor em não falar sobre aquilo que está feito e é irreparável. Após a devida consulta decidimos, ...

Temos a lamentar que em vez de abrir seu caminho como um *homem* você convide com tanta naturalidade o Irmão que está de guarda "a passar fome" com você tão graciosamente quanto puder. Não imagine aquilo que não pode ser; não espere que no último instante seja socorrido. Se está despreparado para passar pela primeira provação e assegurar seus direitos de um futuro Adepto, forçando as circunstâncias a renderem-se diante de si — está, também, totalmente despreparado para quaisquer provas adicionais.

É melhor que aproveite nossa oferta. A imagem de sua esposa e filhos sempre o puxarão de volta à América.

M.·.

---

(1) *"Maha Sahib"*, um título dado ao Mestre Serapis, não deve ser confundido com o de "*Maha-Chohan*".

INTRODUÇÃO

Tanto quanto possível organizei as Cartas que seguem na ordem em que foram recebidas. Em algumas, o Coronel Olcott anotou a data. De outras foi possível obtê-la a partir de seu diário. Existem algumas, entretanto, das quais tenho plena certeza sobre o ano, devido à primeira letra do Mestre M., já referida, mas não há indicação em parte alguma em relação ao mês. Algumas Cartas não estão assinadas.

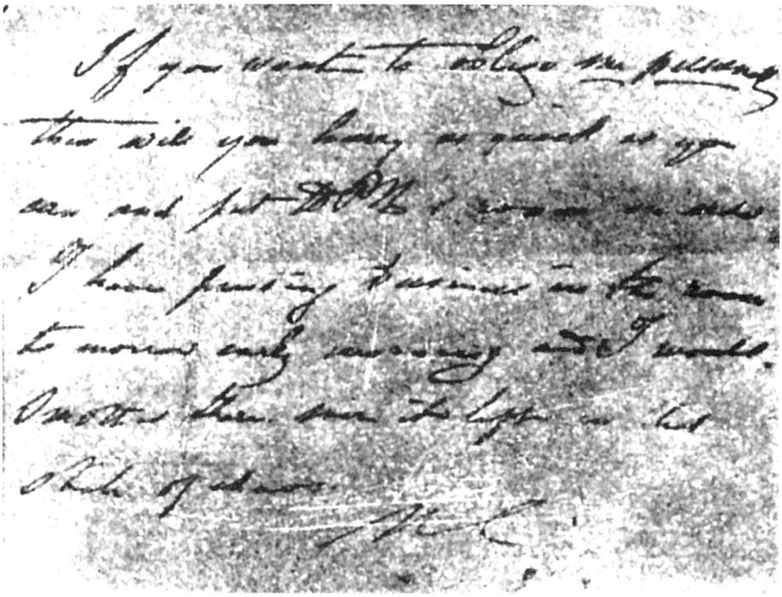

Reprodução da Carta 28

Reprodução de parte da Carta 34. Veja, no alto, a frase "*I'll redeem all my promises some day. M.:.*" Mandadas pelo mesmo Mestre, as Cartas 28 e 34 têm caligrafias diferentes, devido ao complexo processo usado em sua materialização, com ajuda de discípulos. (N. ed. bras.)

CARTA 28

Coronel H.S. Olcott,

Sociedade Teosófica.

Se quiser fazer-me um favor *pessoal*, então apresse-se e coloque em ordem, tão rapidamente quanto possível, o quarto de H.P.B. Tenho assuntos urgentes no quarto amanhã de manhã cedo, e ficaria asfixiado se ele fosse deixado naquele estado de caos.

M.·.

CARTA 29[1]

Ordens

1. Declare seus direitos sobre a revista[2] ——— ela foi fundada em função de vocês, ninguém, a não ser vocês dois, tem direito sobre ela, conforme instrução de ———[3].

2. Nunca peça à "criada"[4] em questão para fazer qualquer coisa. Dispense seus serviços o mais que puder, e de todo, se possível.

3. Faça isso, no entanto, de maneira a não criar uma discussão aberta.[5] Sempre que conveniente, explique que a revista não é sua nem de H.P.B., mas pertence e está sob o controle de certas pessoas sobre as quais ninguém, exceto vocês dois, sabem algo. Tente evitar que entre no "escritório" este magnetismo opositor e maledicente da criada. Você perdeu 31 assinantes através desta influência.

Mais, amanhã.

Serapis

---

(1) Recebida em 3 de outubro de 1879.

(2) *The Theosophist*, cujo primeiro número foi publicado em 1 de outubro de 1879.

(3) Aqui aparece um símbolo usado com freqüência pelo Mestre Serapis.

(4) Rosa Bates.

(5) Finalmente surgiu uma furiosa discussão entre a Srta. Bates e a Sra. Coulomb em julho de 1880. A Srta. Bates foi embora e o Sr. E. Wimbridge com ela, ambos caluniando abertamente H.P.B. e o Coronel Olcott.

CARTA 30

Por que ser egoísta? Se existem coisas para aprender, coisas para ver, coisas boas de se conhecer para o futuro do homem, por que não dar a outrem a mesma oportunidade que você teve? Se sua aversão para com ... é tão grande que chegou o momento em que você ... anseia por solidão, então com exceção de uns poucos quartos de hora por dia *você estará só.* Eu cuidarei e também Damu[1] para que M.T. não o incomode ... M.T. é meu compatriota e desejo que ele tenha uma oportunidade tanto quanto você. Logo que H.P.B. receber o telegrama, vá.

M∴

(1) Damodar

CARTA 31[1]

H.P.B.

Aqueles que ponderam e hesitam e são muito cautelosos antes de entrar no espírito de um esquema inteiramente novo merecem geralmente muito maior confiança do que aqueles que correm em direção de qualquer empreendimento novo como moscas que se lançam a um copo de leite fervendo. Se H.S.O. recusa-se a aceitar D., então perderá J., e com ele cerca de duas dúzias dos melhores homens de Galle[2], e arruinará esta Sociedade. Que ele pense bem antes de recusar. É apenas preconceito e orgulho ferido. H.S.O. *deve aprender a desaparecer e esvanecer-se diante do Presidente da Sociedade Matriz.* Esta é a resposta do *Maha Sahib.*

M∴

(1) Recebida em 19 de maio de 1880, no Ceilão,* durante a primeira visita dos Fundadores à ilha.

(2) Os Fundadores aportaram no Ceilão, não em Colombo, mas em Galle, na época o principal porto.

* Atual Sri Lanka. (N. ed. bras.)

CARTA 32

Senhor,

O mínimo que podemos fazer por uma pessoa que devotou toda sua vida para servir a nós e à causa que temos no coração é preservar seu corpo e saúde sempre que ela necessitar ...pois este é o desejo de *todos nós*... Antes morra a Sociedade Teosófica do que ser ingrato com H.P.B..

M∴

CARTA 33

A noite anterior à de ontem ficará sendo memorável para você ... você afastou de si outro *irmão* — embora uma mulher — e isso, receio, para sempre. O que o possuiu para falar daquela maneira de uma amiga, uma *mulher*, alguém a quem você deve tudo que sabe e mesmo as possibilidades do futuro — pois foi ela a primeira a lhe mostrar o caminho — é mais do que todas as ciências ocultas são capazes de explicar! ... Ela foi até o Maha Sahib na mesma noite e *provou-lhe* que estava certa todo o tempo e Ele errado, . . .

O *Maha Sahib* nada teve a dizer, nem o tenho eu ou qualquer um de nós, a não ser lamentar, e muito profundamente, esta falta de discernimento e de *tato* tão proeminente num homem com seu intelecto e senso.

M∴

CARTA 34[1]

Não procure por mim, Henry, mas aguarde o seu tempo. Eu vou cumprir todas as minhas promessas algum dia.

M∴

(1) Recebida em 28 de dezembro de 1881, em Crow's Nest, Bombaim, tendo o próprio Mestre então aparecido. Havia também uma carta para S. Ramaswamier, a Carta 48 desta Segunda Série. Esta é a última das Cartas dos Mestre M. que não foram escritas com Sua última e mais bem conhecida letra.

CARTA 35[1]

Na noite passada fiz o melhor que pude para acordá-lo pelos métodos usuais, mas não tive êxito. Você dorme como um menino de dois anos de idade, Henry. Sinnett de fato nada perdeu por ter vindo até aqui (Bombaim) e parece realmente tolice ouvir você falar desta maneira, acusando Lhin-ana[2] disso e daquilo. Com exceção dos custos da viagem e, talvez, nem mesmo isso, seu amigo Sinnett não perderá nada. Se ele não tivesse vindo não poderia ter havido comunicação direta ou indireta entre K.H. e ele por um longo período. As condições de K.H. mudaram, deve lembrar-se, ele não é mais o "nativo de Cachemira" de antigamente.[3] Desejo que mantenha correspondência confidencial com ele*, uma vez que ele pode necessitar seu conselho pessoal, e você o dele. Eu auxiliarei você quando achar que vale a pena interferir. Diga-lhe isso e se ele não acreditar, mostre-lhe esta carta. Eu também a colocarei em melhor estado.

Este assunto em Dralli Cliffs —— Cha[4] necessita atenção. Eu lhe darei mais 172 rúpias para enviar. Lembre-se do que deve fazer em Pasdun Korale[5] com Snanajoti Unnanse.[6]

M.·.

Pode mandar fazer três cópias ou quatro de meu retrato e dá-las uma a Sinnett, uma para Scott, uma para Tukaram e uma para Damodar. Faça seis.

(1) Recebida em janeiro de 1882.
(2) H.P.B.
(3) Referência ao retorno do Mestre de Seu *Samadhi.*
(4) A linha (——) está no lugar de um símbolo cujo significado não é claro. Até agora nada encontrei que explique o significado de "Dralli Cliffs".
(5) Pasdun Korale é um distrito no Ceilão (atual Sri Lanka — N. ed. bras.).
(6) Um sacerdote budista no Ceilão.

* Sinnett (N. ed. bras.)

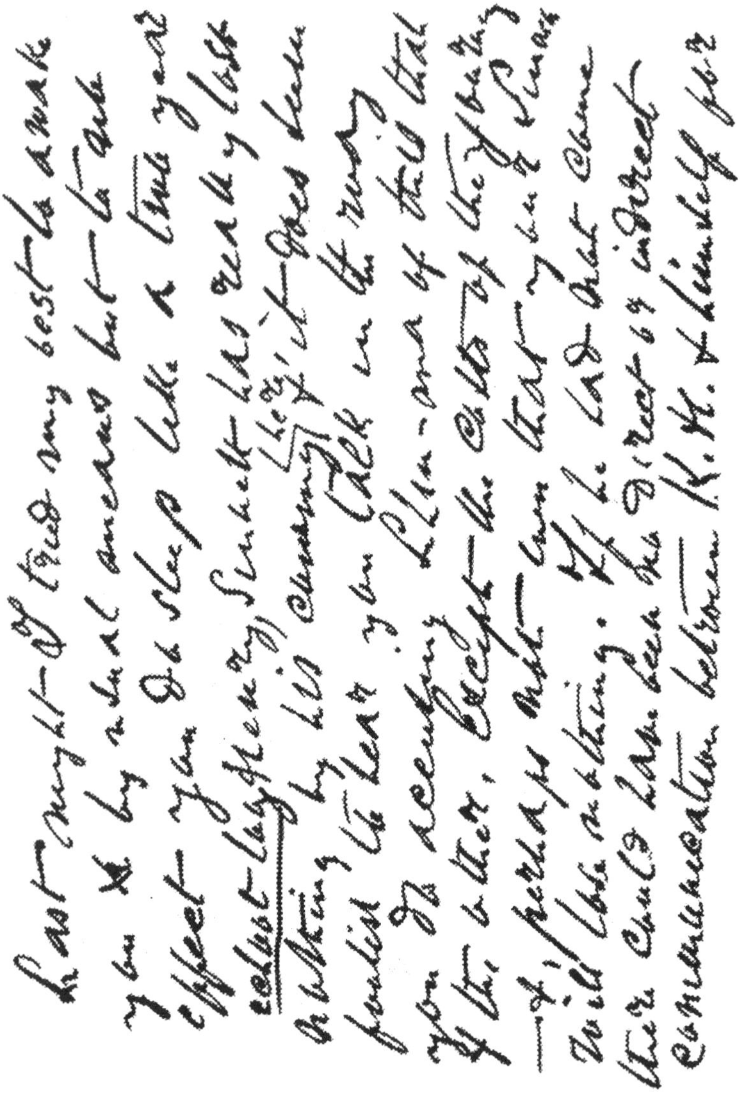

Reprodução do primeiro parágrafo da Carta nº 35
[Extraída do livro *Hammer on the Mountain -- The Life of Henry Steel Olcott*, de Howard Murphet, T.P.H. -- Wheaton, U.S.A.]

CARTA 36

[Dobrada triangularmente, e endereçada:]

H.S. Olcott,

M∴

[Dentro:]

H.S.Olcott, Presidente da Sociedade Teosófica está *proibido* daqui para a frente de dar palestras improvisadas[1]

por ordem de

Serapis

(1) Parece que no início o Coronel Olcott tinha o hábito de algumas vezes aparecer diante do auditório e dizer: "Sobre que tema gostariam que eu falasse?" Se o tópico sugerido fosse mesmerismo ou algum tema similar no qual fosse *expert*, tudo corria bem. Mas em outros temas não preparados ele podia tornar-se difuso. Evidentemente sua concepção sobre a preparação de uma palestra era diferente da maioria dos palestrantes teosóficos, conforme pode ser visto a partir do seguinte registro em seu diário, em 31 de agosto de 1883: "Dei minha segunda palestra hoje para mais ou menos a mesma audiência. Obtive uma boa quantidade de aplausos e fizeram-me falar uma hora e meia, embora eu tenha sugerido parar ao final de uma hora."

CARTA 37

[Do Coronel Olcott para H.P.B.]

Sociedade Teosófica — Gabinete do Presidente

Calcutá,

Domingo, 20/5 [1883]

"ANJO" DE CHEDA LAL,[1]

Desejo congratulá-la pela bela confusão que fez ao confiar as missões do interior àquele completo lunático B.L. e também por pensar em sua própria proposta de — incorrendo em despesas e enfrentando dificuldades — ir a Calcutá e de lá prosseguir para N.W.P. e Punjab, para colocar em ordem as mentes dos leais e sinceros camaradas falsamente acusados por ele de caluniar-me. Li as respostas deles, mas da mesma forma poderia tê-los selecionado de antemão para você, a partir de meu conhecimento pessoal do caráter deles. Bem, deixe que eu manejo a pilha de esterco sozinho quando tiver uma folga em casa.

Hoje falo em Bhowanipore, amanhã aqui na sede municipal e amanhã à noite partirei a bordo do *Tibre*, que deverá lançar-se ao mar terça-feira de manhã cedo. Envie-me a carruagem no devido tempo. Ficarei feliz em vê-la outra vez.

Afetuosamente,
H.S.O.

[Escrita transversalmente sobre a carta acima, em lápis azul, encontra-se a seguinte mensagem do Mestre M., dentro de um envelope muito pequeno de 1,5 polegada de largura por 4 de comprimento, do escritório do *Theosophist*, Adyar (Madras), Índia, endereçado:]

MOLONEY "LOOKSHUN THAKOORDADA"[2]
De M∴ Chohan Rimbochey.[3]

Lookshun Thakoordada está errado. O "Anjo de Cheda Lal" não deve ser acusado. O anjo *recebeu ordens de consentir,* pois um grande princípio estava envolvido no teste. Nós quisemos e sempre aceitaremos o homem *interno* todas as vezes que ele se oferecer para as tarefas.

---

(1) Um membro dedicado da Loja de Bareilly.

(2) Moloney era o apelido do Coronel Olcott em Nova Iorque. Desconheço como ele adquiriu o segundo, Lookshun Thakoordada, "avô Lakshman".

(3) O Mestre M. usualmente assina apenas M∴ Mas como o Coronel Olcott algumas vezes suspeitava que as mensagens verbais advinham apenas de um discípulo, seu Mestre providenciou as palavras "*Chohan Rimbochey*" – "o Chefe glorioso" –

como um sinal de que a mensagem provinha diretamente Dele. Veja Carta 50, Segunda Série.

CARTA 38[1]

Pergunte-lhe[2] em nome do *Dhyan* e do *Chohan Rimbochey* o que é que o aflige! Aí está: "cinco páginas," e nem uma palavra sobre ter enviado as cartas de Hume a C.C.M.[3], mantendo-as em confidência e enviando-as de volta sem falta. Faça-o acrescentar que ele solicitou a C.C.M. que lhe mostrasse as duas cartas a Sinnett e o consultasse em relação ao melhor curso a ser adotado com Hume. Que ele escreva que seu *Gurujee* M. ordena-o a aconselhar Massey, acredite ele *em nós* ou não, a não confiar em Hume, que o destruirá psiquicamente.

(1) Recebida em 1 de junho de 1883.

(2) Provavelmente Subba Row.

(3) C.C. Massey.

CARTA 39[1]

A menos que você mesmo ponha seu ombro na roda, Kuthumi Lal Singh terá de desaparecer da cena neste outono. Bastante fácil para você. Faça palestra hoje. Tente colocar Subba Row em ação por uma questão de honra dele. Há uma carta para ele. Passe-a de alguma maneira. Ele está sendo reprovado nela por recusar-se a auxiliar a Sociedade de M.[2], por não fazer palestras, e por não envolver-se[3]. Será uma *grande vergonha* e os "Irmãos" perderão prestígio a menos que algo seja feito por aquele jornal. Você pode fazer algo se tentar. Nada que você não possa fazer em nome do Chohan Rimbochey[4] e usando-o quando necessário. De fato, se isso comprovar-se um *total fracasso*, ninguém mais acreditará nos poderes do pobre K.H. Ou isso, ou pense em como sair disso.

Não é necessário assinar — mas que seja vista como uma assinatura coletiva.

(1) Recebida em 2 de junho de 1883.

(2) S.T. de Madras.

(3) Na experiência do *Phoenix*, por cujo sucesso o Mestre K.H. esforçou-se arduamente.
(4) Veja Carta 50.

CARTA 40[1]

Maha Sahib avec qui je suis pour le moment, m'ordonne de dire que le plan le plus raisonnable serait de faire un tour des pays adjacents — pour un mois. De Tinnevelly ou bien le Malabar, le Col. pourrait se rendre pour quelques jours à Colombo — *mais seulement pour quelques jours* — pour les encourager et les remplir de son *Akasa personnel* — ce qui ne pourrait que leur faire du bien. Les Sociétés du Midi ont besoin de sa présence vivifiante. Cerclant tout autour dans la Présidence — il pourrait être ainsi rappelé à tout moment au *Headquarter* si besoin il y avait. Le 17 Juillet serait le vrai temps d'aller aux provinces du Nord, visitant toutes les Sociétés sur son chemin, — depuis Bellary jusqu'au Poona, etc.

Maha Sahib prie le Col. de ne pas risquer trop sa santé. Son avis serait de donner d'une tuile magnétique sur la tête de trois quatre personnes ici et tâcher d'entrer en relation avec Venkategiri et le Vizianagrom. Il y a assez de temps pour cela jusqu'au Juin 17. Qu'il fasse un plan et le dise.

---

(1) Do Mestre Hilarion, recebida em 6 de junho de 1883. O Coronel Olcott escreve nesta data em seu diário: "Tive um belo teste esta manhã. Não conseguia decidir se aceitava o convite para ir a Colombo ou ia em primeiro lugar a Allahabad. Coloquei a carta de Avinas Ch. Bannerji no santuário, fechei a porta, instantaneamente a abri de novo e encontrei as ordens escritas do *Maha Sahib* através de Hilarion, em francês. Escritas enquanto eu me encontrava lá e não havia passado nem meio minuto." O Mestre H. estava em Bombaim em 19 de fevereiro de 1881, quando visitou os dois Fundadores: o Coronel Olcott assim escreve em seu diário: "Hilarion está aqui em rota para o Tibete e tem estado observando a situação. Achou B —— em terrível estado moral. Visões sobre a Índia, Bombaim, a S.T. em Bombaim, Ceilão (——), Inglaterra e Europa, Cristianismo e outros temas altamente interessantes".

Reprodução da Carta 40

TRADUÇÃO

O *Maha Sahib*, com o qual encontro-me neste momento, manda dizer-lhe que o plano mais razoável será viajar pelos distritos próximos durante um mês. De Tinnevelly, ou até mesmo Malabar, o Coronel poderia ir a Colombo por alguns dias — *mas apenas por alguns dias* — para encorajá-los e recarregá-los com seu *Akasa pessoal* — que inevitavelmente os beneficiará. As Lojas do sul necessitam de sua presença vivificante. Assim, estando sempre próximo da Presidência, ele poderia ser chamado de volta à Sede Central a qualquer momento se houvesse necessidade. Dia 17 de julho será uma data apropriada para ir para as províncias do norte, visitando todas as Lojas no caminho, de Bellary até Poona, etc.

O *Maha Sahib* pede ao Coronel que não arrisque demais sua saúde. Seu conselho é de colocar uma cobertura magnética nas cabeças de três ou quatro pessoas daqui e tentar entrar em contato com [os *Rajahs* de] Venkatagiri e Vizianagram. Há tempo suficiente para isso até 17 de junho. Que ele faça um plano e o apresente.

CARTA 41[1]

Aquele que causa dano, consciente ou inconscientemente, sem tentar repará-lo, dificilmente pode esperar ser visto com bons olhos pelo *Maha Sahib* — muito menos contar com seus favores. A antiga *aparição* tem mais inimigos do que é realmente necessário. *Indiscrição* não é *honestidade,* ao contrário do que você parece pensar. Você causou muito dano e sua teimosia não lhe permitirá fazer uma reparação. Bem, cuide-se, Sr. Coronel. Você não deve pensar que é TOTALMENTE infalível, você sabe. Quando *ela estiver errada* serei o primeiro a lhe dizer isso. Quando você estiver em falta — e indubitavelmente agora o está — digo-lhe francamente.

(1) Recebida em 12 de junho de 1883, em Madras.

CARTA 42[1]

Infantil e tolo — você ainda suspeita dela? Ou imagina que poderíamos necessitar de chaves tal como qualquer outro mortal?

Ah, amigo, você tem ainda muito que aprender.

(1) Recebida em 12 de junho de 1883.

CARTA 43[1]

Maha Sahib manda-me dizer-lhe que, de acordo com sua fé — você será auxiliado na proporção de sua fé. E por que teríamos dado seu amuleto[2] se não fosse para que ele o tornasse forte e poderoso?

(1) Recebida em 12 de junho de 1883. Penso que a letra é do Mestre Hilarion.

(2) Provavelmente a mecha de cabelo do *Maha Sahib* que foi dada a H.S.O.

CARTA 44[1]

O *Maha Sahib* solicita-lhe que coloque toda sua alma na resposta a A.P.S. de parte de K.H. Desta carta dependerão os frutos do futuro. Que ela possa ser mostrada com dignidade a cada um, inclusive Crokes. M.S. confia em que você não lhe dirá não. Muito depende disso. Tente, tente — tente! Ele diz.

Hilarion

(1) Recebida em 13 de junho de 1883.

CARTA 45[1]

Telegrafe primeiro para saber se eles gostariam de ter Mavlankar com eles, então ele poderá ir. Mas onde está o dinheiro?

O *Maha Sahib* deseja que você peça a Ragoonat Rao para escrever a Indore dizendo que você deseja e está livre para ir vê-lo em seu caminho para N.W.P. Tenha tudo isso resolvido e acertado. Indore é uma pessoa importante e se você ajudá-lo em suas enfermidades obterá nome e fama. Seja cuidadoso com a carta a Sinnett. Deve ser uma carta realmente *Adéptica.*

(1) Recebida em 15 de junho de 1883. Na letra de M.

INTRODUÇÃO

A carta que segue é especialmente interessante. H.P.B. estava em Bombaim em março de 1882 e o Coronel Olcott em Calcutá. Ela escreveu uma carta em 24 de março que foi entregue a ele fenomenicamente na mesma noite. A carta caiu do ar, conforme o Coronel registra em seu diário: "Às 9 os Gordons e eu sentamos juntos. Morya e K.H. apareceram nas janelas e notas de Eglinton (que estava a bordo do *Vega*), Morya, K.H. e H.P.B., amarradas juntas, caíram através do ar no ombro da Sra. Gordon. Um fenômeno estupendo. Em sua nota, E. diz que está enviando-a através dos Irmãos para H.P.B. após tê-la mostrado a uma passageira, Sra. Boughton, que colocou sua marca sobre o envelope." A mensagem do Mestre M. ao Coronel Olcott está escrita com a letra de H.P.B.

Veja a Carta II das Cartas de H.P.B. a A.P.Sinnett.*

* *The Letters of H. P. Blavatsky to A.P. Sinnett,* edição fac-similar, Theosophical University Press, Califórnia, 1973, p. 03, Carta II. (N. ed. bras.)

CARTA 46

[O envelope traz a seguinte inscrição:]

Não abra, Olcott, até o momento em que eu o tocar após o fenômeno que terá lugar esta noite.

M.

[Dentro, escrito com a letra de H.P.B.:]

Esta irá certificá-lo, Olcott, do quanto estávamos certos ao recusar-nos a dizer qualquer coisa a seus amigos ocidentais. São todos iguais. Deixe que permaneçam felizes e serenos com seus *pisachas* e *bhuts.*[*]

M.

CARTA DE H.P.B.

Bombaim, 24 de março,
Sede
[1882]

MEU QUERIDO OLCOTT,

Esta irá mostrar-lhe que eu estava informada sobre a desonesta conspiração e a intenção do Sr. Eglinton desde o início, e que todo o plano me foi revelado. Ao invés de ludibriar a mim — como ele esperava — ele está ludibriando a si mesmo. Ele não pode enviar cartas à distância *sem confederados,* e nossos Irmãos *podem.* Agora isto está comprovado para todos. E agora todos, exceto nós, devem dizer *adieu* aos Irmãos. ELES nada mais terão a dizer ao bando de desonestos.

H.P. Blavatsky.

[*] *Pisachas* e *bhuts:* fantasmas, duendes ou demônios. (N. ed. bras.)

CARTA 47[1]

Estas suas idéias sobre *Upasika* são *tolas, insanas*, Henry, pensamentos desprezíveis — uma miragem lançada sobre seu cérebro por alguns daqueles que cercam você...

Não tome sua honestidade como uma desculpa. *Honestidade* sem *Justiça* é como a lanterna de um vigia bêbado — só serve para lançar luz em suas próprias imagens distorcidas, deixando tudo ao seu redor em escuridão ainda maior . . . Você errou com ela do começo ao fim. Você *nunca* compreendeu *Upasika*, nem as leis através das quais sua vida aparente foi levada a desenvolver-se desde que a conheceu. Você é ingrato e injusto, e até mesmo cruel. Vê *maya* como realidade e realidade como ilusão.

Já disse e não direi mais, e agora se você não escutar e acreditar no que lhe digo, terei que dirigir o *karma* em outra direção.

M.·.

---

(1) Recebida em 1884. Outra carta mais foi recebida por H.S.O. Carta XIX da Primeira Série, em 22 de agosto de 1888.

PARTE III

Cartas aos Chelas Indianos

S. Ramaswamier

Mohini M. Chatterjee

R. Keshava Pillai

INTRODUÇÃO

As cartas que seguem foram recebidas por um teosofista muito devotado, S. Ramaswamier, de Tinnevelly. Ele recebeu sua primeira carta do Mestre M. em 28 de setembro de 1891. No ano seguinte viajou ao Sikkim e lá encontrou seu Mestre face a face em 6 de outubro. Seu relato do encontro constitui o Anexo A.

Não sei onde se encontram agora os originais das cartas. Ele faleceu em 1893, devotado como sempre a seu Mestre e à S.T. Em dezembro de 1894, um filho seu publicou as cartas, com um fac-símile de uma delas, num ataque à S.T., com o título de "Isis *Further* Unveiled" (Isis com *Ainda Menos* Véus). Reproduzo as cartas a partir deste panfleto.

CARTA 48[1]

Saudações a meu fiel chela. Ele é aceito a partir de agora, de forma que pode considerar-se como meu chela aceito. *Upasika* tem todas as instruções. Que meu chela Rama B. Yogi[2] siga as instruções que receberá dela. Eu o abençôo, filho.

M∴

1. Recebida provavelmente em 28 de setembro de 1881, quando ele viu uma materialização de seu Mestre em Crow's Nest.
2. "Ramaswami" era seu nome normal. Iyer era a terminação indicativa da sua casta bramânica. Ele tinha um nome secreto recebido durante a "cerimônia do fio", que era Rama Bhadra, e é este nome sagrado que aparece aqui como Rama B.

CARTA 49[1]

Você não pode ir ao Tibete. Não sou o único mestre lá, nem Chohan M∴ Antes você precisa mostrar que merece, através do trabalho nesta direção por dois ou três anos. Deve estar preparado para fazer qualquer coisa que lhe seja dita, qualquer coisa que lhe seja ordenada através dela. Se você *tem* fé em nós — *outros não a têm* — você está *preparado* para fazer *toda* e qualquer coisa para *comprovar* nossa existência?[2]

K.H.

Aprovado M∴

(1) Recebida em setembro de 1882.

(2) O Sr. Ramaswamier entretanto insistiu em ir ao Tibete, como descrito no Anexo A.

CARTA 50[1]

Ramaswamier vestirá o manto de um asceta vedanta típico — até mesmo o penacho se necessário, e enviará suas roupas inúteis para Bombaim. Deve viajar de cidade em cidade em direção a Allahabad, pregando a Teosofia e o Vedanta. Todos devem saber que é meu chela e que me viu no Sikkim. Deve avisar *Upasika* sempre de seus movimentos e finalmente juntar-se a ela em Allahabad — bem como receber minhas ordens através dela. Todas suas aspirações e preocupações devem ser direcionadas para um único objetivo — *convencer o mundo de nossa existência.* Para *Sahib* Olcott ele dirá verbalmente o seguinte: meu Mestre, entre outras mensagens já entregues a quem diziam respeito, disse-me — diga a meu leal filho e trabalhador que sua paciência foi grande, mas que grande também será sua recompensa. Diga-lhe que se equivoca com muita freqüência em relação a *Upasika.* Ela é tudo que ele *pensa* que ela é e nada do que ele *suspeita.* Que ele entenda a charada. Ela *nunca* o enganou — apenas deixou-o ignorante de muitas coisas de acordo com minhas ordens. De agora em diante, para facilitar sua compreensão, que ele saiba que sempre que uma ordem lhe é enviada através dela, deve ser prefixada com as palavras "Chohan Rimbochey"; sempre que estas palavras forem omitidas, a ordem não procede de mim mas dela. Diga-lhe que tenha fé, esperança e confiança. Mais, em breve. Vista-se como um peregrino a partir de hoje e diga a seus amigos que recebeu ordens diretas de mim — como ou de que forma não é da conta de ninguém. *Silêncio, discrição* e coragem. Que minhas bênçãos derramem-se sobre sua cabeça, meu bom e leal filho e chela.[2]

M.·.

---

(1) Recebida por volta de 30 de setembro de 1882.

(2) O Sr. Ramaswamier procedeu conforme estas ordens e fundou quatro Lojas da S.T. em .... a caminho de Bombaim, após ter visto seu Mestre.

CARTA 51[1]

Saudações Meu Chela,

A meu pedido, Olcott explicou a teoria do chelado. É um estágio educacional bem como probatório, e somente o chela pode determinar se ele acabará no adeptado ou num fracasso. Devido a uma idéia equivocada de nosso sistema, os chelas, com muita freqüência, buscam e esperam por ordens, perdendo tempo precioso que poderia ser aproveitado com esforços pessoais[2]. Estas observações foram sugeridas por suas perguntas. Você oferece seus serviços; bem. Você está disposto a devotar tempo, fazer despesas, correr riscos por NOSSA causa. Bem, esta é a causa da humanidade, da verdadeira religião, da educação, da iluminação e elevação espiritual, naturalmente. Ela precisa de missionários, devotos, trabalhadores, até de mártires, talvez. Mas ela não pode nunca exigir de *nenhum* homem que se torne nada disso. Se ele escolher assim — bem; — é bom para o mundo e bom para ele próprio. Porque trabalhar para a humanidade é grandioso, sua recompensa estende-se além deste breve sonho de vida e alcança outros nascimentos. Portanto, agora, meu chela, escolha e assuma seu próprio destino. Você deseja curar os doentes, — faça isso; mas lembre-se de que seu sucesso será medido por *sua fé* — em si mesmo mais do que em nós. Perca-a por um segundo e o fracasso virá em seguida. Darei ordens a Morya *Júnior* — Olcott — para ensinar-lhe a parte técnica. Tenha fé no poder de sua alma e terá sucesso. Você deseja tirar licença por dois anos[3]; decida após avaliar o custo total, e que a luz da memória de nosso Senhor *Tathagata* possa auxiliá-lo a decidir pelo melhor. Antes de seguir para o sul, contudo, tenho uma missão para você junto ao *Marajá** de Benares em relação ao assunto de Sinnett, que Olcott irá explicar-lhe[4]. Sem dúvida, se você fosse livre para agir, poderia fazer grande bem em muitos casos e de diferentes maneiras, além de fortalecer a Sociedade. Mas esta idéia é meritória e justa e você fez bem em escolher isto. O *Karma* não é cego.

Devo dizer que sua suposição sobre a relação de certo Príncipe não é correta; mas o segredo não é meu e não posso revelá-lo. Use-o de maneira discreta e use suas próprias intuições. Há dois homens em T. que conhecem o segredo, procure-os.

Quanto a aumentarmos seus poderes psíquicos, isso virá no devido tempo e não pode vir logo. Não temos o direito de forçar, e nenhum bem pode vir de forçar a natureza. Ela já tem sido generosa com você. Receba minhas bênçãos, meu filho.

M∴

P.S. Encaminhe, por favor, a carta anexa a seu endereço, e escreva uma nota explicando quem você é e diga que é meu chela *escolhido. Upasika* falará.

---

(1) Recebida provavelmente em Allahabad, outubro de 1882.

(2) Várias frases desta carta, sobre o chelado, ocorrem *verbatim* na carta que C.W. Leadbeater recebeu na Inglaterra em 31 de outubro de 1884. Tal carta está publicada como número 7 na Primeira Série.

(3) O Sr. Ramaswami era funcionário do governo com a função de Escrivão distrital de fianças e penhores.

(4) O caso do jornal *Phoenix,* que deveria opor-se ao *Pioneer.*

CARTA 52[1]

Você está certo, é mais meritório fazer seu dever sem qualquer busca de recompensa do que ficar barganhando reconhecimento por suas ações. Você é jovem, meu amigo, e tem longos anos diante de si. Tem trabalhado altruisticamente e com grande benefício tanto para seu país quanto para a boa causa. E nós lhe agradecemos. Agora volte para casa e

---

* *Marajá:* título dos príncipes da Índia no século 19. (N. ed. bras.)

seja qual for o problema que pareça pairar sobre você, lembre-se de que estou com você.

M∴

(1) O Sr. Ramaswamier chegou em Bombaim com H.P.B. em 25 de novembro de 1882. Em 1º de dezembro recebeu uma carta de seu Mestre, que provavelmente é esta, uma vez que lhe é dito para regressar à casa, o que ele fez após o Encontro do Sétimo Aniversário [da S.T.], ocorrido em 7 de dezembro.

CARTA 53[1]

Em nome de M ——, ordena-se a R.S. que entregue o anexo a Subba Row. R. *Swami* tem minhas bênçãos e recebe a ordem de não revelar isto a ninguém. Pode, contudo, dizer que recebeu esta carta — uma nova prova de nossa existência *independentemente de Upasika.*

M∴

(1) Não há certeza quanto à data, mas provavelmente é 1883.

CARTA 54[1]

Se você superou a sua misantropia, suas dúvidas e arrependimentos, então prove-o escrevendo àqueles que mais o amam. Um chela aceito não está livre de tentações, provações e testes. Feliz é aquele que atravessa o grande abismo entre *ele próprio* e *nós* — desprovido do temor da dúvida e livre da poluição da suspeita. కర్మేతి కిం ?[2] você sabe? Medite sobre isso filho, medite, e logo que puder venha nos ver em nossa nova casa — a sala oculta.

M∴

(1) Não há certeza quanto à data, mas deve ter sido logo após fevereiro de 1883, quando o "quarto secreto", como o Coronel Olcott o chamou, estava pronto.

(2) Esta é uma frase em sânscrito, "*karmeti kim*?" — "o que significa *karma*?". A escrita está em *telugu*, embora o Sr. Ramaswamier fosse tâmil.

CARTA 55[1]

[S. Ramaswamier escreveu a seu Mestre como segue:

"Sashtanga Namaskar[2] aos três vezes sagrados pés de meu Pai. Será para o meu bem e ajudará no desenvolvimento de meus poderes de clarividência e clariaudiência, se toda manhã entre 4 e 6 horas colocar um pino de ferro diante de mim e tentar movê-lo com o poder de minha vontade?

Vijnapanam[3] *— S.R."*

A resposta foi:]

Tente; isso não pode causar mal e pode ajudar.

M.·.

(1) Não é possível determinar a data.

(2) "Prostração com os oito membros" — prostração completa, totalmente estendido no chão, para expressar total veneração.

(3) "Este é meu pedido".

CARTA 56[1]

Bem colocado — coração valente e chela de meu querido Irmão Koot Hoomi.[2] Espero e confio em que meu bom chela Ramaswamier ficará à sua altura. Tenho esperança e confiança nele. Eu o abençôo, meu leal menino — bênçãos a todos.

M.·.

(1) Esta mensagem apareceu em uma carta que Damodar K. Mavalankar escreveu para S. Ramaswamier em 17 de outubro de 1882.

(2) Damodar.

INTRODUÇÃO

Um dos componentes do grupo de indianos brilhantes que ajudaram a levar as idéias teosóficas para o Ocidente foi Mohini Mohan Chatterjee. Quando ele foi atraído para a Teosofia em 1882, possuía uma mente sobremaneira penetrante em termos filosóficos. Foi aceito pelo Mestre K.H. como discípulo e esperava-se muito dele. Por volta de 1886, contudo, após ter prestado esplêndido serviço, ele entrou em choque com H.P.B. e pouco a pouco perdeu seu interesse pela S.T.

O Sr. Mohini M. Chatterjee partiu para a Europa com os Fundadores em fevereiro de 1884. Prestou valioso auxílio, proferindo palestras e discursos tanto em Paris quanto em Londres, e muitos teosofistas europeus ainda se lembram do brilhantismo da apresentação das verdades espirituais feitas pelo jovem hindu. No ano seguinte, visitou a América. As cartas seguintes encontram-se em Adyar. Na Carta 58, é feita uma referência à "superstição cristã perniciosa". Os Mestres faziam objeção à ênfase conferida pelo Cristianismo popular à idéia de uma vida única, o que resulta em ganância e disputa para reunir todas as experiências nesta única vida, bem como na intensificação do medo da morte e o conseqüente aumento da luta pela existência por parte de todos. Igualmente enfática foi sua denúncia de um "Deus pessoal", como apresentado no Cristianismo exotérico, o que fazia com que os homens perdessem autoconfiança, e o ensinamento de que deveriam olhar para fora de si mesmos para encontrar aquela regeneração de sua natureza que é o prelúdio da verdadeira paz e felicidade. [Veja a Carta 1, Primeira Série, que contém o ponto de vista do *Maha-Chohan* sobre a civilização ocidental].

CARTA 57[1]

Bem-vindo, Mohini — faça por merecer e obterá o mesmo. Até aqui estou satisfeito com os esforços.

K. H.

Transmita minha bênção a Norendro.[2]

(1) Data, 1882.
(2) Norendro Nath Sen, destinatário da Carta 74.

CARTA 58[1]

Meu chela recém-aceito, Mohini M. C., deve fazer o seguinte:

1. Devotará todas as suas energias a (a) provar aos descrentes que nós, os herdeiros dos *Rishis*, não estamos mortos, e que os Frs.[2] da S.T. estão agindo em muitas coisas *sob nossas ordens diretas*; (b) esquecendo o Eu desprezível, trabalhará por seu país e buscará neutralizar a superstição cristã perniciosa; e (c) denunciará, desmascarará e romperá inteiramente com *Brahmos* fanáticos cujo *Brahmoísmo* nada faz senão ocultar o Cristianismo sob sua máscara.[3]

2. Não deve falar a nenhum dos meus chelas *pelo nome*. Deve deixar todos saberem que encontrou e conhece chelas meus, ainda assim, com exceção do Sr. Sinnett, por razões das quais ele está bem inteirado, não deve pronunciar o nome de D.N.[4] nem o de R.S.G.[5].

3. Deve ter em mente que sempre que *Upasika* falar-lhe algo de grande importância ou como se fosse proveniente de mim, suas palavras devem ser precedidas com a frase "Em nome de Amitabha," de outra maneira até mesmo ela pode ser imprecisa e repetir suas próprias fantasias, uma vez que sua memória está muito debilitada pela doença e idade. Deve saber também que *Upasika* estava conosco desde 19 de setembro até a noite de 21 de setembro — dois dias, e que desde então estava em comunicação direta com meus chelas confidenciais.

4. Meus chelas nunca devem duvidar, nem suspeitar, nem ofender nossos agentes com maus pensamentos. Nossas maneiras de agir são

estranhas e incomuns, e também muito sujeitas a criarem suspeita. Esta última é uma armadilha e uma tentação. Feliz daquele cujas percepções espirituais sempre lhe sussurram a verdade! Julgue os que estão diretamente relacionados conosco por esta percepção e não de acordo com suas noções mundanas das coisas.[6]

5. Mohini irá para Calcutá e Allahabad como sugerido, fazendo tudo que puder na primeira cidade para promover a causa.

6. Mohini terá um ano — até 17 de setembro de 1883 — para mostrar o que pode fazer e o quanto merece minha confiança. O que ocorreu a R.S.[7] pode acontecer a ele.

7. Mohini pode acrescentar meu nome ao nome de ———[8]. Que ele pense bem e fale com *Upasika* para decifrar a coincidência. Para que tudo que foi mencionado acima esteja claro, consulte *Upasika* (que nada deve saber do conteúdo desta carta) e — lembre-se que as palavras uma vez fixadas devem trazer convicção ao seu coração.

K.H.

---

(1) Data, setembro de 1882.
(2) Fundadores.
(3) M.M.C. era ele próprio um *brahmo*, membro da *Brahmo Samaj*.
(4) Darbhagiri Nath.
(5) Rama Sourindro Gargya.
(6) Este parágrafo corresponde à Carta 11 da Primeira Série.
(7) Rama Swamier.
(8) Apagado.

CARTA 59[1]

Meu bom rapaz, ———[2] *pode escrever* tanto quanto falar, e *mentir* é ainda mais fácil no papel do que em comunicações verbais. A menos que ele seja desmascarado *como um mentiroso*, continuará causando profundo dano. O venerável senhor[3] é fácil de influenciar, e se ——— não disse *mais* é porque o velho senhor foi influenciado para que mudasse a conversa; mas ele disse o suficiente para tornar sua mente subconscientemente preconceituosa. A recordação pode tornar-se ativa, despertada por qualquer detalhe sem importância e quando menos se esperar. Aja de modo apropriado.

....

Quero que você, meu querido rapaz, escreva um artigo para *The Theosophist*[4] relativo ao que disse o mascate, e Dehra Bramacharia. Faça-o da maneira mais forte que puder e mencione todas as testemunhas de Darjeeling e Dehra. Mas o nome se escreve Kuthoompa (discípulos de Kut-hoomi) embora se pronuncie Kethoomba. Escreva e envie-o para *Upasika* em Allahabad.

Em 27 de novembro ou 7 de dezembro haverá um encontro geral da Sociedade Teosófica em Bombaim para o qual serão enviados delegados de todas as Sociedades. O Sr. Sinnett também irá. Quero que seja o delegado da Sociedade de Bengala. Você irá para lá a partir de Dehra (parando em Meerut um ou dois dias) até Allahabad, ao invés de Calcutá, e irá com *Upasika*, iniciando no dia 23 ou 24. Eu pagarei a viagem se a Sociedade de Calcutá recusar-se a fazê-lo. É *absolutamente necessário* pela causa, pelo seu país e pela teosofia que você a represente. Você ficará, naturalmente, com os Fundadores.[5] Escreva isto para Norendro e consulte-o sobre a melhor maneira de representar sua Sociedade. Possam as bênçãos do nosso Grande Ser descer sobre você. Você terá meu retrato se for paciente e ele será um talismã para você.

Afetuosamente,

K. H.

---

(1) Data novembro de 1882.

(2) Omiti as iniciais do nome dadas pelo Mestre. Era um inimigo dos Fundadores.

(3) Maharshi Debendra Nath Tagore, o pai de Rabindranath Tagore.

(4) Apêndice B desta Segunda Série.

(5) Tanto M.M.Chatterjee quanto Norendro Nath Sen estavam presentes na Convenção que ocorreu em 7 de dezembro de 1882.

CARTA 60[1]

Desejo que Mohini escreva para mim uma declaração com estas palavras: "Eu, abaixo assinado, certifico que escrevi, em duas ocasiões diferentes, duas cartas ao Sr. Hume, que nunca foram respondidas por ele," etc., e assim por diante. O que preciso é uma clara afirmação de que o Sr. Hume não respondeu certas cartas, uma vez que em uma carta que enviou-me ele chama de *mentirosos* aqueles que se queixaram de que suas cartas permaneciam sem resposta. Envie esta imediatamente para Mohini e peça-lhe que lhe mande a declaração.

K.H.

---

(1) Não consta data, mas é provavelmente de 1883. A carta evidentemente foi recebida por H.P.B. ou H.S.O. e enviada para M.M.C.

CARTA 61[1]

Privado.

Dê esta a Mohini e peça-lhe para traduzir para o bengali. Que ele a escreva nesta língua e a devolva para você. Depois disso, envie-a ao devido endereço.

Estou satisfeito com MEU FILHO — ATÉ O MOMENTO.

K.H.

Trad.:

Meu chela Mohini mandará estas linhas anexando a carta que me foi enviada de Kariwar — que eu não receberia de *Upasika* — de volta a quem a escreveu. Que ela ABRA A CARTA DELA e *queime o conteúdo.* Estou proibido pelas regras de minha Ordem a corresponder-me com mulheres. Protegerei tanto o marido quanto a esposa e farei tudo que puder por ela. Ela é uma boa e pura mulher mas deve seguir os ditames da razão se quiser salvar a si mesma das armadilhas de seus muitos inimigos. É melhor que Mohini escreva a ela, aconselhando-a a ir, se possível, para Bombaim para ver, senão seu Irmão, pelo menos Madame B. ...

Não sei bengali, e para ler e ———[2] tenho que exercitar poderes que são muito preciosos. A presente é escrita por um chela.

K.H.

Desejo que ele coloque seu nome completo naquilo que escrever.

(1) Não foi possível precisar a data, mas provavelmente é 1882.
(2) Palavra apagada.

CARTA 62[1]

Para Mohini *apenas.*

As aparências contam muito entre os "*Pelings*".* É preciso impressioná-los externamente para que uma impressão regular, duradoura e interior possa ocorrer. Lembre-se e tente compreender por que espero que faça o seguinte:

Quando *Upasika* chegar, você a encontrará e a receberá *como se estivessem na Índia e ela fosse sua própria mãe.* Não deve dar importância à multidão de franceses e outros. Você precisa *impressioná-los*; e se o Coronel perguntar-lhe por que, responda-lhe que é o homem interior, o habitante interno que você saúda, não H.P.B., pois foi avisado sobre isso por nós. E saiba, para sua própria instrução que Alguém muito maior do que eu[2] amavelmente concordou em examinar toda a situação através da aparência dela, e depois visitar, ocasionalmente, através do mesmo canal, Paris e outros lugares onde possam residir membros estrangeiros. Você, assim, a saudará ao vê-la e ao deixá-la durante todo o tempo em que estiver em Paris — a despeito dos comentários e da *própria surpresa dela.* Este é um teste.

Até agora estou satisfeito com seus esforços. Persevere e ensine. Você ainda pode se tornar instrumento de um grande benefício para seu país. Não desanime como seu companheiro que é de vontade fraca, embora seja teimoso.

K.H.

(1) Recebida em março de 1884, em Paris.
(2) O *Maha-Chohan.*

* Nome que se dá no Tibete aos estrangeiros, especialmente aos europeus. (N. ed. bras.)

CARTA 63[1]

Mohini deve dar o melhor de si para impressionar os ocidentais com esta carta. Não tenho tempo. A menos que ele mostre que pode ser-me útil, qual é o bem que seu conhecimento metafísico pode fazer à Sociedade?

K.H.

(1) Data — 1884, quando estava na Europa.

INTRODUÇÃO

O destinatário das cartas seguintes foi o Sr. R. Keshava Pillai, um inspetor de Polícia lotado na época em Nellore, Andhra Pradesh. Os Fundadores visitaram Nellore em maio de 1882 e foi formada uma Loja no dia 8, com o Sr. Keshava Pillai como secretário, e como presidente um abastado hindu que era coletor assistente. Após visitarem outras cidades, os Fundadores regressaram a Nellore no dia 24. Neste meio tempo, o Coletor inglês ou representante local do governo britânico pressionou o presidente, o qual pediu demissão da presidência — um incidente mencionado pelo Mestre K.H. na Carta 64. O Sr. Keshava Pillai foi colocado em provação pelo Mestre, mas não seguiu adiante. Mais tarde ele perdeu o interesse pela S.T., e levou uma vida de muitas decepções mundanas. Alguns anos antes de sua morte, ele deu ao Coronel Olcott as cartas que havia recebido, e as transcrevo dos originais em Adyar.

CARTA 64[1]

Como um espectador profundamente interessado, apenas posso discernir alguma coisa da verdade oculta nos corações de todos vocês. São todos vocês sinceros em suas promessas? Tomem cuidado para que promessas feitas impetuosamente não sejam quebradas, voltando-se contra vocês e tornando-se suas maiores punições. Sejam verdadeiros, sinceros e leais. Trabalhem pela causa e nossas bênçãos estarão sempre com vocês. Duvidem e esqueçam suas promessas sagradas e na escuridão da culpa e da tristeza vocês irão arrepender-se. Vocês todos podem ver no caso de seu ex-Presidente[2] uma das razões de não haver mais relacionamento entre os hindus e aqueles a quem chamam *Mahatmas*. Houve um tempo em que um homem de grande fortuna e família influente considerava um dever trabalhar por seu país sem levar em conta as conseqüências disso. E até que este sentimento prevaleça outra vez, vocês não devem esperar ser olhados com confiança e respeito por aqueles que — pensem vocês o que pensarem — ainda zelam pelos destinos da Índia, mesmo que não sejam vistos nem percebidos.

Enquanto isso, bênçãos sobre vocês todos.

(1) Recebida em Nellore em 1882.
(2) Ele demitiu-se sob pressão do coletor inglês local.

CARTA 65[1]

Privada e Confidencial

Quer o irmão Keshu Pillai obter muitos dos benefícios de um chela regularmente aceito, sem abandonar a família e a sua posição, o que ele não poderia fazer sem cometer um grave pecado? Se quiser, e se tornar-se meu "chela leigo," um dos mais favorecidos — que ele *sirva a mim*. Que ele nos ajude a atrair os melhores entre aqueles que gostariam de ver-nos entregar em suas mãos nossos tesouros guardados há longo tempo, nossos segredos todos — mas nos agradecem apenas insultando nossos nomes e negando *nossa própria existência*. Pois dizer — "não temos provas positivas de que eles não sejam espíritos, e sim homens" é o mesmo que negar nossa existência objetiva na opinião dos céticos. E isso é o que a maioria dos teosofistas de Simla está fazendo. Para confundi-los não é preciso muito. Temos dois chelas em Simla — mas seus votos os impedem de dirigir-se a um europeu antes de sua iniciação final.[2]

Minha oferta é a seguinte. Chamarei "Deb"[3] para Darjeeling, de onde o enviarei para Simla com cartas para o Sr. Sinnett — o melhor de todos. Aceitaria meu irmão Keshu acompanhá-lo e auxiliá-lo? A tarefa é simples e não haverá muito o que fazer, mas *mantenham-se em silêncio* e desempenhem suas partes com sucesso. Se a missão for realizada, como recompensa permitirei que alguns de nossos segredos sejam ensinados a Keshu. Eu o tomarei sob minha especial proteção e darei ordens especiais em seu benefício para nossa *Upasika* — H.P.B. — e então, ao final de vários anos, quando Keshu for livre e for seu próprio mestre, poderá juntar-se a nós completamente.

Se há uma resposta para isto, que Keshu a escreva como um acordo, a enderece a mim, e a coloque atrás da estátua do Senhor Buda (a imagem de bronze na estante de livros do segundo quarto), entre as costas da imagem e o tapete. Eu mesmo a pegarei. Se Keshu olhar poucos minutos depois, verá que ela se foi.

Esta é minha primeira e última proposta. Keshu foi muito indiscreto no assunto da carta de Nellore.[4] Daqui em diante deve ser mais discreto. "Ousar, querer, agir e manter silêncio" é o lema nosso e de todo cabalista e ocultista.

Koot Hoomi.

---

(1) Recebida em 1882.

(2) Possivelmente Deva Muni ∴ e Paramahansa Shub-Tung ∴ que assinaram o protesto contra "H.X." em *The Theosophist* de setembro de 1882, p. 326.

(3) "Deb" é Guala K. Deb, discípulo do Mestre K.H.

(4) A primeira carta recebida que, suponho, foi mostrada indiscriminadamente.

CARTA 66[1]

Tudo que foi dito por Damodar deve ser feito fiel e literalmente. A partir do momento em que pisar em Darjeeling você deixará de ser K.P., você é Chander. Vá diretamente a D.[2] de Mogul S.[3] Faça como lhe é ordenado. Salve sua nação — minha bênção está com você. Mas lembre-se, nenhuma palavra deve ser ouvida por Deb de você exceto o que ela, H.P.B., lhe dirá . . . Em Darjeeling receberá mais instruções minhas pelo correio. Vá ao correio e pergunte por uma carta endereçada a Bavajee Chandra Cusho.

K.H.

Deixe que seja como ela aconselhou — Cusho é um nome tibetano. Mude de roupa em ou antes de M.S. Vista o manto amarelo e o barrete.

---

(1) A maneira como esta carta foi recebida pelo Sr. Keshava Pillai é assim descrita por ele: "No ano de 1882, enquanto estava viajando de trem entre as estações de Allahabad e Mogul Sarai, caiu uma carta no compartimento do vagão em que eu estava sentado. Eu estava só no compartimento e o vagão estava em movimento. Eu havia desejado que o Mestre K.H. me desse instruções com relação a certo assunto sobre o qual estava pensando, e quando abri a carta vi que meus pensamentos haviam sido respondidos e que a carta estava escrita com a letra do *Mahatma* K.H., cuja caligrafia conheço bastante bem. A Sra. Blavatsky encontrava-se então em Bombaim".

(2) Darjeeling.

(3) Mogul Sarai, o entroncamento ferroviário perto de Benares.

CARTA 67[1]

Espero que o efeito produzido sobre sua mente pela conversa com Damodar torne-se permanente e não seja afetado mais por "dúvidas infelizes". Viva no presente para o futuro, e deixe o passado ser como um livro fechado. Se seguir adiante com a nova página que você descobriu, não terá causas posteriores de arrependimento.

---

(1) Recebida durante a Convenção em Adyar, em dezembro de 1883.

PARTE IV

Cartas a Teosofistas Alemães

INTRODUÇÃO

As quatro cartas que seguem foram recebidas pelo Dr. Hübbe Schleiden, um dos primeiros membros da S.T. na Alemanha. Copiei-as diretamente dos originais que se encontram na Alemanha, e que foram gentilmente emprestados a mim pelo Sr. Driessen, para quem elas foram deixadas pelo Dr. Hübbe Schleiden. A primeira carta foi recebida no trem, em 1º de agosto de 1884, quando ele e o Coronel Olcott estavam viajando para Dresden. É evidente que as outras cartas foram recebidas após a publicação pela Sociedade para Pesquisa Psíquica do seu relatório acusando H.P.B. de forjar a letra dos Mestres.

CARTA 68

Para o Dr. Hübbe Schleiden via H.S.O.

Ser aceito como um chela *em provação* — é algo fácil. Tornar-se um chela *aceito* é procurar os sofrimentos da "provação". A vida em seu curso normal não é constituída inteiramente de pesadas provas e sofrimento mental; a vida de um chela que se oferece voluntariamente é um longo sacrifício. Aquele que deseja controlar os acontecimentos de sua vida aqui e *além* deve, antes de tudo, submeter a si próprio ao controle, e triunfar sobre cada tentação e cada infortúnio da carne e da mente. O chela "em provação" é como o caminhante na antiga fábula da esfinge; só que a *única* pergunta torna-se uma longa série de enigmas diários propostos pela Esfinge da Vida, que se senta à margem do caminho e que, a menos que seus enigmas sempre mutáveis e desconcertantes sejam respondidos acertadamente, um após o outro, impede o progresso do viajante e finalmente o destrói. Que H.S.O. explique o que ele sabe sobre o chelado. *Não recusamos* ninguém. "Esferas de utilidade" podem ser encontradas por toda parte. O *primeiro* objetivo da Sociedade é a filantropia. O verdadeiro teosofista é o filantropo que "não vive para si, mas para o mundo." Muito já foi alcançado, nesta direção, pelo Dr. Hübbe Schleiden. Isto, e filosofia — a correta compreensão da vida e de seus mistérios — darão "a *base* necessária" e mostrarão o verdadeiro caminho a seguir. No entanto, a melhor esfera de utilidade para o aplicante encontra-se agora na Alemanha. *Quando surgirem complicações* e surgir uma nova situação, será avisado. Sua saúde será cuidada: no momento *escreva o menos possível.* "Der Vater M∴"[1] não está com disposição para responder. Faço isso por ele.

K.H.

(1) Em alemão, "Pai M∴"

CARTA 69[1]

Pergunto-me se esta minha nota é digna de ocupar um lugar de destaque entre os documentos reproduzidos[2] e a quais peculiaridades do estilo "Blavatskiano" de escrever se dirá que ela se assemelha mais? A presente visa simplesmente a satisfazer o Dr. no sentido de que "quanto mais provas são dadas menos se acredita". Que ele aceite meu conselho e não torne estes dois documentos públicos. É para sua própria satisfação que o abaixo-assinado sente-se feliz em assegurar-lhe que *A Doutrina Secreta*[3], quando estiver pronta, será a produção tríplice de M∴, *Upasika* e do servidor mais humilde do Doutor,

K.H.

S.E.C.[4]

(1) Data, 1885.
(2) No relatório da Sociedade para Pesquisa Psíquica.
(3) A primeira versão de *A Doutrina Secreta.* O manuscrito original deste primeiro volume encontra-se em Adyar. O trabalho, antes de ser publicado, foi expandido por H.P.B. até ficar várias vezes maior que o rascunho original.
(4) Estas letras aparecem no canto inferior esquerdo da carta, mas não sei seu significado.

CARTA 70[1]

Se esta puder ser de alguma utilidade ou auxílio ao Dr. Hübbe Schleiden — embora eu duvide disso — eu, o humilde Fakir abaixo assinado, certifico que *A Doutrina Secreta* é ditada a *Upasika,* parte por mim mesmo e parte por meu Irmão K.H.

M.:.

(1) Data, 1885

CARTA 71[1]

Você pode parar até o início da próxima semana e ir com a Sra. Gebbard, mas deverá estar [em] Paris terça-feira [no] mais tardar. Mande buscar cartas e avise Judge. Você se tornou um inimigo irreconciliável de Anna Kingsford[2], assim, agora nada se pode fazer. Peça a Sinnett para ajudá-lo com *A Doutrina Secreta,* imediatamente, se ele e outros quiserem aprender mais sobre Ocultismo.[3]

(1) Data, 1885.

(2) A autora de *The Perfect Way* (*O Caminho Perfeito*) e pouco antes disso, Presidente da Loja de Londres da S.T.

(3) Segue uma frase da qual pude apenas decifrar "Vá até".

INTRODUÇÃO

A Carta que segue foi recebida em Elberfeld, em 30 de agosto de 1884, pela Sra. Mary Gebhard. Não vi o original, e não sei onde ele se encontra. A cópia que agora publico foi feita pela falecida Srta. F. Arundale.

CARTA 72

Somos conduzidos, Senhora, ao vórtice do destino preparado previamente por nós para nós próprios, como um navio no Maelstrom* . Agora você começa a compreender isto. O que irá fazer? Não pode resistir ao destino. Você está pronta para fazer sua parte no grande trabalho de filantropia? Você ofereceu-se para a Cruz Vermelha; mas, Filha, existem doenças e feridas da alma que não podem ser curadas pela arte de nenhum cirurgião. Irá auxiliar-nos a ensinar à humanidade que os doentes-da-alma devem curar-se a si próprios? Sua ação será sua resposta.

M.·.

INTRODUÇÃO

O original da Carta que segue está na Alemanha, com os seguidores do falecido Dr. Franz Hartmann. Meu pedido para vê-lo, além de uma ou mais Cartas outras que acredito ter ele recebido, foi recusado. Contudo, recebi mais tarde, de um amigo na Checoslováquia, uma reprodução fotográfica da Carta. Na época em que a recebeu, o Dr. Hartmann estava em Adyar, onde a Sra. Coulomb era governanta.

* Um poderoso remoinho de águas — famoso na Europa — situado na costa noroeste da Noruega. Um remoinho é um movimento circular, um "sumidouro", causado por correntes aquáticas de sentido contrário. (N. ed. bras.)

CARTA 73[1]

Enquanto alguém não tiver desenvolvido um perfeito senso de justiça, deveria preferir errar por piedade do que cometer o menor ato de injustiça. A Sra. Coulomb é médium, e como tal, irresponsável por muitas coisas que possa dizer ou fazer. Ao mesmo tempo ela é amável e caridosa. Deve-se saber como agir com ela no sentido de torná-la uma amiga muito boa. Ela tem suas próprias fraquezas, mas os maus efeitos delas podem ser minimizados exercendo sobre sua mente uma influência moral através de um sentimento amigável e amável. Sua natureza mediúnica é uma ajuda nessa direção, se ela for aproveitada adequadamente. É meu desejo, portanto, que ela continue encarregada dos assuntos da casa, naturalmente com o Comitê de Controle[2] exercendo a supervisão e cuidando conjuntamente com ela, para que não sejam feitas despesas desnecessárias. Muitas reformas fazem-se necessárias, e podem ser melhor realizadas com o auxílio, e não com o antagonismo da Sra. Coulomb. Damodar ter-lhe-ia dito isto, mas sua mente estava propositadamente obscura, sem que o soubesse, para testar suas (de Hartmann) intuições. Mostre esta para a Sra. C. de forma que ela possa cooperar com você.

K.H.

---

(1) Data, início de 1884.

(2) Os Fundadores partiram para a Europa de Bombaim, em 20 de fevereiro de 1884. Em 19 de fevereiro, o Coronel nomeou o Comitê de Controle, que consistia de F.Hartmann, St. George Lane-Fox, W.T.Brown, R.Raghunath Row, G. Muttuswamy Chetty, P. Sreenivas Row e T.Subba Row.

PARTE V

Cartas Diversas

INTRODUÇÃO

O destinatário da próxima carta, Norendro Nath Sen, foi um famoso patriota indiano e reformador social. Era o proprietário do *Indian Mirror* de Calcutá, então o principal jornal na Índia no sentido de ser porta-voz das opiniões dos indianos em assuntos políticos. Filiou-se à S.T. logo após a mesma ter iniciado suas atividades na Índia. Recebeu várias cartas do Mestre K.H., mas esta é a única que foi encontrada até agora entre seus papéis. Foi-me dada por seu filho para ser colocada nos arquivos de Adyar. Foi-me então contado um fato interessante que mostra a alta consideração em que seu Mestre o tinha. Algumas vezes, tarde da noite, após um árduo dia de trabalho, enquanto corrigia provas, Norendro Nath Sen caía no sono sobre suas provas. Mais de uma vez, ao acordar, encontrava as provas corrigidas em lápis azul.

A carta trata do projeto do jornal *The Phoenix*. Quando os Fundadores vieram para a Índia, o editor do *The Pioneer*, na época praticamente o jornal oficial do governo britânico, era o Sr. A.P. Sinnett. Quando interessou-se por Teosofia e ficou sob a influência principalmente da personalidade do Mestre K.H., o Sr. Sinnett começou a mostrar tendências pró-indianas. Isto era contra a política do *The Pioneer* e, em novembro de 1882, recebeu aviso prévio de demissão. Neste momento crítico o Mestre K.H. desejava muito que o Sr. Sinnett permanecesse na Índia. O Mestre elaborou um plano para iniciar um novo jornal, *The Phoenix*, tendo o Sr. Sinnett como editor, mas com indianos como proprietários. Naturalmente uma grande soma de dinheiro era necessária como capital, e dois ou três príncipes indianos quase prometeram investir seu dinheiro no novo empreendimento. Em parte devido às maquinações do Sr. Hume e em parte por causa do espírito de apatia e de bajulação aos governantes, então forte entre os indianos, o projeto do *The Phoenix* fracassou e o Sr. Sinnett partiu da Índia para não voltar mais. Em 11 de setembro de 1883, o Mestre K.H. telegrafou liberando o Sr. Sinnett de seu compromisso de não aceitar outro emprego.

CARTA 74[1]

O Sr. Sinnett partiu,[2] sem que um único níquel* tenha sido assegurado, até agora, para dar início ao *Phoenix*. Resta um único meio de alcançar o resultado desejado, e de seu sucesso depende o *futuro* da Índia para o próximo ciclo de 27 anos. Se *isto* falhar, então, realmente nenhum de nós irá preocupar-se mais com os hindus — especialmente com aqueles "futuros chelas" que, enganando a si mesmos com a idéia de que fazem *tudo* o que podem, permanecem inertes e substituem a ação por [...][3].

Este meio, como um último rec[urso][3] é o estabelecimento de uma empresa na forma de Companhia Limitada — algo a que eu me opunha muito no início. Os Srs. Roberts & Morgan de Calcutá têm a devida [aut][3]orização para estabelecer a Companhia e farão isto [ao][4] receberem instruções de H.S.Olcott nesse sentido.

Ele será instruído a enviar a autorização. Portanto, você deve providenciar imediatamente o termo de registro em favor do Sr. S., i.e., escolher 7 pessoas para o estabelecimento de uma Cia. limitada, que assinem os artigos da associação como acionistas, mesmo que alguns, compelidos pelas circunstâncias, possuam apenas uma parte — cujo valor será Rs. 100. Dê o bom exemplo, começando você próprio. Três pessoas têm autorização para encontrarem-se com o Sr. Morgan, após acertos preliminares entre si e após providenciar o que se faz necessário: o Cel. Olcott, o Cel. Gordon e você. O Sr. Sinnett acredita que o Sr. Morgan, se lhe for solicitado, adiantaria uma pequena soma ou os fundos necessários para os acionistas nominais. Você permitiria tal arranjo, pergunto; e estão Bengala e a rica Calcutá tão decadentes de forma a não prover na atual si[tua][5]ção crítica sete acionistas não "nominais" mas r[eais]?[5] O relacionamento meu e de outros com alguns poucos teosofistas de Calcutá dependerá da rapidez com que se conseguir os acio-

---

* *Pie* no original, antiga unidade monetária da Índia, equivalente a 1/192 rúpias. (N. ed. bras.)

nistas e de seu desenvolvimento posterior. Fracassem nisso e seus gritos a nós por auxílio tornar-se-ão de fato como "a voz de alguém que grita no deserto". Tenho dito.

K.H.

(1) Data, em torno de abril de 1883.

(2) O Sr. Sinnett partiu de navio, de Madras, em 30 de março de 1883.

(3) As partes entre colchetes foram rasgadas na carta, por algum acidente.

(4) A carta possui pequenos pedaços rasgados e aqui está faltando uma palavra.

(5) Rasgado.

INTRODUÇÃO

A Carta seguinte encontra-se em Adyar. O Sr. E.W.Fern era um jovem inglês nascido na Índia, e foi testado como discípulo pelo Mestre M. Possuía algumas possibilidades latentes e, se tivesse sucesso, o Mestre planejava torná-lo um centro do Seu magnetismo. Era uma espécie de secretário do Sr. A.O.Hume e foi eleito secretário da Sociedade Teosófica Eclética de Simla, em outubro de 1882. No entanto, fracassou como discípulo. Há dois registros sobre ele no diário do Coronel Olcott em 1882. Em 18 de agosto, H.S.O. estava no Ceilão*, estando H.P.B. em Bombaim. "Visita noturna de M∴, que endereçou um telegrama a ser enviado a A.H. sobre as visões de Fern. Não consigo entender." Em 27 de novembro, em Bombaim, o registro é: "Um Irmão apareceu no terraço de baixo para alguns delegados. M∴ ordena-me expulsar Fern. Não foram dadas razões. O que está acontecendo?" Em 6 de dezembro, o próprio Sr. Fern veio ver o Sr. Olcott e explicou determinados assuntos que o Coronel viu terem sido a causa da expulsão. As razões não eram

* Atual Sri Lanka. (N. ed. bras.)

psíquicas, de forma alguma, mas puramente do plano material, tratando com transações de negócios. Presumo que foi nessa época que o Sr. Fern devolveu a Carta com a fotografia que o Mestre lhe havia dado, pois elas encontram-se em Adyar.

Quando lemos as Cartas do Mestre M., não devemos esquecer de que ele tem um temperamento totalmente diferente daquele do Mestre K.H. Ele é muito mais embebido na atmosfera indiana do que Seu Irmão. Ambos demonstram um fino senso de humor, mas enquanto o Mestre K.H. é mais afeito à noção francesa do humor, o Mestre M. fica muito mais próximo daquilo que as tragédias gregas consideravam como "ironia". A ironia exclui completamente o ridículo. Ela faz o contraste — com grande desapego — dos fatos como são com os fatos tal como se supõe que sejam. Aqueles que podem apreciar a "ironia" do Mestre encontram grande inspiração na percepção das coisas que é obtida quando se olha através do ponto de vista Dele.

CARTA 75[1]

EDM. W. FERN, M.S.T.

Simla

Saudações a meu "ainda leal chela"[2]. Pensou que o "Pai" tivesse morrido, hein? Pois bem, saiba, "filhinho", a que se deve tão longo silêncio — que mais o surpreendeu do que afligiu. É a sua carta, pela qual sou informado de que o "pacote" foi entregue em seu endereço, que perturba minha habitual placidez. Duas ou três frases que ela contém, além das novidades, foram bem calculadas para fazer até mesmo um *adepto* coçar a cabeça. Especialmente solene e misteriosa é aquela que começa com "Como sabe, meu Pai, pertenço, etc.," e refere-se a certa sociedade secreta. Esta notícia de que pertence a outra "Sociedade de ..." (além da Teos.), na qual nenhum membro conhece os demais e que *não pratica nem tolera o engano* — encheu-me de estupefação e admiração, não menos do que aquela outra notícia que informou-me que alguns de seus membros reivindicam conhecer-me e comunicar-se comigo. Ora! apesar de sua afirmação "como sabe (eu)", confesso para meu grande embaraço, que conheço muito pouco a esse respeito, provavelmente devido a sua usual precaução. Até agora você chaveou-o tão seguramente num canto remoto de seu cérebro e "arranjou sua mente" tão bem quando escrevia para mim, que, naturalmente, fui incapaz de chegar até ali. Sim; sabemos pouco sobre isso; é algo demasiado grandioso e respeitável para nós, no conjunto, apesar do relacionamento alegado. E, desde que, independentemente de seu caráter tipo carbonário, que impede a possibilidade de um membro conhecer qualquer outro, você ainda assim parece conhecer *vários* deles, os quais reivindicam conhecer-me e manter relações comigo, devo naturalmente inferir que você é muito graduado na mesma — seu Presidente talvez, ou "Venerável Mestre Superior"? Bem, esta suspeita levou-me a pensar que alguém tão elevado em uma Sociedade que *nem tolera nem pratica o engano*, não poderia dar importância ao fato de pertencer à nossa pobre Fraternidade que *faz as duas coisas* — ao nível dos seus membros em provação. Daí — meu silêncio. Mas, uma vez que na continuação você se queixa de forma tão tocante de "não ter sido abençoado com uma comunicação" minha, sou novamente obrigado a inferir que você ainda não nos atirou totalmente pela janela, apesar de nossos métodos enganosos; e que até mesmo *tudo que você fez* para mostrar sua desconfiança em relação a nós — desde que aquela carta sua foi escrita — foi, novamente, feito não para "conservar-se no lado seguro" juntamente conosco, mas com o mesmo louvável motivo de servir a causa? Sim, realmente, meu filho, ainda que "tão posto em dúvida e caluniado," você é grandioso em uma certa direção, de qualquer modo.

Em consideração a tudo isso, envio o chela prometido. Chundro Cusho[3], cuja aparência próxima da de um selvagem você desculpará, explicar-lhe-á muito melhor a situação em palavras do que qualquer carta minha poderia fazê-lo. Você terá que aceitar suas condições ou, apesar da minha aflição a este respeito, *teremos que nos separar.*

Enquanto isso, meu filho amado e "leal chela", não pense ainda pior de mim se eu encerrar esta carta *enviando-lhe* UMA SEGUNDA ADVERTÊNCIA.

Ainda afetuosamente,

M.·.

(1) Data, 1882.
(2) As palavras e frases entre aspas são evidentemente citações da carta do Sr. Fern ao Mestre.
(3) Veja a Carta 66.

INTRODUÇÃO

Após muitas vicissitudes, a carta seguinte encontra-se agora em Adyar. Ela encontrava-se há muito tempo com o falecido Professor J.N. Unwala, que, juntamente com o Príncipe Harisinghji Rupsinghji, filiou-se à Sociedade em 1882. H.P.B. e o Coronel Olcott estavam ambos em Wadhwan, Kathiawar, em 22-23 de junho de 1882, como hóspedes do governante, Daji Rai, Thakore Sahib* de Wadhwan, um primo do Príncipe. Esta carta deve ter sido precipitada durante a visita. Está dobrada triangularmente e endereçada ao "ilustre e cético grupo de amigos", que eu suponho consistir de um médico funcionário da Ferroviária de Bhavnagar que era ateu e um excelente polemista, Mirza Moorad Ali Beg;[1] de um inglês[2] nascido na Índia que se converteu muçulmano e era o principal oficial de cavalaria do Marajá de Bhavnagar; do Professor Unwala e de alguns outros. O Príncipe foi um leal teosofista até o final e doou, em nome de sua esposa, o segundo "*Trilithon*,** "

* Thakore Sahib: título que implicava nobreza e poder comparáveis — em certas regiões da Índia do século 19 — aos de um nobre da Europa feudal. (N. ed. bras.)
** "*Trilithon*": uma espécie de pórtico ou portal de pedra, da Índia antiga, com inscrições de significado religioso. Vários deles foram doados à S.T. e estão em Adyar. (N. ed. bras.)

que está a oeste do Salão Principal da Sede Internacional da S.T. em Adyar, na Índia

---

(1) Autor de *The Elixir of Life* (*O Elixir da Vida*), *The Motherland of Nations* (*O Lugar Onde Nascem as Nações*), *The War in Heaven* (*Guerra no Céu*), *The Beni Elohim* (*Elohim Beni*) etc., textos publicados em *The Theosophist*.

(2) George Mitford, filho de um clérigo inglês de Madras.

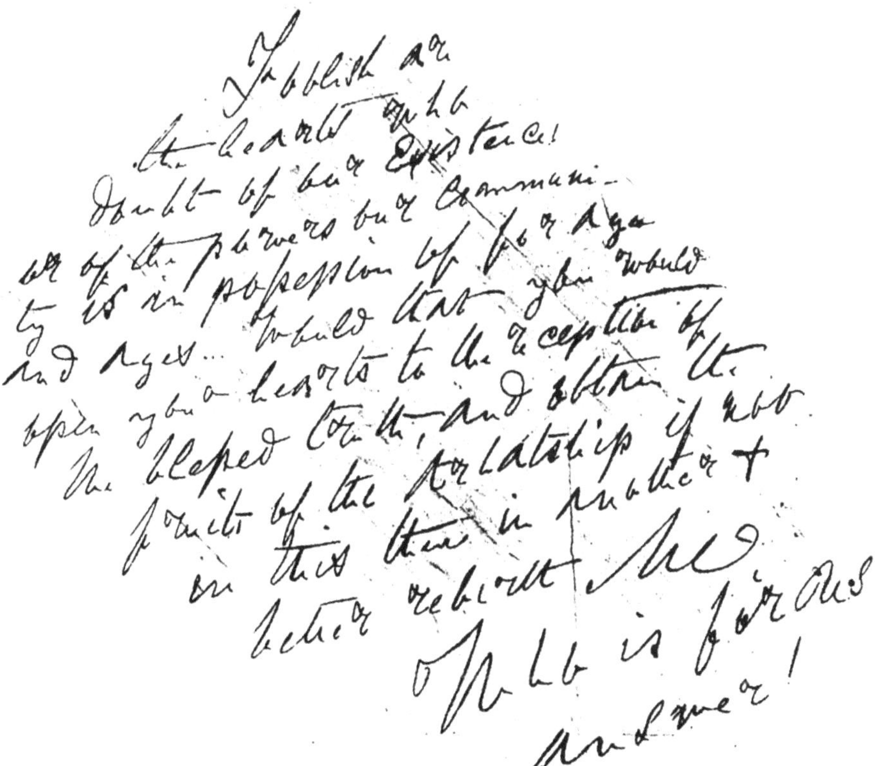

Reprodução da Carta 76

CARTA 76

A todos aqueles a quem possa interessar — ao grupo ilustre e cético.

Tolos são os corações que duvidam da nossa existência! ou dos poderes dos quais a nossa comunidade tem posse, há eras e eras. Gostaria que vocês abrissem seus corações para receber a verdade abençoada, e para obter os frutos do Adeptado, se não nesta, então em outra e melhor encarnação.

M∴

Quem for por nós — reaja!

INTRODUÇÃO

As Cartas que seguem precisam de poucos comentários. Só duas delas estão em Adyar, e as demais são cópias de várias fontes, conforme mencionado nas notas de rodapé.

CARTA 77[1]

Seu espírito é sem dúvida muito próximo do espírito da poesia, e amplamente animado por ele; seu instinto intelectual penetra com facilidade em todos os mistérios e profundidades da natureza, com freqüência conferindo uma bonita forma, verdade e harmonia a seus versos, se é que sou capaz de julgar a poesia inglesa. Um verdadeiro vidente é sempre um poeta, e nunca se pode ser verdadeiramente um poeta a menos que se esteja em perfeita unidade com a natureza oculta, — "um criador pelo direito adquirido com a revelação espiritual" como expressa o grande poeta dinamarquês. Eu estava ansioso, portanto, para que você soubesse o quanto teve sucesso em impressionar os outros. Pois não é suficiente trazer os verdadeiros instintos poéticos dentro da intimidade da alma; estes devem ser fielmente refletidos em prosa e verso, de modo que conduzam o leitor inteligente para onde quer que vá a fantasia do poeta em seu vôo. Enviei seu poema, após lê-lo, para o Sr. Sinnett, que já foi considerado nos círculos literários de Londres como um dos seus melhores críticos. Devido a meu expresso desejo, ele escreveu-me sua opinião, que é totalmente imparcial, e acredito ser a crítica calculada para fazer-lhe o maior bem. Acolha a sugestão e trabalhe sobre o poema, pois você pode fazer dele algo grandioso.

Seja tolerante com o mundo e com aqueles que o cercam. Seja paciente e verdadeiro para consigo próprio, e a sorte que foi uma madrasta para você, meu pobre jovem amigo, ainda pode transformar suas perseguições em generosidade. Aconteça o que acontecer, saiba que estou zelando por você.

K.H.

---

(1) Data, outono de 1881. Escrita para o Sr. Sorabji J.Padshah, editor do *Indian Spectator*. O Sr. Padshah acompanhou os Fundadores ao Ceilão em sua primeira viagem. Após alguns anos, perdeu o interesse na Sociedade. Esta carta é citada na defesa de H.P.B. publicada pelo Conselho Geral da S.T., em 1885.

CARTA 78[1]

Lembre-se também do seguinte. Os adúlteros destilam uma aura venenosa que inflama toda má paixão e exacerba sua própria luxúria. A única maneira de ter sucesso é a separação *absoluta*: não permitirei nem um encontro, um olhar à distância, uma palavra ou até mesmo uma carta. No momento em que você desobedecer estas ordens deixará de ser meu chela. É pernicioso reter uma carta antiga, um talismã, uma recordação e, especialmente, um cacho de cabelo: isto se torna uma centelha que arde lentamente. Você estará em perigo se continuar na mesma cidade ou qualquer lugar dentro de uma distância acessível. Não pode confiar em sua energia moral, pois se tivesse resistência moral teria partido da casa no momento em que o primeiro pensamento libidinoso tentasse sua lealdade . . . Mantenha-se, pois, distante de —— sob qualquer pretexto.

K.H.

(1) Data, 1882, original em Adyar; escrita para um chela em Provação.

CARTA 79[1]

O devotado estudante de Cabala duvida. Quantas almas foram arruinadas por este mesmo pecado. Abraão é um místico desde o nascimento, mas sua educação moderna o estragou. Deve ser-lhe dado algum *insight* sobre os "Mestres" e a conexão deles com a Sociedade, para torná-lo um membro valioso. Há uma crise iminente em que alguns dos melhores membros perderão suas cabeças.[2] Aconselhe-se desde logo com os melhores Membros, e não perca tempo. Elimine todo erro com mão forte. Devem ajudar a si próprios em primeiro lugar e, quando fizerem isso, outro auxílio seguir-se-á em breve.

K.H.

(1) Data — provavelmente início de 1884. A Carta é para T.Subba Row e foi escrita em trânsito pelo Mestre, sobre uma carta para Subba Row de Abraão D. Ezekiel, um indiano judeu que filiou-se à Sociedade em 1882. Vejo que foi citada em uma carta, agora em Adyar, para a Sra. I. Cooper-Oakley, escrita por seu marido que estava em Adyar em 1884.

(2) Refere-se provavelmente à conspiração dos Coulomb, que aconteceu alguns meses mais tarde.

CARTA 80[1]

Por muito boas razões suplico que me permita pedir-lhe o favor de primeiro descobrir o paradeiro do Professor. Tenho alguns assuntos com ele e uma promessa a cumprir.

Atenciosamente,

M.:.

(mal) chamado de "Ilustre" pelo Sr. Sinnett, embora eu seja apenas um pobre *Fakir* tibetano. *Reservado e Confidencial.*

(1) H.P.B. postou uma carta em 5 de novembro de 1881, de Dehra Dun, ao Sr. W.H.Terry, editor do *Harbinger of Light*, Melbourne, que a recebeu em 12 de dezembro. Ela inicia: "Peço, por favor, que se encarregue de enviar o anexo ao destinatário ou esperar até que o Professor retorne à Austrália. Recebi uma carta dele de Paris, se me lembro bem — e a perdi! É-me impossível encontrá-la e não acho seu endereço nos livros, embora saiba que Damodar o anotou". Em trânsito para Melbourne, a Carta 80 foi precipitada no final da carta de H.P.B. ao Sr. Terry. Não há certeza sobre se o "Professor" é o Professor Smith da Carta 81 que se segue. A carta está em Adyar.

CARTA 81[1]

Não é possível escrever a você dentro de suas cartas, mas posso escrever *diretamente*. Trabalhe para nós na Austrália e não seremos ingratos, mas provaremos a você nossa existência real e lhe agradeceremos.

M∴

(1) Recebida em 1º de fevereiro de 1882, em Bombaim pelo Professor John Smith, da Universidade de Sidney. Ele chegou em Bombaim em 13 de janeiro de 1882, com uma carta de apresentação aos Fundadores da Sra. Emma H. Britten. No dia seguinte ele procurou e hospedou-se em Crow's Nest. Após ter viajado pelo norte da Índia, retornou a Crow's Nest em 31 de janeiro. No dia seguinte, após o almoço, aconteceu a precipitação, e o Professor Smith recebeu esta Carta. Não há registro de qualquer trabalho que tenha feito em algum momento na Austrália pela Teosofia. Faleceu em 1885.

INTRODUÇÃO

A Carta com a qual concluo este volume é uma das mais importantes. Não encontrei qualquer referência indicando para quem ela foi enviada, nem por qual dos Mestres. Temos a palavra de H.P.B. de que ela veio de um Mestre, em um documento agora presente nos arquivos de Adyar. Eu a transcrevi a partir deste manuscrito, escrito por ela mesma. Outra versão, com mudanças e adições, apareceu mais tarde na revista *Lucifer*, Vol. I, 1889, sob o título "Algumas Palavras sobre a Vida Diária," mas sem qualquer indicação de quem era o autor. H.P.B., em seu manuscrito de 1885, introduz a Carta como segue:

> "Havendo um cristão liberal, membro da S.T., tomado posição contra o estudo de religiões orientais e duvidado de que ainda houvesse espaço para qualquer nova Sociedade, — foi recebida uma carta respondendo às suas objeções e à sua preferência pelo Cristianismo, tendo sido o conteúdo copiado para ele. Depois disto, não negou mais a conveniência de uma Sociedade como a declarada Associação Teosófica. Uns poucos extratos desta carta pioneira mostrarão claramente a natureza da Sociedade como era concebida na época e que temos apenas tentado seguir e levar adiante, da melhor forma possível, as intenções dos *verdadeiros* criadores da Sociedade naqueles dias. Tendo alegado, o piedoso senhor, que era um teosofista e que tinha direito de julgamento sobre outras pessoas, foi-lhe dito" [o que segue como Carta 82]:

CARTA 82[1]

. . . Você não tem direito algum a este título. É apenas um filo-teosofista, pois alguém que tenha alcançado a plena compreensão do *nome e da natureza* de um teosofista não fará julgamento de nenhum homem ou ação . . . Você afirma que sua religião é o passo mais elevado e final em direção à Sabedoria Divina nesta terra, e que ela introduziu nas artérias do velho mundo decadente sangue e vida nova e verdades que permaneceram desconhecidas para os pagãos. Se assim fosse de fato, sua religião teria introduzido as mais elevadas verdades nas relações sociais, civis e internacionais da cristandade. Ao invés disto, como qualquer um pode perceber, sua vida social e sua vida privada não estão baseadas sobre uma solidariedade moral universal, mas apenas em constante oposição mútua e em um equilíbrio puramente mecânico de poderes e interesses individuais . . . Se quiser ser um teosofista, não deve fazer como aqueles ao seu redor que invocam um Deus de Verdade e Amor e servem aos poderes obscuros da Força, da Ganância e do Acaso. Olhamos para sua civilização cristã e vemos os mesmos tristes sinais dos tempos antigos: as realidades de suas vidas diárias são diametralmente opostas ao seu ideal religioso, mas não o sentem; o pensamento de que as próprias leis que governam sua existência no domínio da política e da economia social chocam-se dolorosamente com os fundamentos de sua religião não parece causar-lhes a menor preocupação. Mas se as nações do Ocidente estão plenamente convencidas de que o ideal nunca pode tornar-se prático e a prática nunca alcançará o ideal — então devem fazer sua escolha: ou é sua religião que é impraticável e, neste caso, ela é apenas uma presunçosa ilusão, ou ela pode encontrar uma aplicação prática, mas são vocês, vocês mesmos que não se dão ao trabalho de aplicar sua ética ao seu andar diário na vida . . . Daí que, em vez de convidarem outras nações "para a mesa do festival do Rei" da qual seus convidados levantam-se mais famintos do que antes de sentar-se, vocês deveriam — antes de tentar trazê-los para sua própria maneira de pensar, olhar para o repasto que eles oferecem . . . Sob a dominação e a influência dos credos exotéricos, sombras grotescas e distorcidas de realidades teosóficas, sempre haverá a mesma opressão dos fracos e dos pobres e a mesma luta tempestuosa dos ricos e poderosos entre si mesmos ... *É somente a filosofia esotérica*, a harmonização espiritual e psíquica do homem com a natureza, que, através da revelação de verdades fundamentais, pode trazer aquele tão desejado estado intermediário entre os dois extremos do Egoísmo humano e do Altruísmo divino e, finalmente, conduzir ao alívio do sofrimento humano.

A Teosofia não deve representar apenas uma coleção de verdades morais, um pacote de Ética metafísica que se resume em dissertações teóricas. A Teosofia deve ser transformada em algo prático e precisa, portanto, ser libertada de discussões inúteis. . . Ela deve ter sua expressão objetiva em um código de vida que abarque tudo, plenamente impregnado por seu espírito — o espírito de tolerância mútua, caridade e amor. Seus seguidores devem dar o exemplo de uma moralidade tão firmemente delineada quanto firmemente aplicada antes que adquiram o direito de apontar, mesmo que num espírito de benevolência, a ausência de uma tal Unidade ética e coerência de propósito em outras associações e indivíduos. Como foi dito antes — nenhum teosofista deveria acusar um irmão, seja dentro ou fora da associação, nem censurar suas ações ou denunciá-lo, sob pena de ele próprio perder o direito de ser considerado um teosofista. Afaste sempre o olhar das imperfeições do seu próximo, e concentre antes a atenção sobre suas próprias falhas a fim de corrigi-las e tornar-se mais sábio ... Não mostre a disparidade entre a palavra e a ação de outro homem mas, seja ele irmão ou vizinho, auxilie-o antes em sua árdua caminhada pela vida... O problema da verdadeira Teosofia e sua grande missão é a produção de claras e inequívocas concepções de idéias e deveres éticos que satisfaçam mais e melhor os sentimentos retos e altruístas em nós; e moldar estas concepções em formas de vida diária que possam ser aplicadas com a maior eqüidade ...Tal é o trabalho comum em perspectiva para todos os que estão querendo agir de acordo com estes princípios. É uma tarefa laboriosa e requererá empenho vigoroso e perseverante, mas deve conduzi-los imperceptivelmente ao progresso e não deixar lugar algum para quaisquer aspirações egoísticas fora dos limites traçados... Não caia em comparações não fraternas entre a tarefa realizada por você mesmo e o trabalho deixado sem fazer pelo seu próximo ou irmão, no campo da Teosofia, *pois ninguém deve capi-*

nar um pedaço de terra maior do que sua força e capacidade o permitam ...Não sejam demasiado severos sobre os méritos ou deméritos de alguém que busque admissão entre suas fileiras, pois a verdade a respeito do estado real do homem interno pode ser conhecida e tratada com justiça somente pelo *karma*. Mesmo a simples presença entre vocês de um indivíduo bem intencionado e simpatizante pode ajudá-los magneticamente... Vocês são Trabalhadores Livres no Território da Verdade e, nesta condição, não devem deixar qualquer obstrução nos caminhos que levam até ela.

. . . *O Grau de sucesso ou fracasso são as balizas que teremos que seguir, pois elas constituirão as barreiras colocadas, por suas próprias mãos, entre vocês e aqueles a quem pediram que fossem seus instrutores. Quanto maior a aproximação da meta contemplada, menor a distância entre o estudante e o Mestre.*

---

(1) Os espaços indicados na carta através de reticências existem no original de H.P.B. Às vezes, no entanto, H.P.B. coloca uma sucessão de pontos, não para indicar qualquer omissão, mas meramente como o início de frases.

Anexo A

Como um “Chela” Encontrou seu “Guru”

Anexo A[1]
COMO UM "CHELA" ENCONTROU SEU "GURU"

Por S. Ramaswamier, M.S.T.

(Trecho de uma carta pessoal a Damodar K. Mavalankar, Secretário Adjunto da Sociedade Teosófica.)

. . . Quando nos encontramos pela última vez em Bombaim, contei-lhe o que havia me acontecido em Tinnevelly. Minha saúde estava abalada pelo trabalho oficial e a preocupação, de modo que solicitei uma licença médica, que foi devidamente concedida. Certo dia, em setembro último, enquanto estava lendo em meu quarto, recebi ordens pela voz audível de meu abençoado Guru, M——— Maharsi, de deixar tudo de lado e partir imediatamente para Bombaim, onde deveria procurar a Sra. Blavatsky onde quer que pudesse encontrá-la e segui-la onde quer que fosse. Sem perder tempo, encerrei todos meus assuntos e parti, pois as tonalidades daquela voz são para mim o som mais divino da natureza; suas ordens, imperativas. Viajei vestindo meu manto de asceta. Ao chegar em Bombaim, soube que a Sra. Blavatsky havia partido e soube também, por intermédio de você, que havia partido alguns dias antes; que estava muito doente e que, além do fato de ter partido muito subitamente com um Chela, você nada sabia de seu paradeiro. E agora, devo contar-lhe o que me aconteceu depois que me despedi de você.

Sem realmente saber para onde deveria ir, tomei um trem para Calcutá; mas, ao chegar em Allahabad, ouvi a mesma voz bem conhecida mandando-me ir para Berhampore. Em Azimgunge, no trem, encontrei de modo muito *providencial,* poderia dizer, com alguns *Babus* (não sabia então que eram teosofistas, já que não os conhecia), que também estavam à procura da Sra. Blavatsky. Alguns a haviam seguido até Dinapore, mas perderam sua pista e voltaram para Berhampore. Sabiam, disseram, que ela estava indo ao Tibete e queriam lançar-se aos pés dos *Mahatmas* para obter permissão de acompanhá-la em sua viagem.* Finalmente, como foi-me dito, receberam uma nota dela, informando-os que viessem se assim o desejavam, mas que ela própria estava proibida de ir ao Tibete neste momento. Deveria permanecer, disse, nas vizinhanças de Darjeeling e veria os IRMÃOS no território *sikkim*, onde eles não teriam permissão para segui-la ...O Irmão Nobin[2], Presidente da Sociedade Teosófica Adhi Bhoutic Bhratru, não queria dizer-me onde estava a Sra. Blavatsky, ou talvez ele próprio não o soubesse. De qualquer modo, ele e outros arriscaram tudo na esperança de ver os *Mahatmas*. No dia 23, finalmente, fui trazido por *babu* Nobin de Calcutá para Chandernagore onde encontrei a Sra. Blavatsky pronta para partir, em cinco minutos, com o trem. Um Chela alto, de cabelos escuros (não era Chunder Cusho, mas um tibetano, suponho, a julgar por suas vestes) que encontrei após ter atravessado o rio com ela em um barco, disse-me que eu havia chegado muito tarde, que a Sra. Blavatsky já havia visto os *Mahatmas* e que ele a tinha trazido de volta. Não ouviu minhas súplicas para levar-me com ele, dizendo que não tinha outras ordens a não ser aquelas que já havia cumprido, isto é, levá-la cerca de 25 milhas, até além de um certo lugar que referiu e, agora, verificar se ela estava a salvo na estação, após o que, retornaria. Os irmãos teosofistas bengalis também a tinham seguido, chegando à estação meia hora mais tarde. Atravessaram o rio de Chandernagore até uma pequena estação ferroviária no lado oposto. Quando o trem chegou, ela entrou no vagão e, ao entrar encontrei o Chela! Então, antes mesmo que suas próprias coisas pudessem ser colocadas no compartimento para malas, o trem, contra todos os regulamentos e antes que a sirene houvesse tocado — partiu, deixando *babu* Nobin, os bengalis e o servidor dela para trás. Apenas um *babu*, e a esposa e a filha de outro — todos Teosofistas candidatos ao Chelado — tiveram tempo de entrar. Eu tive somente o tempo exato de saltar para dentro do último vagão. Todas as coisas dela,

---

* A julgar pelo contexto da carta e dos acontecimentos, pode ter havido aqui um problema de transcrição do texto. Certamente a intenção dos peregrinos era acompanhar H.P.B., para poder lançar-se aos pés dos *Mahatmas*, e não o contrário. Acompanhar H.P.B. não era o objetivo em si, mas um meio de chegar a Eles. (N. ed. bras.)

exceto uma caixa contendo a correspondência teosófica, foram deixadas para trás, juntamente com seu servidor. De qualquer maneira, mesmo as pessoas que entraram no mesmo trem com ela, não alcançaram Darjeeling. *Babu* Nobin Banerjee e o criado chegaram cinco dias depois; e aqueles que tiveram tempo de tomar seus assentos, foram deixados cinco ou seis estações antes, devido a outro incidente imprevisto(?) em outro lugar mais adiante, chegando em Darjeeling também alguns dias mais tarde! Não é preciso grande imaginação para saber que a Sra. Blavatsky tinha sido, ou estava sendo, talvez, levada novamente à presença dos IRMÃOS aos quais, por alguma boa razão melhor conhecida por eles mesmos, não desejavam que nós a seguíssemos e a observássemos. Dois dos *Mahatmas*, segundo informações consideradas seguras, encontravam-se na vizinhança do território britânico; e um deles foi visto e reconhecido — por uma pessoa que não é necessário mencionar aqui — como um elevado *Chutuktu* do Tibete.

Nos primeiros dias de sua chegada a Sra. Blavatsky hospedou-se na casa de um senhor bengali, teosofista. Recusava-se a receber qualquer pessoa e preparava-se, segundo eu pensei, para ir novamente para algum lugar na fronteira do Tibete. Com todas nossas investidas pudemos obter apenas esta resposta dela: que não tínhamos motivo para *andar grudados nela e nem para segui-la*, que ela não nos queria e que não tinha o direito de perturbar os *Mahatmas* com todo tipo de perguntas que diziam respeito apenas aos que indagavam, pois eles conheciam melhor seus próprios assuntos. Em desespero, *decidi, acontecesse o que acontecesse*[3], atravessar a fronteira que ficava a cerca de 12 milhas dali e encontrar os *Mahatmas*, ou — MORRER. Não parei um instante para pensar que o que estava a ponto de fazer seria visto como o ato temerário de um lunático. Nunca falei nem entendia uma palavra, seja de bengali, seja de urdu ou de nepalês, nem tampouco das línguas do Butão ou Tibete. Não tinha permissão, nem “passe” do Rajá do Sikkim e, contudo, estava decidido a penetrar em pleno território de um estado independente onde, se algo acontecesse, os oficiais anglo-indianos não me protegeriam — mesmo se pudessem fazê-lo — porque eu teria entrado sem sua permissão. Mas nada disso sequer passou pela minha cabeça, estava concentrado em torno de uma única *idéia* que crescia cada vez mais — encontrar e ver meu Guru. Sem dizer uma palavra das minhas intenções a ninguém, certa manhã, exatamente a 5 de outubro, parti em busca do *Mahatma*. Possuía um guarda-chuva e um bastão de peregrino como únicas armas, e algumas poucas rúpias em meu bolso. Trajava as vestes amarelas e o gorro. Sempre que me sentia cansado durante o caminho, minha indumentária facilmente permitia obter — por uma pequena soma — um pônei para transportar-me. Na mesma tarde alcancei as margens do rio Rungit, que constitui a fronteira entre os territórios britânico e *sikkhim*. Tentei atravessá-lo pela ponte aérea suspensa, construída com bambu, mas ela balançou-se para um lado e outro de tal maneira que eu, que nunca soube em minha vida o quanto isto era difícil, não pude manter-me em pé. Atravessei o rio com a balsa e mesmo isto com muito perigo e dificuldade. Toda aquela tarde viajei a pé, penetrando mais e mais no coração do território *sikkhim*, ao longo de uma trilha estreita. Não sei quantas milhas andei antes do anoitecer, mas tenho certeza de que não foram menos do que vinte ou vinte e cinco. Durante o caminho só via selvas e florestas impenetráveis por todos os lados, mas a longos intervalos havia cabanas solitárias pertencentes à população da montanha. Ao anoitecer comecei a olhar em torno procurando um lugar para descansar durante a noite. Encontrei no caminho, à tarde, um leopardo e um gato selvagem; e agora fico perplexo ao pensar como pude não sentir medo nem tentar fugir. Todo o tempo alguma influência secreta apoiava-me. Medo ou ansiedade não penetraram em minha mente em momento algum. Talvez em meu coração não houvesse lugar para outro sentimento a não ser um intenso anseio de encontrar meu Guru. Quando estava já escurecendo, avistei uma cabana solitária a pouca distância da estrada. Dirigi meus passos para ela na esperança de encontrar alojamento. A porta rudimentar estava trancada. A choupana estava desocupada no momento. Examinei-a por todos os lados e encontrei uma abertura no lado oeste. Era realmente pequena, mas suficiente para que eu pulasse para dentro. Havia uma pequena portinhola e um ferrolho de madeira. Por uma estranha coincidência das circunstâncias o montanhês esqueceu de trancá-la por dentro quando trancou a porta! Naturalmente, depois do que aconteceu subseqüentemente, vejo hoje, através da visão da fé, a mão de meu Guru por todos os lugares à minha volta. No interior da cabana, percebi que havia uma comunicação de um quarto com outro quarto, através de uma pequena porta, e estes dois constituíam o espaço total desta casa silvestre. Deitei-me, concentrando todo pensamento em meu Guru como sempre, e logo caí em sono profundo. Antes de dormir tranquei a porta do outro quarto e a única janela. Deve ter sido entre dez e onze horas, ou talvez um pouco mais tarde, que acordei e ouvi sons de passos no quarto adjacente. Podia distinguir claramente duas ou três pessoas conversando em um dialeto que para mim parecia apenas uma tagarelice desarticulada. Agora não posso lembrar-me disso sem um estremecimento. A qualquer momento eles poderiam ter vindo ao outro quarto e me matado para roubar meu dinheiro. O mesmo destino me esperava se me tomassem por um ladrão. Este e outros pensamentos análogos encheram minha cabeça durante um tempo inconcebivelmente curto. Mas meu coração não palpitava de medo, nem por um momento sequer pensei nas possibilidades trágicas do evento! Não sei que influência secreta sustentava-me, mas nada podia desestruturar-me ou fazer-me temer; estava perfeitamente calmo. Embora estivesse deitado na escuridão, acordado e alerta, por mais de duas horas e, até mesmo tendo caminhado no quarto suave e vagarosamente, sem fazer qualquer ruído, para ver se podia fugir em caso de necessidade de volta à floresta do mesmo modo em que havia entrado na cabana — nenhum medo, repito, ou qualquer sentimento similar jamais entrou em meu coração. Preparei-me para descansar. Após um sono profundo, não perturbado por qualquer sonho, acordei e percebi que estava amanhecendo. Coloquei rapidamente minhas botas e cautelosamente saí da cabana pela mesma janela. Podia ouvir o ressonar dos proprietários da cabana no quarto ao lado. Mas não perdi tempo; peguei o caminho para Sikkhim (a cidade) e continuei minha jornada com ânimo infatigável. Do mais fundo de meu coração, agradeci a meu venerável Guru pela proteção que concedeu-me durante a noite. O que impediu os proprietários da cabana de penetrar no segundo quarto? O que manteve-me com o mesmo espírito calmo e sereno como se estivesse em um quarto de minha própria casa? O que poderia fazer-me dormir tão profundamente sob tais circunstâncias, com enormes, escuras florestas por todos os lados, cheias de animais selvagens, e um grupo de cortadores de garganta — como se diz serem a maioria dos *sikkhimeses* — no quarto ao lado, com uma porta fácil de abrir e rudimentar entre eles e eu?

Quando o dia ficou bem claro, retomei viagem por vales e montanhas. A cavalo ou caminhando, os caminhos que segui não são uma jornada prazeirosa para homem algum, a menos, suponho, que ele esteja tão profundamente absorto em pensamentos como estava então eu próprio, e bastante alheio a tudo que afete o corpo. Eu tenho cultivado o poder de concentração mental a um tal grau que, em muitas ocasiões, tenho sido capaz de ficar totalmente alheio a qualquer coisa que me circunde quando minha mente está concentrada no objetivo único de minha vida, como vários amigos meus poderão certificar; mas nunca em uma intensidade tão grande quanto naquele momento.

Eram, penso, oito ou nove da manhã e eu estava seguindo o caminho em direção à cidade de Sikkhim de onde — foi-me assegurado pelas pessoas que encontrei pelo caminho — poderia atravessar facilmente para o Tibete com minhas vestes de peregrino, quando, subitamente, vi um cavaleiro solitário galopando em minha direção, proveniente do lado oposto. Devido a sua alta estatura e pela maneira hábil com que manejava o animal, pensei que era algum oficial militar do Rajá do Sikkhim. E agora, pensei, fui apanhado! Ele me solicitará minha autorização de viagem e perguntará o que estou fazendo no território independente do Sikkhim e, talvez, irá prender-me e mandar-me de volta — se não pior. Mas, na medida em que ele se aproximava, refreou o cavalo. Olhei-o e o reconheci instantaneamente ...eu estava em sua sublime presença, do mesmo *Mahatma*, meu próprio reverenciado Guru que havia visto antes em seu corpo astral, no terraço da sede da Sociedade Teosófica! Foi ele, o "IRMÃO do Himalaia" que naquela para sempre memorável noite de dezembro último, fez cair tão amavelmente uma carta em resposta a uma que eu havia entregado em um envelope fechado à Sra. Blavatsky — a quem eu não perdi de vista por um momento sequer durante aquele intervalo de apenas uma hora! Instantaneamente prostrei-me a seus pés. Levantei-me a uma ordem sua e olhando com vagar para sua face, esqueci-me inteiramente de mim na contemplação da imagem que conhecia tão bem, tendo visto seu retrato várias vezes (aquele que está com o Coronel Olcott). Não sabia o que dizer: alegria e reverência travavam minha língua. A majestade de sua fisionomia, que parecia-me ser a *personificação* do poder e do pensamento, mantinha-me embevecido e em êxtase. Eu estava finalmente face a face com "o *Mahatma* do Himavat" e ele não era mito, não era "produto da imaginação de um médium", como alguns céticos sugerem. Não era o sonho de uma noite: passava das nove da manhã. O sol brilhava e testemunhava silenciosamente a cena de cima. Eu o vejo diante de mim em carne e osso; e ele fala comigo em tom amável e gentil. O que mais posso querer? O excesso de felicidade deixou-me mudo. Somente depois de alguns momentos consegui dizer algumas palavras, encorajado por seu tom de voz e fala amável. Sua pele não é tão clara quanto a do *Mahatma* Koot Hoomi; mas nunca vi um semblante tão respeitável, uma estatura tão alta e tão majestosa. Como em seu retrato, ele tem barba negra curta e longos cabelos negros que caem até o peito; apenas sua roupa era diferente. Ao invés de um manto branco e folgado, ele vestia um manto amarelo forrado de pele e, em sua cabeça, ao invés de um pagri*, um gorro tibetano de feltro, como vi alguns butaneses vestirem naquele país. Quando os primeiros momentos de enlevo e surpresa passaram e eu compreendi calmamente a situação, mantive um longa conversa com ele. Ele disse que eu não seguisse adiante, pois fracassaria. Que deveria esperar pacientemente se quisesse tornar-me um Chela aceito; que muitos eram os que se ofereciam como candidatos, mas apenas muito poucos eram dignos; ninguém era rejeitado — todos tentavam, mas a maioria fracassava rotundamente, especialmente —— e ——. Alguns, ao contrário de terem sido aceitos e proferirem seus votos neste ano, foram agora desligados por um ano. ... O *Mahatma*, percebi, fala muito pouco inglês, ou pelo menos pareceu-me assim, e falou comigo em minha língua materna tamil. Falou-me que se o *Chohan* permitir a ida da Sra. B. para Pari-jong no próximo ano eu poderei ir com ela. ...Os teosofistas bengalis que seguiram "*Upasika*" (a Sra. Blavatsky) veriam que ela estava certa em tentar dissuadi-los de segui-la agora. Perguntei ao abençoado *Mahatma* se poderia contar o que vi e ouvi para outros. Ele respondeu afirmativamente e mais que isso, que eu faria bem em escrever para você descrevendo tudo...

Devo gravar em sua mente toda a situação e pedir-lhe para ter bem presente que aquilo que *vi* não foi a mera "aparência", o corpo

---

* *Pagri:* turbante (N.ed. bras.)

astral do *Mahatma*, como o vimos em Bombaim, *mas o homem vivo, em seu próprio corpo físico*. Ele teve prazer em dizer, quando lhe ofereci minha *namaskarams* (prostração) de despedida, que aproximava-se do território britânico para ver *Upasika*. ...Antes que ele partisse, dois outros homens chegaram a cavalo, seus assistentes, suponho, provavelmente Chelas, pois estavam vestidos como *lama-gyllongs* e ambos, como ele, tinham longos cabelos caindo em suas costas. Seguiram o *Mahatma*, quando ele partiu num trote manso. Por mais de uma hora fiquei olhando para o lugar que ele recém havia deixado e então, vagarosamente, voltei sobre meus passos. Somente agora é que percebi que minhas longas botas haviam machucado minhas pernas em diversos lugares, que nada havia comido desde o dia anterior, e que estava muito fraco para continuar caminhando. Todos meus membros estavam doloridos. A uma curta distância vi pequenos comerciantes com pôneis nativos para arrendar. Aluguei um destes animais. À tarde alcancei o rio Rungit e o atravessei. O banho em suas águas frias renovou-me. Comprei algumas frutas na única loja do lugar e as comi com grande apetite. Tomei outro cavalo imediatamente e cheguei em Darjeeling tarde da noite. Não conseguia comer, nem sentar, nem permanecer em pé. Todas as partes de meu corpo estavam doendo. Minha ausência aparentemente havia alarmado a Sra. Blavatsky. Ela repreendeu-me por minha temerária e louca tentativa de ir ao Tibete desta maneira. Quando entrei em casa encontrei com a Sra. Blavatsky, o *babu* Parbati Churn Roy, subcoletor de Assentamento e Superintendente de Vistorias em Dearah, e seu assistente, *babu* Kanty Bhushan Sen, ambos membros de nossa Sociedade. A pedido seu e ordem da Sra. Blavatsky, relatei detalhadamente tudo o que havia me acontecido, com exceção, naturalmente, de minha conversa privada com o *Mahatma* ... Todos ficaram, para dizer o mínimo, atônitos! ...Afinal, ela não irá este ano para o Tibete; com o que, tenho certeza, ela não se importa, uma vez que viu nosso Mestre, realizando assim seu único objetivo. Mas nós, pobres infelizes! Perdemos nossa única oportunidade de ir e de oferecermos nossa devoção aos "Irmãos do Himalaia", os quais — eu sei — não atravessarão tão cedo o território britânico, se é que o farão novamente.

Escrevo-lhe esta carta, meu querido irmão, para mostrar-lhe o quanto estávamos certos em protestar contra a carta de "H.X" em *The Theosophist*. Os métodos dos *Mahatmas* podem parecer, para nossa visão limitada, estranhos e injustos, até mesmo cruéis — como no caso de nossos irmãos, os *babus* bengalis, alguns dos quais estão agora acamados, com gripe e febre e talvez murmurando contra os "Irmãos", esquecendo que eles nunca pediram ou pessoalmente permitiram que viessem, mas que eles mesmos agiram muito precipitadamente...

E agora que vi o *Mahatma* em carne e osso e ouvi sua voz viva, que ninguém ouse dizer-me que os "Irmãos" *não existem.* Aconteça agora o que acontecer, a morte não me causa medo nem tampouco a vingança dos inimigos; pois o que eu sei, eu "sei"!

Por favor, mostre esta ao Coronel Olcott, que foi o primeiro a abrir meus olhos à *Gnana Marga,* e que ficará feliz em saber do êxito (maior do que mereço) com o qual fui contemplado. Darei detalhes a ele pessoalmente.

S. Ramaswamier, M.S.T.

Darjeeling, 7 de outubro de 1882.

---

(1) The Theosophist, dezembro de 1883.

(2) Nobin K. Bannerji.

(3) *Nota de Damodar Mavalankar*: Chamo especial atenção de alguns de meus ansiosos correspondentes para esta expressão e, de fato, para toda a aventura do Sr. Ramaswamier. Ela mostrará aos muitos que resmungam e aos céticos que têm se queixado tão amargamente para mim de que os Irmãos não lhe deram sinal algum de sua existência, qual é a espécie de espírito que atrai os Adeptos até um aspirante. As duas noções comuns, de que a mera filiação a nossa Sociedade dá todo o direito à instrução oculta e que um desejo inerte e sentimental por luz deveria ser recompensado, surgem da lamentável ignorância que agora prevalece com respeito às leis do treinamento místico. Existem gurus hoje, assim como sempre existiram no passado; e agora como daqui para a frente, o verdadeiro Chela pode encontrar entre eles um que o tomará sob seus cuidados, se, tal como nosso irmão de Tinnevelly, ele estiver determinado "a encontrar o *Mahatma* — ou morrer!" D.K. Mavalankar.

Anexo B

Os Irmãos do Himalaia — Eles Realmente Existem?

Anexo B[1]

OS IRMÃOS DO HIMALAIA — ELES REALMENTE EXISTEM?

POR MOHINI MOHAN CHATTERJEE, M.A., ADVOGADO, M.S.T.*

"Peça e lhe será dado, bata e lhe será aberto" — esta é uma representação exata da posição do investigador sério sobre a existência dos *Mahatmas*. Não soube de ninguém que tenha realizado esta investigação com a devida seriedade e não tenha sido recompensado pelo seu trabalho com conhecimento — e certeza. Apesar de tudo isso existem muitas pessoas que criticam e criticam, mas não se dariam ao trabalho de experimentar a coisa por si mesmas. Tanto para os europeus quanto para um setor de nossos próprios compatriotas — os graduados das Universidades, muito europeizados — a existência dos *Mahatmas* é vista com incredulidade e desconfiança, para dizer o mínimo. A posição dos primeiros é facilmente compreensível, pois estes assuntos encontram-se tão distantes de seus horizontes intelectuais e sua auto-suficiência é tão grande, que são praticamente impermeáveis a estas idéias novas. Mas é muito mais difícil compreender por que pessoas deste país, que nasceram e cresceram numa atmosfera saturada com estas tradições, deveriam apresentar tal ceticismo. Seria mais natural para eles, por outro lado, aceitar provas como as que agora estou colocando diante do público, com a mesma satisfação sentida por um astrônomo quando uma nova estrela, cujos elementos ele calculou, aparece navegando dentro de seu campo de observação. Eu próprio fui um completo descrente até apenas dois anos atrás. Em primeiro lugar, nunca havia testemunhado pessoalmente nenhum fenômeno oculto, nem encontrado alguém que o tivesse feito neste pequeno círculo de nossos compatriotas, que em minha educação foram descritos como os únicos merecedores de algum respeito — as "classes educadas". Foi somente em outubro de 1882 que realmente dediquei algum tempo e atenção a este assunto, e o resultado é que tenho tão pouca dúvida em relação à existência dos *Mahatmas*

---

* Indicações de um Mestre sobre como Mohini deveria escrever este texto constam do penúltimo parágrafo da Carta 59, Segunda Série. (N. ed. bras.)

quanto em relação à minha própria. Eu agora *sei* que eles existem. Mas, por um longo tempo, as provas que havia recebido não possuíam, todas, um caráter objetivo. Muitas coisas que constituíam provas bastante satisfatórias para mim não o seriam para o leitor. Por outro lado, não tenho o direito de falar da evidência incontestável que *agora* possuo. Portanto devo fazer o melhor que posso com o pouco que me é permitido falar. No presente texto, reuni evidências que possam ser perfeitamente satisfatórias para todos aqueles capazes de algum modo de mensurar sua força comprobatória.

As evidências agora colocadas diante do público foram coletadas por mim durante os meses de outubro e novembro de 1882 e eu estava, na época, em contato com alguns dos principais líderes da Sociedade Teosófica, o Sr. Sinnett, entre outros. O relato da entrevista do irmão Ramaswamier com seu "guru", no Sikkhim, estava então pronto para publicação, e não havia necessidade, na opinião deles, de que o presente texto fosse escrito. Mas, uma vez que se tentou, em algumas partes, minimizar o efeito das evidências do Sr. Ramaswamier chamando-as, bastante absurdamente, de "alucinações de um arquivista ambulante quase congelado", penso que se pode ganhar algo através da publicação de testemunhos perfeitamente independentes e talvez de igual, senão de maior valor, ainda que de um caráter completamente diferente. Com estas palavras de explicação quanto ao atraso da sua publicação, ofereço este texto à crítica de nossos amigos céticos. Que eles considerem calmamente e se pronunciem sobre o testemunho do mascate tibetano em Darjeeling, apoiado e reforçado pelo testemunho independente de um jovem *brahmachari* em Dehradun. As pessoas que estavam presentes quando as declarações foram tomadas ocupam todas posições muito respeitáveis na vida — algumas pertencendo, de fato, às classes mais elevadas da sociedade hindu, e várias sem conexão alguma com o movimento teosófico, mas, ao contrário, totalmente hostis a ele. Naqueles dias, volto a dizer, eu era um pouco cético. Foi somente após ter coletado as evidências que seguem e ter recebido mais do que uma prova da existência real de meu venerado Mestre, *Mahatma* Koothoomi, cuja presença — totalmente independente da Sra. Blavatsky, Coronel Olcott ou qualquer "suposto" Chela — tornou-se evidente para mim de várias maneiras diferentes, que coloquei de lado a insensatez de duvidar por mais tempo. Agora não acredito mais — *SEI*; e, sabendo, gostaria de ajudar outros a alcançar o mesmo privilégio.

M.M.C.

Durante minha primeira visita a Darjeeling, hospedei-me na mesma casa com vários teosofistas, todos candidatos tão ardentes quanto eu ao Chelado e a maioria deles tão cheios de dúvidas com relação aos *Mahatmas* do Himalaia quanto eu mesmo estava naquela época. Encontrei em Darjeeling pessoas que reivindicavam serem chelas dos Irmãos do Himalaia e terem visto e vivido com eles durante anos. Riam diante de nossa perplexidade. Um deles mostrou-nos um retrato, admiravelmente bem executado, de um homem que parecia ser uma pessoa eminentemente santa e que, foi-me dito, era o *Mahatma* Koothoomi (agora meu venerado Mestre), a quem o livro do Sr. Sinnett *O Mundo Oculto* é dedicado. Poucos dias após minha chegada, um mascate tibetano chamado Sundook veio casualmente até nossa casa para vender suas coisas. Sundook era bem conhecido há anos em Darjeeling e nas vizinhanças como um comerciante itinerante de bugigangas tibetanas, e visitava o país todos os anos no exercício de sua profissão. Ele veio à casa várias vezes durante nossa estadia ali e nos parecia, por sua simplicidade, comportamento digno e maneiras aprazíveis, ser um homem naturalmente cavalheiro. Ninguém podia descobrir nele qualquer traço de caráter que fosse, mesmo remotamente, aliado aos selvagens incivilizados, como os tibetanos são considerados pelos europeus. Ele poderia muito bem ter passado por um cortesão treinado, exceto pelo fato de que era muito bom para ser um deles. Veio até a casa enquanto eu estava lá. Na primeira ocasião estava acompanhado por um jovem *goorkha*, chamado Sundar Lall, empregado do escritório do jornal *Darjeeling News,* e que cumpria a função de intérprete. Mas logo percebemos que o dialeto peculiar do hindi que ele falava era inteligível para alguns de nós sem qualquer intérprete e, assim, não houve necessidade de ninguém mais nas ocasiões seguintes. No primeiro dia fizemos algumas perguntas gerais a ele sobre o Tibete e a seita Gelugpa, à qual disse que pertencia, e suas respostas corroboraram as afirmações de Bogle, Turnour e outros viajantes. No segundo dia perguntamos se tinha ouvido falar de alguma pessoa no Tibete que possuísse poderes extraordinários, além dos grandes lamas. Disse que tais homens existiam. Que não eram lamas regulares, mas muito superiores a eles, e que viviam geralmente nas montanhas — mais além de Tchigatze e também nas proximidades da cidade de Lhassa. Estes homens, disse, produzem muitos e maravilhosos fenômenos ou "milagres" e alguns de seus chelas, ou *lotus* como são chamados no Tibete, curam os doentes dando-lhes para comer o arroz que eles descascaram com suas próprias mãos, etc. Então um de nós teve uma idéia gloriosa. Sem dizer uma palavra, o retrato acima mencionado do *Mahatma* K.H. foi-lhe mostrado. Ele o olhou por alguns segundos e, então, como se subitamente o reconhecesse, fez uma profunda reverência ao retrato e disse que era a imagem de um *Chohan* (*Mahatma*) que ele havia visto. A seguir começou a descrever rapidamente a vestimenta do *Mahatma* e os seus braços nus; adequando a ação à palavra, tirou sua capa e descobrindo seus braços até os ombros, fez a aproximação mais exata possível à figura do retrato, no que diz respeito a sua vestimenta.

Disse que havia visto o *Mahatma* em questão acompanhado por um grupo numeroso de *gylungs*, mais ou menos na mesma época do ano anterior (início de outubro de 1881) num lugar chamado Giansi, dois dias de viagem ao sul de Tchigatze, e onde o narrador tinha ido fazer compras para seu comércio. Ao ser inquirido sobre o nome do *Mahatma*, disse, para nossa enorme surpresa: "Eles são chamados Koothum-pa." Sendo interrogado minuciosamente e perguntado o que queria dizer com "eles", e se estava nomeando um homem ou muitos, respondeu que Koothum-pas eram muitos, mas havia apenas um homem ou chefe entre eles com este nome; os discípulos são sempre chamados pelo nome de seu guru. Daí que, sendo o nome do último Koot-hum, o de seus discípulos era "Koothum-pa". Um dicionário tibetano lançou luz sobre esta explicação — encontramos que a palavra "pa" significa "homem"; "Bod-pa" é um "homem de Bod ou Tibete", etc. Analogamente, Koothum-pa significa homem ou discípulo de Koothoom ou Koothoomi. Em Giansi, disse o mascate, o mercador mais rico do lugar foi ver o *Mahatma*, que havia parado para descansar no meio de um extenso campo, e pediu-lhe para abençoá-lo acompanhando-o a sua casa. O *Mahatma* respondeu que estava melhor naquele mesmo lugar, porque tinha que abençoar todo o mundo e não algum homem em particular. O povo, entre eles nosso amigo Sundook, levou suas oferendas ao *Mahatma*, mas ele mandou que as distribuíssem entre os pobres. Sundook foi aconselhado pelo *Mahatma* a desempenhar seu comércio de maneira a não prejudicar ninguém, e ele advertiu-o de que esta era a única maneira correta de prosperar. Ao ser-lhe dito que o povo da Índia recusava-se a acreditar que havia tais homens como os "Irmãos" no Tibete, Sundook ofereceu-se para levar qualquer testemunha voluntária àquele país e convencer-nos, através da mesma, quanto à veracidade da sua existência, e declarou que se não houvesse tais homens no Tibete, gostaria de saber onde eles poderiam ser encontrados. Ao ser-lhe sugerido que algumas pessoas recusavam-se a acreditar que tais homens de fato existem, ele ficou muito zangado. Arregaçando as mangas de sua capa e da camisa e descobrindo um braço fortemente musculoso, declarou que lutaria com qualquer homem que sugerisse que o que ele havia dito não era a verdade.

Ao ser-lhe mostrado um curioso rosário de contas pertencente à Sra. Blavatsky, o mascate disse que o mesmo apenas podia ser obtido por aqueles a quem o Tesshu Lama presenteasse, uma vez que não podiam ser comprados por qualquer quantidade de dinheiro em parte alguma. Quando o chela que estava conosco vestiu seu casaco sem mangas e perguntou-lhe se ele reconhecia sua profissão através de sua vestimenta, o mascate respondeu que ele era um "*Gylung*" e, então, curvando-se para ele, encerrou o assunto. As testemunhas, neste caso, foram *babu* Nobin Krishna Bannerji, submagistrado de Berhampore; M.R.Ry. Ramaswamier Avergal, arquivista distrital, Madura (Madras); o cavalheiro Goorkha já referido, toda a família do primeiro cavalheiro mencionado e quem escreve.

Agora, a outra parte da evidência comprobatória. Desta vez ela chegou-me de forma bastante acidental. Um jovem *brahmachari* bengali, que havia chegado pouco antes do Tibete e estava residindo então [em Dehradun, nas Províncias do norte da Índia] na casa do pai de meu sogro — o venerável *babu* Devendra Nath Tagore da Brahmo Samaj — fez muito inesperadamente, na presença de diversas testemunhas respeitáveis, as seguintes declarações:

No dia 15 do mês bengali de Asar último (1882), doze dias depois da lua crescente, ele encontrou alguns tibetanos chamados *Koothumpas* com seu Guru num campo próximo a Taklakhar, um lugar a cerca de um dia de viagem do Lago de Manasarowara. O Guru e a maioria de seus discípulos, que eram chamados *gylungs*, vestiam casacos sem mangas por sobre uma roupa de baixo vermelha. A pele do Guru era bastante clara e seus cabelos não eram repartidos, mas penteados para trás e caiam até seus ombros. Quando o *brahmachari* viu o *Mahatma* pela primeira vez ele estava lendo um livro — o qual, segundo foi-lhe informado por um dos *gylungs*, era o *Rig Veda.*

O Guru cumprimentou-o e perguntou-lhe de onde vinha. Ao verificar que ele nada tinha para comer, o Guru ordenou que lhe dessem algum cereal (*Sattoo*) e chá. Como o *brahmachari* não conseguia fogo para cozinhar sua comida, o Guru ajudou-o ateando fogo a algo como uma torta de esterco seco — o combustível usado tanto naquele país como neste — simplesmente assoprando sobre ela, e passou-a para o *brahmachari.* Este último assegurou-nos que, com freqüência, testemunhou o mesmo fenômeno produzido por outro Guru ou *Chohan*, como são chamados no Tibete, em Gauri, um lugar distante um dia de viagem da caverna de Tarchin, no lado norte do Monte Kailas. O guardador de um rebanho, que estava sofrendo de febre reumática, veio ver o Guru, que lhe deu alguns grãos de arroz descascado, que o Guru tinha em sua mão, e o homem doente então ficou curado ali mesmo.

Antes de separar-se dos *Koothumpas* e seu Guru, o *brahmachari* soube que eles estavam indo participar de um festival realizado às margens do Lago Manasarowara e de lá pretendiam dirigir-se para as montanhas Kailas.

As declarações acima foram repetidas diversas vezes pelo *brahmachari* na presença, entre outros, do *babu* Dwijender Nath Tagore, de Jorasanko, Calcutá; *babu* Cally Mohan Ghose, do Instituto de Trigonometria da Índia, Dehradun; *babu* Cally Cumar Chatterjee do mesmo lugar; *babu* Gopi Mohan Ghosh, de Dacca; *babu* Prya Nath Sastri, secretário do *babu* Devendernath Tagore, e quem escreve. Comentários aqui pareceriam quase supérfluos e os fatos podem muito bem falar por si mesmos a um júri justo e inteligente. Mas a aversão das pessoas a ampliar seu campo de experiência e as interpretações conscientemente falsas feitas por alguns não têm limites. A natureza das evidências citadas aqui é consistente. Ambas testemunhas foram encontradas totalmente ao acaso. Mesmo que se admita, o que certamente não fazemos nem por um momento, que o mascate Sundook tenha sido entrevistado por algumas pessoas interessadas e induzido a contar uma inverdade, qual teria sido o motivo do *brahmachari*, alguém que pertence a um corpo religioso conhecido por sua honestidade e não tendo idéia alguma do interesse que quem escreve tinha por tais coisas, para inventar um romance, e além disso, como ele pôde fazê-lo adequar-se exatamente às afirmações do mascate tibetano do outro lado do país? Pessoas pouco educadas estão, sem dúvida, propensas a enganar-se em muitos assuntos, mas estas declarações trataram apenas de fatos diferentes surgidos dentro do alcance dos olhos e ouvidos do narrador, e nada têm a ver com seu julgamento ou opinião. Assim, quando a declaração do mascate é cotejada com a do *brahmachari* de Dehradun, não há, de maneira alguma, lugar para qualquer dúvida em relação à veracidade de ambos. Pode-se mencionar aqui que a declaração do *brahmachari* não foi resultado de uma série de perguntas que induzissem a determinadas respostas, mas formou parte da narrativa que ele voluntariamente fez de suas viagens durante o ano, e que ele desconhece quase totalmente a língua inglesa e nunca havia, segundo meu melhor juízo, sido informado e acreditado e nem sequer ouvido falar em Teosofia. Portanto, se alguém recusar-se a aceitar os testemunhos — que se corroboram mutuamente, mas são independentes — do mascate tibetano de Darjiling e do *brahmachari* de Dehradun, com o argumento de que eles sustentam a autenticidade de fatos que estão fora do domínio de sua experiência pessoal, tudo que posso dizer é que isto é o próprio milagre da insensatez. Por outro lado, é um fato firmemente estabelecido a partir dos testemunhos de inúmeros de seus chelas, que o *Mahatma*

Koothoomi é uma pessoa viva como qualquer um de nós e que, além disso, foi visto por duas pessoas em duas ocasiões diferentes. Isto irá, pode-se esperar, esclarecer para sempre as dúvidas daqueles que acreditam na autenticidade dos fenômenos ocultos, mas atribuem-nos à ação de "espíritos". Devo assinalar ainda outra circunstância. Pode-se argumentar que durante a estadia do mascate em Darjiling a Sra. Blavatsky também encontrava-se lá, e quem sabe, poderia tê-lo subornado (!!) para dizer o que disse. Mas isto não pode ser argumentado no caso do *brahmachari* de Dehradun. Ele não conhecia nem o mascate nem a Sra. Blavatsky, nunca tinha ouvido falar no Coronel Olcott, tendo recém regressado de sua prolongada viagem, e não fazia idéia alguma de que eu era membro da Sociedade. Seu testemunho foi inteiramente voluntário. Alguns outros que admitem a existência dos *Mahatmas*, mas dizem que não há provas de sua relação com a Sociedade Teosófica, teriam satisfação em ver agora, que não há uma impossibilidade *a priori* de que aquelas grandes almas se interessassem por uma Sociedade benéfica como a nossa.

Propositadamente deixo de lado todas as provas que já se encontram diante do público. Cada prova é conclusiva em si mesma e o efeito cumulativo de todas é simplesmente irresistível.

Mohini M. Chatterji

---

(1)*Theosophist*, dezembro de 1883.

Anexo C

Encontro de Damodar K. Mavlankar com seu Mestre

Anexo C

ENCONTRO DE DAMODAR K. MAVLANKAR COM SEU MESTRE[1]

Durante minha viagem[2] com o Coronel Olcott, ocorreram diversos fenômenos, tanto em sua presença quanto em sua ausência, tais como respostas imediatas — escritas com a letra de meu Mestre sobre a assinatura dele — a perguntas feitas por alguns de nossos membros, algumas das quais encontram-se publicadas no último número do *The Theosophist*, enquanto outras não devem ser mencionadas em um documento destinado a cair em mãos de leitores profanos. Estas ocorrências tiveram lugar antes de termos chegado a Lahore, onde esperávamos encontrar pessoalmente meu muito duvidado MESTRE. *Lá fui visitado por ele em carne e osso, por três noites consecutivas por cerca de três horas cada vez, enquanto eu me encontrava em minha plena consciência*, e em uma das ocasiões, até mesmo saí para fora da casa para encontrá-lo. Até onde sei, não há casos nos registros espíritas de um médium ter permanecido perfeitamente consciente e encontrado, por combinação prévia, seu espírito-visitante no pátio, entrado novamente em casa com ele, ter-lhe oferecido uma cadeira e então mantido uma longa conversa com o "espírito desencarnado" de maneira a dar-lhe a impressão de que está em contato pessoal com uma entidade encarnada! Além disso, ELE, a quem vi pessoalmente em Lahore, era o mesmo que já havia visto na sua forma astral na Sede da Sociedade Teosófica e o mesmo, também, a quem, em minhas visões e transes, vi em Sua casa, milhares de milhas de distância, num local que foi permitido a meu Ego astral encontrar, devido, naturalmente, ao Seu auxílio direto e proteção. Nestes exemplos, com meus poderes psíquicos ainda pouco desenvolvidos, eu sempre O vi como uma forma vaga, embora Suas feições fossem perfeitamente definidas e a lembrança delas tenha ficado profundamente gravada em minha alma e memória; enquanto que agora em Lahore, Jummoo e outros lugares, a impressão foi totalmente diferente. Nos casos anteriores, enquanto fazia *pranam* (saudação) minhas mãos passavam através de sua forma, enquanto que nas ocasiões presentes encontravam roupas e carne sólidas. Aqui eu vi um *homem vivo* diante de mim, o mesmo em características, ainda que muito mais imponente em Sua aparência e comportamento geral do que Aquele que tão freqüentemente olhei no retrato em poder da Sra. Blavatsky e em outro que está com o Sr. Sinnett. Não vou descrever aqui como, Ele, foi fisicamente visto tanto pelo Sr. Olcott quanto pelo Sr. Brown em separado, por duas noites, em Lahore, uma vez que eles podem fazê-lo melhor, cada um por si mesmo, se assim o desejarem. Em Jummoo, novamente, para onde prosseguimos de Lahore, o Sr. Brown O viu na noite do terceiro dia de nossa chegada lá, e recebeu uma carta Dele em Sua letra familiar, sem falar de Suas visitas a mim quase todos os dias. O que aconteceu na manhã seguinte quase todos em Jummoo estão sabendo. O fato é que tive a boa sorte de ter sido enviado e ter recebido a permissão de visitar um *Ashrum* Sagrado, onde permaneci por alguns dias na companhia abençoada de vários dos muito duvidados *MAHATMAS* do Himavat e de Seus discípulos. Lá encontrei não apenas meu bem-amado *Gurudeva* e o Mestre do Coronel Olcott, mas vários outros membros da Fraternidade, inclusive Um dos mais Elevados. Lamento que a natureza extremamente pessoal de minha visita àquelas regiões três vezes abençoadas me impeçam de falar mais sobre ela. É suficiente dizer que o lugar que me foi permitido visitar é nos HIMALAIAS, não em alguma fantasiosa *Summer Land* (Terra de Verão), e que eu O vi em meu próprio *sthulasarira* (corpo físico) e meu Mestre estava idêntico à forma dele que havia visto nos primeiros dias de meu Chelado. Assim, vi meu bem-amado Guru não apenas como um homem *vivo*, mas, de fato, como um jovem se comparado com alguns outros *Sadhus* da abençoada companhia, apenas muito mais amável e não colocando-se acima de um comentário bem-humorado e, às vezes, de uma conversa. Assim, no segundo dia de minha chegada, após a hora do almoço, foi-me permitido manter um encontro de mais de uma hora com meu Mestre. Perguntou-me, sorridente, o que me fazia olhar para Ele com tamanha perplexidade, e eu perguntei-lhe por minha vez: "Como é, MESTRE, que alguns membros de nossa Sociedade colocaram em suas cabeças a noção de que você era 'um homem idoso' e que eles o tinham visto clarividentemente parecendo um homem velho passado dos sessenta?" Ao que Ele sorriu com satisfação e disse que esta última concepção equivocada era devida aos relatos de certo *brahmachari*, discípulo de um *Swami* Vedanta em N.W.P. — que havia encontrado no ano passado no Tibete o chefe de uma seita, um idoso Lama, que viajava em sua (de meu Mestre) companhia no momento. Aquele *brahmachari,* tendo falado do encontro na Índia, fez com que várias pessoas confundissem o Lama por ele próprio. Quanto ao ter sido percebido clarividentemente como um "homem idoso", isto nunca poderia ser, ele acrescentou, uma vez que a *verdadeira* clarividência não pode levar ninguém a tais noções errôneas; e então repreendeu-me gentilmente por dar qualquer importância para a idade de um Guru; acrescentando que aparências com freqüência eram falsas etc., e explicando outros pontos.

Damodar K. Mavlankar

---

(1) *The Theosophist*. Dezembro/janeiro 1883-84, Suplemento.

(2) Esta viagem começou com a saída de Adyar em 27 de setembro [1883] e a volta ocorreu em 15 de dezembro.

EXTRATOS DO DIÁRIO DO CORONEL OLCOTT DO ANO DE 1883

Domingo, 25 de novembro. O querido Damodar partiu de Adyar com seu Guru K.H. para o *Ashrum.* Telegrafei para H.P.B. e recebi como resposta que os Mestres prometeram que D.K.M. voltaria.

Terça-feira, 27 de novembro, à tarde. Damodar regressou parecendo abatido mas mais forte e resistente do que antes. Ele é agora um novo homem de fato. Trouxe-me uma mensagem de Hilarion.

Informações sobre Teosofia e o Caminho Espiritual podem ser obtidas na Sociedade Teosófica no Brasil, no seguinte endereço: SGAS - Quadra 603, Conj. E, s/nº, CEP 70.200-630 Brasília, DF. O telefone é (61) 3226-0662. Também podem ser feitos contatos pelo telefax (61) 3226-3703 ou e-mail: st@sociedadeteosofica.org.br - www.sociedadeteosofica.org.br.

gráfika
papel&cores

(61) 3344-3101
papelecores@gmail.com